贵金属投资指南

金亚昕 编著

天津出版传媒集团
天津科学技术出版社

图书在版编目(CIP)数据

贵金属投资指南 / 金亚昕编著. ——天津：
天津科学技术出版社, 2012.10
ISBN 978-7-5308-7384-7

Ⅰ. ①贵… Ⅱ. ①金… Ⅲ. ①贵金属-投资-指南
Ⅳ. ①F830.94-62

中国版本图书馆 CIP 数据核字(2012)第 224329 号

责任编辑：吴文博
责任印制：兰　毅

天津出版传媒集团

天津科学技术出版社

出版人：蔡　颢
天津市西康路 35 号　邮编 300051
电话(022)23332369　23332697(发行)
网址：www.tjkjcbs.com.cn
新华书店经销
天津新华印刷三厂印刷

开本 787×1092　1/16　印张 10.00　字数 300 000
2012 年 10 月第 1 版第 1 次印刷
定价：49.00 元

前　言

全球经济一体化促进了中国金融业与国际金融接轨，迎来了中国经济稳步快速发展的新时期。笔者有幸参加了中国第一家与国际贵金属交易接轨的"天津贵金属交易所"创建与运营，从中学习到很多专业知识并积累了丰富的投资经验，从而认识到贵金属产品投资是非常值得广大投资者关注和投资的新型金融产品，会给投资者创造新的财富。

应广大贵金属机构、业内同仁和投资者要求，笔者总结大家的需求而有针对性的撰写本书。本书主要介绍了贵金属的发展历史、投资种类的特征及国内外贵金属市场等知识；客观剖析国内现有贵金属投资产品的优劣及受众客户群体；以从业人员视角介绍规避防范投资风险的策略措施等。

《贵金属投资指南》作为从业人员必备书籍，为投资者提供零入门的操作指导，通俗易懂，便于投资者快速掌握投资获利；帮助金融院校学生快速全面了解贵金属市场，拓展知识，提升求职机会；帮助更多的投资者和经营机构打开创造财富新的一扇门。

笔者在撰写和出版本书过程中，得到责任编辑吴文博老师、黄金分析师郭银涛先生、外汇分析师赵相宾先生、天津贵金属交易所于路先生及沈清先生，以及各银行同仁和众多领导的热情支持和帮助，在此，我向他们表示衷心的感谢和敬意！

由于本人水平有限及时间仓促，本书难免存在不足之处，恳请广大读者和同仁批评指正。

作　者
2012 年 10 月

目 录

第一章 贵金属市场 1
- 第一节 贵金属市场 1
- 第二节 为何投资贵金属 8
- 第三节 贵金属市场体系 10
- 第四节 贵金属市场的历史变革 22

第二章 黄金投资 31
- 第一节 黄金基本知识 31
- 第二节 黄金的属性与用途 36
- 第三节 黄金投资 43
- 第四节 黄金投资产品 49

第三章 白银 53
- 第一节 白银的基本知识 53
- 第二节 白银的属性与用途 57
- 第三节 白银投资 59

第四章 贵金属市场运行 66
- 第一节 交易模式介绍 66
- 第二节 国际著名交易市场 68
- 第三节 国内主要交易市场 70

第五章 贵金属价格分析 74
- 第一节 基本面分析 74
- 第二节 技术分析 78
- 第三节 资金管理与交易策略 91
- 第四节 套期保值 96
- 第五节 套利 100

第六章 风险管理与风险控制 105
- 第一节 对风险的认识 105
- 第二节 风险管理的必要性 108
- 第三节 风险管理的建立 109

附录1. 金融词汇解析 113

附录2. 各交易所会员机构 149

第一章 贵金属市场

在人类历史长河中,能够贯穿古今通行全球各国不同文化的物品中贵金属占据重要的位置。贵金属以其独具的耀眼光芒照耀着世界,世界也见证了其浓厚的印记。

贵金属属于有色金属但在自然界中含量甚微,价格昂贵。贵金属由金(Au)、银(Ag)、铂(Pt)、钯(Pd)、铑(Rh)、铱(Ir)、锇(Os)、钌(Ru)8种金属元素组成。在贵金属市场大宗交易中,主要以黄金、白银为主导。其他品种如铂金和钯金,近年来逐渐走入平民投资领域,在现货饰品及期货交易中同样占据重要地位。贵金属经历了从"皇族权贵的象征"走向"平民饰品"的过程,洗净铅华后带给人们的是对美好生活的追求和天物精华的密切关注。而贵金属市场也因此诞生、发展和兴盛起来。

在金融风险不断激增的时期,投资贵金属市场除了规避金融风险还可以取得可观的投资收益。

第一节 贵金属市场

贵金属是个泛指的概念,其实主要包括黄金、钯金、铂金等品种,白银在某种意义还不算贵金属的一类,但由于白银在历史上曾经作为货币的属性,故民间和媒体多将其归为贵金属之类,贵金属还包括铑、铱、锇、钌等共八种元素。走进人们生活中的贵金属主要是黄金、白银、铂金和钯金,其他金属并不常见。而投资市场和饰品领域也主要以上述四种金属作为主要交易品种。

目前全球贵金属投资市场以产品划分,主要有:黄金市场、白银市场、其他贵金属市场这三个市场。

一、黄金市场

无论是黄金市场还是白银市场或者其他贵金属市场,贵金属市场的兴起、发展和昌盛都与大国的崛起有关。从黄金和白银作为货币或者作为货币原料,到今天黄金充当各国经济往来的重要支付手段及投资衍生品的过程,黄金市场已不再是高不可及的投资项目,贵金属正在国际投资热潮中走入每个人的生活。

1. 全球主要的黄金市场

全世界的黄金交易,无论是作为金本位时代的货币,还是被逐出货币历史舞台变成投资工具和佩戴的首饰,都是集中在西方的一些发达国家。总结一下当前主要的黄金市场,涵盖了从现货交易中心到高端期货衍生品以及黄金做市商为主的交易市场。

下面,让我们共同了解黄金具有代表性的国际、国内市场。

(1)英国伦敦黄金市场 英国黄金市场,人们大多会描述为"伦敦金(Loco London)"。英国伦敦黄金市场作为国际化黄金现货市场,以其价格及成交量影响着全球黄金现货交易价格。

伦敦金,广义指"交易的黄金现货";狭义指"存放在伦敦城地下金库里纯度为99.5%,质量为400盎司/块的金砖"。提及英国伦敦金市场,就一定要知道世界著名的伦敦国际金融期货交易所。

伦敦国际金融期货交易所

1982年9月伦敦期货交易所正式运营。伦敦国际金融期货交易所是欧洲建立最早、交易最活跃的金融期货交易所。虽然该交易所的建立较美国最早的金融交易市场晚了十年之久,但对于维护伦敦传统金融中心的地位仍有着十分重要的意义。

在伦敦金实物交割中,每个金砖上都是印有编号和加工商的徽记,英文Hallmark这个词最早的意思就是指金砖上的这种徽记。通过每个金砖的编号,可以把金砖登记在所有人名下,又称Allocated,这种金砖如果要交易,则必须到地库里把那个编号的那块金砖找出来进行交割,这样的交易方式是非常不方便的。所以市场上交易的金砖,绝大多数都是不记名登记的金砖,又称Unallocated金砖。这种金砖不用对号,交易重量及纯度相符就可以交割。所以,平时媒体上说的伦敦金,是Unallocated loco London Good Delivery Gold的简称。

现在中国香港地区和中国内地等进行的"伦敦金交易",实际是投资者通过买卖商品合约,赚取差价的行为。一般没有投资者去获取这些金块,因此不乏少数诈骗团伙以伦敦金为名进行欺诈活动。

(2)苏黎世黄金市场

苏黎世黄金市场的全球地位曾一度成为现货黄金转运市场,也曾为全球第二大黄金交易市场。苏黎世黄金市场在其鼎盛时期,其国际地位仅次于伦敦,但随着瑞士银行退出贵金属业务而终结。苏黎世黄金市场,作为国际黄金市场是在第二次世界大战后期发展起来的,由于瑞士特殊的银行体系和辅助性的黄金交易服务体系,为黄金买卖提供了一个既自由又保密的环境,加上瑞士与南非也有优惠协议并获得了80%的南非金,以及前苏联的黄金也聚集于此,使得瑞士不仅是世界上新增黄金的最大中转站,也是世界上最大的私人黄金的存储中心。

苏黎世黄金市场是由瑞士三大银行构建,瑞士银行、瑞士信贷银行和瑞士联合银行负责清算结账,三大银行不仅为客户代行交易,而且黄金交易也是这三家银行本身的主要业务。苏黎世黄金总库(Zurich Gold Pool)建立在瑞士三大银行非正式协商的基础上,不受政府管辖,作为交易商的联合体与清算系统混合体,在市场上起中介作用。 是世界上最大的私人黄金的存储中心。苏黎世现货黄金市场一度在国际黄金市场的地位也仅次于伦敦。

苏黎世黄金市场的特点如下:

①苏黎世黄金市场的基础是瑞士的私人银行体系和辅助性黄金服务体系,为黄金经营提

供了一个自由保密的环境。

②苏黎世黄金市场以三大银行的民间私营黄金投资交易为基础,并与私人银行业务相结合运行。苏黎世黄金市场是现货无形市场,是世界上最大的金币市场和私人投资市场。

③瑞士黄金交易系统具有最大的包容性,是私人投资黄金及理财的主要场所,也是东西方黄金交融的场所。南非、前苏联和社会主义阵营国家的大部分黄金通过苏黎世黄金市场和西方交易。

④瑞士不仅是世界上新增黄金的最大中转站,也是世界上最大的私人黄金的存储与借贷中心。

(3)美国黄金市场　以美国黄金市场作为现今全球最大的黄金期货市场,对全球各国期货贵金属交易起到导向作用。其以芝加哥和纽约期货市场在世界黄金期货市场上居于统治地位。美国一开始就确立了建立世界黄金期货中心的目标,纽约和芝加哥黄金市场是20世纪70年代中期,继伦敦和苏黎世之后的黄金市场。纽约商品交易所(COMEX)和芝加哥商品交易所(IMM),不仅是美国黄金期货交易的中心,也是世界最大的黄金期货交易中心。两大交易所对黄金现货市场的金价影响很大。因美国财政部和国际货币基金组织(IMF)也在纽约拍卖黄金,纽约黄金市场已成为世界上交易量最大和最活跃期货黄金市场,美国黄金市场以做黄金期货交易为主,其所签订的期货合约可长达23个月,黄金市场每宗交易量为100盎司,交易标的为99.5%的纯金以美元报价。

①纽约商品交易所　纽约商品交易所(COMEX)地处纽约曼哈顿金融中心,与纽约证券交易所相邻,纽约商业交易所在纽约的商业、城市、经济和文化生活中扮演着重要的角色。它的交易主要涉及能源和稀有金属两类产品,但能源产品交易大大超过其他产品的交易。交易所的交易方式主要是期货和期权交易。到目前为止,期货交易量远远超过期权交易量。

在NYMEX分部,通过公开竞价来进行交易的期货和期权合约有原油、汽油、燃油、天然气、电力,有煤、丙烷、钯的期货合约,该交易所的欧洲布伦特原油和汽油也是通过公开竞价的方式来交易的。

在COMEX分部上市的有金、银、铜、铝的期货和期权合约。其市场的诚信是通过市场、交易和财务监督系统来保证的。票据交换所作为每一笔交易的最终交易对象,面对卖主时它扮演着买主的角色,而面对买主时又扮演着卖主的角色。通过票据交换所的保证金制度,减轻了市场参与者在交易所进行交易时交易双方的信誉风险。

②芝加哥商品交易所　成立于1848年的芝加哥商品交易所(Chicago Board of Trade, CBOT)是一个具有领导地位的期货与期权交易所。通过交易所的公开喊价和电子交易系统,超过3600个CBOT会员交易50种不同的期货与期权产品。在2003年,交易所成交量达到创纪录的4.54亿张。

在交易所早期,CBOT仅交易农副产品,如玉米、小麦、燕麦和大豆。交易所的期货合约经过多年的发展演变,现包括非保存性农产品和非农产品,如黄金和白银。

在过去的150多年中,CBOT的主要交易方式为公开喊价交易,即交易者在交易场内面对面的买卖期货合约。然而,为了满足全球经济增长的需求,CBOT于1994年成功地推出了第一个电子交易系统。在2004年1月,CBOT推出了另一个由领先的LIFFE CONNECT交易技术所支持的新的电子交易系统。在CBOT推出新交易系统的同时,交易所也完成了清算业务的转换。芝加哥商业交易所(CME)于2004年1月开始为CBOT的所有产品提供清算及相关业务服务。CME/CBOT共同清算网将两个具有主导地位的金融机构结合起来,该清算网提高了业务、保证金和资本效率,使期货经纪商和期货产品的最终用户获益匪浅。

(4)香港黄金市场　香港黄金市场,至今近百年中早已成为亚洲黄金交易中心,早在其被英国统治期间就奠定了远东黄金交易中心的位置。其形成是以香港金银贸易市场的成立为标志。1974年,香港政府撤销了对黄金进出口的管制,此后香港金市发展极快。由于香港黄金市场在时差上刚好填补了纽约、芝加哥市场收市和伦敦开市前这段时间,可以连贯亚、欧、美,形成完整的世界黄金市场。其优越的地理条件引起了欧洲金商的注意,伦敦五大金商、瑞士三大银行等纷纷来港设立分公司。他们将在伦敦交收的黄金买卖活动带到香港,逐渐形成了一个无形"伦敦金市场",促使香港成为世界主要的黄金市场之一。

香港黄金市场由三个市场组成。

①香港金银贸易市场,以华人资金商占优势,有固定买卖场所,主要交易的黄金规格为99标准金条,交易方式是公开喊价,现货交易。

②香港伦敦金市场,以国外资金商为主体,没有固定交易场所。

③香港黄金期货市场,是一个正规的市场,其性质与美国的纽约和芝加哥的商品期货交易所的黄金期货性质是一样的。交投方式正规,制度也比较健全,可弥补金银贸易场的不足。

另外,新加坡的现货黄金市场、日本的期货黄金市场在世界黄金市场上也居于重要的地位。

2. 我国的黄金市场

我国的黄金市场起步较晚,商品市场的发展尚不完善。近几年随着经济的发展和生活水平的提高,黄金投资产品及理念逐渐走入平民化市场。但我国人均黄金拥有量还很低,因此黄金投资市场仍具有广阔的前景。真正的黄金市场的发展是从我国人民银行废除金银管制政策和法规之日起开始,经过近几年的发展已经完成了初步的发展阶段,形成了从实务黄金到黄金衍生品的发展。我国的贵金属市场尚处在初期的发展阶段,自人民银行2003年废除了金银监管方面的法律法规之后,市场蓬勃地发展起来,尤其是近几年金银价格和铂金等价格连番上涨,并创下历史新高。

黄金市场主要包括以下几个方面。

(1)黄金礼品饰品市场　伴随国人生活水平不断提高,黄金礼品及首饰通过金饰商家流通与千家万户。与此同时,我国的黄金饰品样式及品牌也逐渐与全球接轨。然而我国人均黄金拥有量虽然有所提高,但仍处于世界人均黄金持有量较低的位置,对此我们的实物黄金销售及购买力仍有很大的空间。

(2)黄金实物投资市场　自古以来,我国老百姓对黄金爱不释手。民间流传黄金能够辟邪和聚财之说,基于通货膨胀的持续上升和货币贬值的原因,可以抵御通货膨胀的黄金就受到了人们的重视,因此投资性金条除了抵御通胀之外,近几年金价的持续上涨更使黄金实物投资收益不菲,吸引着越来越多的投资者。

实物黄金投资主要分为金条、金币两种。

①投资金条　是金条的一种,但又不完全等同于一般的金条。投资金条就是由知名的黄

金公司推出的纯金含量大于99.99%,根据交易所或国际市场实时价格做为参考价格,可实时买,也可实时卖,供人们投资理财保值增值的金条。(市场上常见的投资金条如:山东黄金投资金条、中金投资金条等。)

金条就其物理特征 主要分为条、块、锭三类,金条来源于古代的货币流通,而现在则更多应用于收藏和投资领域,全球各大银行及金融机构都储备和流通有自己署名金条,比如上海黄金交易所标准金条、天津贵金属交易所标准金条等。金条分为盎司金和克金,目前国际上通用的为400盎司(合12.5kg)的金条,而中国境内发行多为以克或千克为单位的金条。

②金币 通常为圆形,用黄金制作而成的世界主要国家通用的流通货币,金币的面值与其所含黄金的价值就可保持一致。2010年6月25日在维也纳的一次拍卖会上,世界最大金币被拍卖327万欧元,重达100kg。2011年10月27日据澳大利亚广播公司报道,澳大利亚的珀斯铸币局成功铸造出世界最大金币。该金币直径达80厘米,厚约12厘米,重量超过1吨,黄金纯度99.99%,预计价格超过6000万美元。

(3)虚拟黄金市场 主要以银行推出来的纸黄金、账户金和黄金期权为主。这些黄金产品的特点都是不能提取实物,仅仅是对黄金价格的买卖。由于银行的信誉度较高和投资金额相对灵活,使得纸黄金成为我国广大投资者介入黄金市场的选择之一。因此项投资额为等价实物黄金的资金额度,故在投资过程中需占用较大的资金量,从而虚拟黄金市场因其占用资金量较大,带动了虚拟白银市场的投资空间,近年中大部分投资人转而看重白银投资市场。

黄金期权是买卖双方在未来约定的价位,具有购买一定数量标的的权利。如果价格走势对期权买卖者有利,会行使其权利而获利。如果价格走势对其不利,则放弃购买的权利,损失只有当时购买期权时的费用。开展黄金期权的银行如中国银行于2006年11月推出黄金期权业务,满足了市场高端客户对冲风险的需求。

(4)期货市场与现货延期交割市场

期货(Futures)与现货相对。期货是现在进行买卖,但是在将来进行交收或交割的标的物,这个标的物可以是某种商品(例如黄金、原油、农产品),也可以是金融工具,还可以是金融指标。交收期货的日子可以是一星期之后,一个月之后,三个月之后,甚至一年之后。买卖期货的合同或者协议叫做期货合约。买卖期货的场所叫做期货市场。投资者可以对期货进行投资或投机。期货市场采用保证金制度(保证金,期货交易者按照规定标准交纳的资金,用于结算和保证履约),从而提高资金使用率扩大收益倍数。国内从事黄金期货投资的方式来自于上海期货交易所的黄金T+D业务。

现货(Actuals),是指可供出货、储存和制造业使用的实物商品,亦称实物。可供交割的现货可在即期或远期基础上换成现金,或先付货,买方在极短的期限内付款的商品的总称。国内从事黄金现货电子交易的交易所为天津贵金属交易所。

期货的获利来自于以其远期价格报价双向交易的获利,而现货的获利来自于以当日价格进行双向交易的获利。期货市场提供给投资者及实物上下游企业获利空间的同时,起到价格探索与发现的作用。根据期货与现货的价格差,实物生产厂家及流通机构可进行套期保值操作,投资者也可进行价差的获利。

二、白银市场

白银在全球较多国家都曾占有重要地位,或是充当货币角色抑或作为货币的原料。而就白银的物理属性而言,白银的工业需求增长趋势始终没有改变。在2010年,厚膜光伏产业消耗了4700万盎司白银。这个数字在今年继续增加。白银的其他需求也呈强劲趋势。GFMS的分析显示,到2015年,白银在医疗方面的应用将达到300万盎司,较之现在有大幅增长。

1.国际白银市场

历史上白银比黄金更早更广泛地被用于造币,由于白银的供应量大,价值低廉、容易切割等特性,所以在日常经济生活支付中流通使用性更高。在十九世纪之前,绝大多数国家都建立了银本位制,银币成为主要的流通货币。在科技与生活便利需求逐步提高的今天,白银逐渐从正规的造币中退场,但仍存在于部分流通银币中,尤其在美国、澳大利亚、加拿大和墨西哥,仍用银币做投资。

(1)英国伦敦白银　英国白银市场为全球白银的主要交易市场。其中以伦敦为主导的白银交易中心占据着全球白银交易量中最大的份额。

伦敦白银(LOCO LONDON SILVER) 早在17世纪,伦敦已经开始有实货及期货白银买卖,伦敦市场每天都会定出定盘价钱,让买卖方以定盘价格结算。至今伦敦仍然是最活跃的现货市场,但现今多数交易都以合约(纸白银)的形式于美国COMEX市场完成,而白银现货价格则由COMEX定出。此市场大部分成交单据并非以提取现货为目的。

(2)发行银币的流通市场　银币(Silver Coin),银质的钱币。银币具有普遍的收藏价值,银币在中国货币历史上以"袁大头"最具代表性。在国外,如美国、加拿大和澳大利亚等均有银币出售,此种银币可供收藏和投资等。

银币真伪的化学鉴定方法,将银币在一块试金石上擦拭几次,直至出现道道银白色的擦痕,然后在擦痕上滴入硝酸。这时,如果是真币,擦痕上的混合液体呈土黄色,伪币则呈无色透明状。如果银币含银量不足,硝酸的混合液体也呈现为土黄色的不同过度颜色,但不够浓郁。含银量越少,其浓郁度就越低。纯硝酸银的沉淀物结晶体为白色透明状,因为银币含银不纯,伴有其他少量的有色金属,所以,银币的硝酸化合沉淀物为土黄色。硝酸锡,硝酸铅的化学沉淀物为灰白色物质。

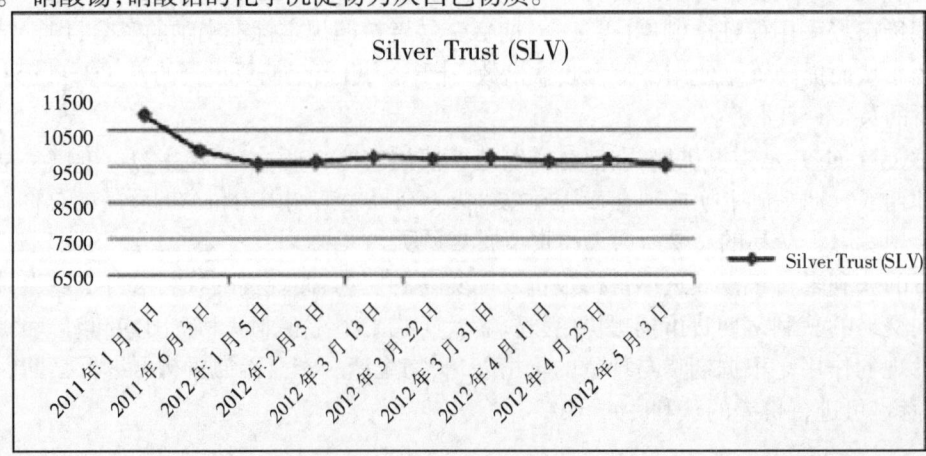

(3)美国白银市场 美国期货白银市场是目前全球最大的期货白银市场。期货白银的市场,因其本身具备的价格发展功能及远期报价影响,其价格波动对全球的现货白银价格影响巨大不可忽视。

(4)白银基金市场 摩根大通自开创白银ETF基金操作起,其行为一度被市场高度怀疑,而作为全球白银ETF的发展和兴起,其已经成为当前白银主流市场之一。2006年4月,IShare发行了白银ETF,称为IShares Silver Trust。以下数据可充分表明白银ETF对全球白银价格走势的影响。

2. 国内白银市场

我国的历史上由于长期实行银本位的货币制度,白银在我国的老百姓心中,占据非常重要的位置。2000年1月1日,中国人民银行宣布取消白银的"统销统购"政策,意味着白银市场放开。白银放开后,允许白银生产企业与用银单位直接见面,白银征收17%增值税;取消对白银制品加工、批发、零售业务的许可证管理制度(银币除外),对白银生产经营活动按照一般商品的有关规定管理,但国家对白银出口实行配额管理。白银放开促进了国内白银生产、流通、贸易、产品深加工的不断发展,中国白银工业进一步蓬勃发展。2003年3月,经原国家经贸委批准和国家相关部门登记注册,中国有色金属工业协会金银分会宣布成立。我国白银生产企业终于有了自己的行业管理组织(全国性社会中介组织)。中国白银产量从以前的国有企业生产伴生副产、原生白银,变为国有民营外资企业、副产原生再生并存的局面,生产加工用银量也连年扩大,供需市场得到不断培育,中国已经成为全球白银应用消费的一个新兴市场。

(1)实物白银投资市场 我国的白银市场,目前主要集中在工业应用领域,其次是首饰和饰品领域。而白银的投资领域还比较弱势,迄今我国尚未有白银期货交易品种推出来。很多金饰商家都有银条银币等投资品种,银条的大小规格从几十克到数千克。银条的投资类似金条的投资方式,投资者可以买入即持有等待银价上涨然后沽出获利。由于银价比金价低廉许多,因此同等数量的资金可以购买更多的银条,在银价上涨幅度大于黄金的背景之下,投资银条的收获可能大大高于金条的回报。

银条投资的注意事项,首先明确回购渠道及是否支付检验检测费,这些都会影响收益的高低;其次,仓储过程中白银很容易氧化,不能拆掉其包装,避免因保管不当产生耗损。

(2)纸白银市场 这个市场是以中国境内银行推出的白银衍生投资产品所组成。纸白银是一种个人凭证式白银业务,客户可随时通过发行银行开户,以柜台交易或网上交易的形式进行获利投资。纸白银以其交易资金门槛低,双向交易机制获利等特点受到小资金客户的青睐,但其存在与期货相比交易成本过高的限制。

以纸白银为例,中国工商银行发行的纸白银具有起始资金要求比较低,最低只需投入六七百元就可以买到起点是100克的纸白银,适合资金较少的初学者。该行的纸白银交易时间为周一上午7:00至周六上午4:00,基本覆盖国际现货白银的交易时段,可以很好地对接国外的银价波动。每克纸白银的手续费单边为0.04元/克,相比纸黄金0.8元/克便宜得多。投资白银要注意只可单向买涨,无法反向操作,要注意暴跌引发的持仓风险。

(3)白银现货延期交收市场 该市场是以上海黄金交易所推出的白银T+D投资产品,为首开创的国内白银现货投资市场。白银T+D递延品种最大的特点是保证金杠杆交易,并具有做空机制,即投资者交纳大概7%~10%的保证金即进行交易,同时在银价下跌的市况也可以做空获利。白银由于近期到历史高位后大幅震荡波动,投资风险大大增加,使得上海黄金交易所自

2010年11月10日起将白银T+D合约的保证金比例调至12%,将其延期补偿费率由万分之二调为万分之二点五。但是这些改变不影响白银的上涨趋势和获利空间。

白银T+D投资产品,须关注周五晚上停盘时欧洲盘面价格差的风险,国际银价在此间是正常交易的,往往价格波动较大,此时投资者要注意风险和关注获利。

（4）天津贵金属交易所白银现货品种　天津贵金属交易所推出来的白银现货交易品种,是直接按照国际现货白银报价乘汇率换算过来的实时报价,较好地对接了国外银价实时变动情况,给交易和跟进国外白银ETF的价格提供了便捷条件。目前能较好地适应市场的发展趋势和投资者的需求。

需要注意的是银价的波动往往比金价要剧烈得多,且调整的时间会更长,因此,炒白银短线,需要更好的心理素质和操作技巧。而普通投资者,则只需注意银价波动的节奏和波段,再按自身账户的状况采取批次进场获利策略,因此要以相对稳健和符合自身的投资情况而定。

三、铂金、钯金和铑金的市场

在追求身份到彰显地位的过程中,人们的关注点,逐渐从黄金和白银,转向更高端的铂金和钯金品种,铂金和钯金的市场由此开始蓬勃发展起来。

1. 西方的铂金和钯金、铑金市场

西方的铂金和钯金市场,由工业需求发展而来,并引领了世界的潮流,目前形成了从设计到时尚发布,以及到流行推广等一条龙的产业链。西方的铂金和钯金市场也从时尚领域的配饰,变成可以投资的品种之一,正在蓬勃的发展之中,西方的铂金和钯金市场是全球最大的市场。

全球铑金比铂金和钯金更稀缺珍贵,全球每年产值不足100万瓶（每瓶1盎司）的铑,这也是2006年记载的产量最高点,铑市场的供需关系自2004年以来一直是供不应求。铑市场2010年的空白买方市场为60,432盎司。

2. 我国的铂金和钯金、铑金市场

我国的随着开放和人民生活水平的改善,已经从人们以往印象中的"粗金链子"时代,过渡到目前造型时尚、美感十足和体系潮流最前端的铂金和钯金饰品时代。最近几年,逐渐流行铂金和钯金等高端的饰品,这些从时尚界刮起的旋风,几年间就引领了我国首饰市场的风潮。目前中国已经成为世界第二大铂金首饰市场,但在设计理念以及加工工艺上还有待进一步提高,以满足消费者对个性化、时尚化首饰的需求。

金银持续创下历史高价的走势,而股市的萎靡不振和房地产市场的波动,都让投资领域进一步变窄。于是追随金银价格的走势,铂金和钯金从单纯的首饰变成了可以投资的品种,铂金和钯金近几年的持续上涨,甚至超过了黄金和白银,这些走势带动了我国的贵金属市场的进一步发展。

随着人们追求更高的生活品种和投资的需求,目前的铂金和钯金市场正在向更加专业的投资渠道发展,不排除未来会有铂金和钯金的金融衍生品以及做市商市场的诞生和发展。

第二节　为何投资贵金属

近年来随着黄金和白银的屡创新高,贵金属市场也逐渐被人们认识,金融危机袭击全球导致多个国家陷入危机,避险需求使贵金属引起了投资者的格外关注。近几年无论是传统的黄金白银,还是新兴的铂金和钯金,人们在欢呼新投资产品牛市带来巨大收益的同时,一个相比股市和房地产等传统投资领域更为价值低洼的品种被发现。贵金属市场的投资热潮很快就刮到中国,席卷全国主要的大城市,那么相比传统的股市、基金和房地产等投资品种,贵金属市场投资到底有哪些优势呢?

一、贵金属的稀缺性优势

贵金属之所以成为贵金属,主要是由于其优质的物理和化学属性,及其自然储量低、供给极度稀缺的特性。金矿可形成于所有的地质时期和各种地质构造环境及岩石类型中,但分布不均衡。世界70%以上的金储量集中在前寒武纪,约25%集中在中—新生代。在空间上,金储量主要分布于两个含金区:一是古老地盾、地台及中间地块含金区,金储量约占70%以上,其中,古老地盾、地台区绿岩带金矿占20%以上,古老地台盖层中的金储量约占45%,中间地块金储量较少;二是褶皱活化区,金矿储量约占25%,其中,优地槽区占20%以上,冒地槽约占4%,年轻火山带约占2%。世界黄金开采中,约40%来自沙金。沙金矿床一直是金的主要来源,但近年来沙金在世界黄金产量中的比重有所下降,伴生金的比重则呈越来越大的趋势。

世界金矿资源储量主要集中在南非(占世界总储量的14.29%)、澳大利亚(占11.91%)、秘鲁(占8.33%)、俄罗斯(占7.14%)和美国(占6.43%)五个国家,五国储量合计占世界总量的48.1%;世界金矿资源基础储量主要集中在南非(占世界储量基础的40%)、澳大利亚(占6.67%)、秘鲁(占4.56%)、中国(占4.56%)和美国(占4.1%)等国家,四国基础储量合计占世界总量的59.9%。全世界近几年每年金矿开采量约2500吨左右,每年产量变动平稳。全球已探明未开采的黄金储量约7万吨,只可供开采25年;南非、美国等主要产金国产量下降,勘探大型金矿可能性小;开采一大型金矿正常程序一般需要7~10年时间;1980年后处在长期跌势中,开采投入支出不断减少。钯金和铂金相比黄金白银更加稀缺。贵金属的稀缺性决定了贵金属的投资价值。

二、贵金属的货币属性优势

黄金和白银历史上都充当过价值交换的媒介和手段,都具有货币属性。虽然金本位制的废除和黄金非货币化运动,使黄金退出货币舞台,美元、英镑、欧元等一些国家的纸币,替代黄金成为国际货币。但每每发生世界性的金融危机或政治危机,诸如全球经济危机和局部性战争,都会带来黄金需求的膨胀和黄金价格的高涨,黄金的避险性特征十分明显。这也说明黄金作为唯一的商品货币,依然是一种隐性的货币。始于2007年的全球性金融危机,在不断打击人们对美元和欧元信心的同时,催生了世界对黄金和白银需求的狂涨,甚至有专家提出,重新恢复金本位制,黄金的货币属性凸现。

三、贵金属的价格透明优势

贵金属广泛流通于世界各国,因此贵金属价格市场,经过多年的发展,具有全球一致的同步性和公开性的特点。贵金属价格全球同步波动异常透明,这使得参与投资主体无需过多地担忧被人操作和坐庄,当然机构会对贵金属价格形成一定的短期影响。长期的价格趋势和当前的经济、金融和地缘政治以及通货膨胀等密切相关。

四、贵金属影响因素比较公开和透明优势

任何一个投资品种的价格波动影响因素,如果不能透明和公开,就会导致价格的波动出现异常。而贵金属市场的价格波动影响因素,主要是美元和全球经济和金融等因素的发展和变化。同时供求状况的变动每年都有相对特定的季节性因素,而美元和油价的波动又可以透

过美国的经济数据和油价的供求进行观察。美元的加息和减息周期对黄金的影响非常大,同时经济周期的更替和未来货币资产的泡沫化等均是财经新闻的热点可以查询。

五、贵金属市场的交易机制灵活性优势

相对于股市的单向买涨的交易和资金无杠杆放大的特点,贵金属市场的交易机制就灵活得多,且经过多年的发展,贵金属已经形成了较为完善的商品交易、金融交易和黄金ETF基金和分散式柜台交易方式等多种交易模式及投资产品。通过市场运行,完善了以投资者风险承受能力划分的多种投资类型。近年来以保证金制度风靡内地投资领域的杠杆可调节和24小时市场多空双向交易的投资品种,使得贵金属交易量在众多产品投资过程中具有无法比拟的优势。

六、贵金属投资避险优势

当通货膨胀上升或经济发生大萧条时期,贵金属由于其独特的"商品价值与货币价值"并存体现出优越的固有性。在各国货币由于信用危机而出现贬值时,贵金属一般呈现上升趋势;而当货币升值时,因贵金属价格恒定,其价格表现为下降趋势。这种波动的特性成为人们投资规避风险的一种绝佳手段,也是贵金属投资的主要价值所在。

第三节 贵金属市场体系

近年来随着我国贵金属市场的迅猛发展,及贵金属产业链的紧密衔接与贵金属衍生品的增多,根据产业环节及分工,逐步搭建出完善的多层次结构市场体系。纵观国际贵金属市场体系,连接产业链的参与者有以下几个方面。

一、实物贵金属

1. 贵金属原材料供应

贵金属原材料环节:主要由矿产开采企业及提炼企业、铸造企业构成。具备国家开采加工资质的企业将矿石开采出,并交由提炼厂进行提纯。提纯后的贵金属一部分铸造成符合国家标准的条、块、锭(如金条、银条等)类,交由银行、贵金属机构及首饰店进行销售;提纯后的另一部分贵金属原料将直接销售给加工企业进行需求工艺加工,例如如金店购买原料制作金银饰品等。此环节中的各机构为贵金属市场原料的主要提供者,同时国内贵金属现货市场价格也因其开采、提炼及相关成本影响而产生波动。

2. 贵金属回收商

贵金属原料循环再投入市场环节如各金银饰品销售机构及贵金属机构等。按照市场价格回收已进入市场流通领域的金、银等其他贵金属现货(例如,金银条、金银饰品等)。

贵金属回收市场通过对已进入销售及流通环节的贵金属饰品及贵金属含量较高的商品进行回收及提纯制成符合国际和国内标准的金锭、银锭等制品,其中饰品企业是贵金属回收市场的重要支撑点,为贵金属产业提供原料供应的另一渠道。

3.贵金属销售及流通

伴随我国经济体系的逐步完善,市民对黄金投资及实物黄金的关注度逐渐提高,我国从事黄金白银实物投资的机构逐渐增多,主要以银行及贵金属投资机构为发行方,为市民提供投资金银条的销售及回购。除购买贵金属首饰渠道之外,国内可供选择购买贵金属现货的其他渠道有以下几种:

（1）银行发行销售贵金属概况　自改革开放初期至今,我国银行网络已覆盖至城市内各个区域,由早期的国有银行到今天的商业银行与国有银行相互补足为城市提供完毕的金融服务体系。

伴随近年来黄金投资热潮,各银行也相继推出实物金银条10克、20克、50克、100克、200克到500克乃至1公斤不等,投资者可根据当日贵金属牌价支付等价的人民币购买实物贵金属。但投资者购买实物贵金属后需自行承担购买高昂贵金属的仓储风险,各银行因此相继推出实物贵金属的补足产品:"纸黄金、纸白银"业务。

以下简要介绍部分银行及其发行的纸黄金白银业务。

①中国银行"黄金宝"(非实物黄金买卖业务)　中国银行是国内首家获得银监会批准开办个人黄金投资业务的商业银行。"黄金宝"又称"纸黄金"买卖(以下简称"黄金宝"),个人实盘黄金买卖业务。是指中国银行根据国际黄金价格提供报价,客户通过柜面服务或其他电子金融服务方式与银行进行的不可透支的美元对外币金、人民币对本币金的交易。中国银行"本币金"和"美元金"的报价参考国际金融市场黄金报价,价格与国际黄金价格联动。客户可以利用国际金融市场上黄金价格的波动低买高卖,赚取差价和投资利润。

"黄金宝"产品有以下几点优势。

a.交易方便:投资者不进行黄金实物交割,避免各种仓储、检验费用,降低客户交易成本。

b.交易时间长:中行实行24小时交易,交易时间为每周一上午8:00至周六凌晨3:00,除国际公众节假日外,国内节假日照常营业。

c.渠道多样:目前可以通过柜台交易、电话交易和网上交易等方式进行。

d.交易方式灵活:既可进行市价交易,又可进行委托交易。进行委托交易服务,委托目标价位不得超过现价的5%,否则无效。当天的委托订单有效截止时间至翌日凌晨6:00,周六则至凌晨3:00,未成交前可以取消订单。

e.T+0清算:"黄金宝"实行T+0清算,交易量不封顶,便于投资者捕捉短线机会,反复来回操作,资金结算清晰。

f.投资起点低:"本币金"交易以"克"为单位,最低交易量为10克黄金,超出部分交易量为1克的整数倍。"美元金"交易以"盎司"为单位(1盎司=31.1035克),最低交易量为1盎司黄金,超出部分交易量为0.1盎司的整数倍。

②中国工商银行"金行家"　中国工商银行"金行家"业务是指个人客户以美元或人民币作为交易结算货币,在中国工商银行规定的交易时间内,按照报价使用中国工商银行提供的个人账户黄金买卖交易系统,在柜台或通过网上银行、电话银行、自助终端等方式进行个人账户黄金买卖交易的业务。"金行家"业务包括黄金(克)/人民币和黄金(盎司)/美元两个交易品种。黄金(克)/人民币买卖业务以人民币标价,交易单位为"克";黄金(盎司)/美元买卖业务以美元标价,交易单位为"盎司"。两类账户相互独立,不能转换。黄金账户不计利息,不能提取实物黄金。

"金行家"产品有以下几点优势。

a.交易品种丰富:您可以选择黄金(克)/人民币和黄金(盎司)/美元两个交易品种,满足多币种投资需要。

b.无额外费用:无需进行实物黄金交割,没有储藏/运输/鉴别等费用。

c.交易渠道丰富:柜台、网上银行、电话银行、自助设备均可办理。

d.交易方式多样:即时交易、获利委托、止损委托和双向委托,最长委托时间可达120小时。

e.投资门槛低:黄金(克)/人民币买卖业务每笔交易起点金额为10克黄金;黄金(盎司)/美元买卖业务每笔交易起点金额为0.1盎司黄金。

f.T+0清算:"金行家"业务实行T+0的清算制度,即您当天买入的黄金当天就可以卖出,且不限次数。

③中国建设银行"建行金" "建行金"是中国建设银行个人黄金业务的统一品牌名称,是建设银行卓越信誉与黄金恒久价值的完美结合,品牌下包含个人实物黄金和个人账户黄金两大类业务。个人账户贵金属交易业务是指建设银行依托本行业务处理系统,为投资者提供的一种以账户贵金属为标的交易产品。投资者在建设银行开立账户贵金属账户后,可按照建设银行提供的买卖双边报价,在规定的交易时间内对账户中的贵金属份额进行买卖。投资者的账户贵金属份额仅在账户中记录,不提取实物,且不同类别账户贵金属份额不得串用。

"个人账户贵金属"产品有以下几点优势。

a.丰富品种选择:建设银行个人账户贵金属交易业务类型丰富、各具特色,可满足投资者的不同投资偏好。建设银行已针对黄金、白银和铂金三类贵金属推出以人民币计价的账户交易业务,分别是账户金、账户银、账户铂交易业务。建设银行账户贵金属交易门槛低,最小交易单位均为1克。

b.方便快捷:建设银行销售网络遍布全国,网上银行、电话银行、手机银行等电子渠道也可为您办理业务,方便又快捷。

c.24小时交易:建设银行个人账户贵金属交易业务交易时间为周一上午7:00—周六凌晨4:00(节假日期间交易时间安排以银行公告为准),紧随国际贵金属市场交易时间,为您提供全天候24小时、连续不间断的专业化贵金属投资服务。

d.交易方式多样:建设银行个人账户贵金属交易采用实时和委托两种方式进行交易。

④中国交通银行"玖玖金" 中国交通银行"玖玖金"业务包括:黄金实物交易、黄金延期交易、模拟黄金交易。

中国交通银行黄金实物交易品种

交易品种	Au100g	Au99.99	Au99.95
交易方式	现货交易	现货交易	现货交易
最低报价单位	0.01元	0.01元	0.01元
每手交易量	100g	100g	1000g
基本提货单	100g或其整数倍	1000g或其整数倍	3000g或其整数倍

中国交通银行黄金延期交易品种(Ag(T+D)业务对应的白银暂不支持提货)

交易品种	Au(T+D)	Ag(T+D)
交易方式	延期交易	延期交易
最低报价单位	0.01元	1元
每手交易量	1000g	1000g

(2)国内各交易所投资贵金属业务 在国内实物贵金属投资领域,投资者除了可以选择在银行就近购买贵金属现货以外,还可选择在以下交易所的各地运营网店进行购买实物贵金属。

第一章 贵金属市场

①上海期货交易所实物金银条概况　上海期货交易所依法设立，受中国证监会集中统一监督管理，严格依照法规政策制度组织交易，切实履行市场一线监管职责，并按照其章程实行自律管理的法人。上海期货交易所目前上市交易的有黄金、白银、铜、铝、锌、铅、螺纹钢、线材、燃料油、天然橡胶等十种期货合约。

上海期货交易所金锭注册商标、包装标准及升贴水标准

来自：上海期货交易所网站　http://www.shfe.com.cn/upload/dir_200922/3934_200922.htm

序号	注册企业	注册日期	商标	冶炼厂地址	外形尺寸（mm）	块重（kg）	牌号
1	中国黄金集团公司	2007/12	中金	河南省三门峡市	115±1*52.5±1	1	Au99.99
					320±2*70±2	3	Au99.99
						3	Au99.95
2	山东黄金矿业股份有限公司	2007/12	泰山	山东省莱州市	115±1*52.5±1	1	Au99.99
					320±2*70±2	3	Au99.99
						3	Au99.95
3	山东招金金银精炼有限公司	2007/12	招金	山东省招远市	115±1*52.5±1	1	Au99.99
					320±2*70±2	3	Au99.99
						3	Au99.95
4	紫金矿业集团股份有限公司	2007/12	紫金（图案）	福建省上杭县	115±1*52.5±1	1	Au99.99
					320±2*70±2	3	Au99.99
						3	Au99.95
5	灵宝市金源桐辉精炼有限责任公司	2007/12	灵宝金	河南省灵宝市	115±1*52.5±1	1	Au99.99
					320±2*70±2	3	Au99.99
						3	Au99.95
6	江西铜业股份有限公司	2007/12	江铜	江西省贵溪市	115±1*52.5±1	1	Au99.99
					320±2*70±2	3	Au99.99
						3	Au99.95
7	云南铜业股份有限公司	2007/12	铁峰	云南省昆明市	115±1*52.5±1	1	Au99.99
					320±2*70±2	3	Au99.99
						3	Au99.95
8	铜陵有色金属集团股份有限公司	2007/12	铜冠	安徽省铜陵市	115±1*52.5±1	1	Au99.99
					320±2*70±2	3	Au99.95
9	大冶有色金属有限公司	2007/12	大江	湖北省黄石市	115±1*52.5±1	1	Au99.99
					320±2*70±2	3	Au99.95
10	云南地矿资源股份有限公司	2008/10	滇金	云南省昆明市	115±1*52.5±1	1	Au99.99
					320±2*70±2	3	Au99.95
11	灵宝黄金股份有限公司	2008/11	灵金	河南省灵宝市	320±2*70±2	3	Au99.95

上海期货交易所银锭注册商标、包装标准及升贴水标准

来自：上海期货交易所网站　http://www.shfe.com.cn/upload/dir_200922/3934_200922.htm

序号	注册企业	注册日期	商标	冶炼厂地址	外形尺寸（mm）	块重（kg）	牌号
1	中国黄金集团公司	2007/12	中金	河南省三门峡市	115±1*52.5±1	1	Au99.99
					320±2*70±2	3	Au99.99
						3	Au99.95

贵金属投资指南

续表

序号	注册企业	注册日期	商标	冶炼厂地址	外形尺寸（mm）	块重（kg）	牌号
2	山东黄金矿业股份有限公司	2007/12	泰山	山东省莱州市	115±1*52.5±1	1	Au99.99
					320±2*70±2	3	Au99.99
						3	Au99.95
3	山东招金金银精炼有限公司	2007/12	招金	山东省招远市	115±1*52.5±1	1	Au99.99
					320±2*70±2	3	Au99.99
						3	Au99.95
4	紫金矿业集团股份有限公司	2007/12	紫金（图案）	福建省上杭县	115±1*52.5±1	1	Au99.99
					320±2*70±2	3	Au99.99
						3	Au99.95
5	灵宝市金源桐辉精炼有限责任公司	2007/12	灵宝金	河南省灵宝市	115±1*52.5±1	1	Au99.99
					320±2*70±2	3	Au99.99
						3	Au99.95
6	江西铜业股份有限公司	2007/12	江铜	江西省贵溪市	115±1*52.5±1	1	Au99.99
					320±2*70±2	3	Au99.99
						3	Au99.95
7	云南铜业股份有限公司	2007/12	铁峰	云南省昆明市	115±1*52.5±1	1	Au99.99
					320±2*70±2	3	Au99.99
						3	Au99.95
8	铜陵有色金属集团股份有限公司	2007/12	铜冠	安徽省铜陵市	115±1*52.5±1	1	Au99.99
					320±2*70±2	3	Au99.95
9	大冶有色金属有限公司	2007/12	大江	湖北省黄石市	115±1*52.5±1	1	Au99.99
					320±2*70±2	3	Au99.95
10	云南地矿资源股份有限公司	2008/10	滇金	云南省昆明市	115±1*52.5±1	1	Au99.99
					320±2*70±2	3	Au99.95
11	灵宝黄金股份有限公司	2008/11	灵金	河南省灵宝市	320±2*70±2	3	Au99.95

②上海黄金交易所实物金银条概况　上海黄金交易所是经国务院批准，由中国人民银行组建，在国家工商行政管理局登记注册的，交易所于2002年10月30日正式开业，实行自律性管理的法人一单。上海黄金交易所为贵金属上下游企业提供了一个有效的电子化交易平台，并通过电子化交易平台有效地将全国各地的实物贵金属资源流通起来。上海黄金交易所成立至今，以成为国内贵金属饰品行业购买原料金银的重要渠道之一。

交易所主要实行标准化撮合交易方式。目前，交易的商品有黄金、白银和铂金，交易标的必须符合交易所规定的标准。黄金有Au99.95、Au99.99、Au50g、Au100g四个现货实盘交易品种，和Au(T+5)与Au(T+D)两个延期交易品种及Au(T+N1)、Au(T+N2)两个中远期交易品种；白银有Ag99.9、Ag99.99现货实盘交易品种和Ag(T+D)现货保证金交易品种；铂金有Pt99.95现货实盘交易品种，在全国37个城市设立55家指定仓库，金锭和金条由交易所统一调运配送。

③天津贵金属交易所实物金银条概况：

天津贵金属交易所为投资者提供实物投资金银条的销售及回购，并配以现货电子交易便于投资者不受时间与地区限制进行贵金属投资获利交易。天津贵金属交易所销售实物贵金属的规格有：50克、100克、500克、1千克和15千克不等。

第一章 贵金属市场

天津贵金属交易所现货黄金报价

商品名称	规格	升贴水	详细
黄金日投资金条	200g	+10/-1	油压(现代新工艺模…
环融金银	9999	+12/-2	油压(现代新工艺模…
金雅福龙年金条	千足金	+10/-1	油压品牌名:"…
金雅福投资金条	9999	+10/-1	油压品牌名:"…
金雅福投资金条	9999	+5/-1	油压品牌名:"…
信和9999	10g	+5/-1	油压(现代新工艺模…
信和9999	20g	+5/-1	油压(现代新工艺模…
信和9999	50g	+5/-1	油压(现代新工艺模…
信和9999	100g	+5/-1	油压(现代新工艺模…
信和9999	200g	+5/-1	浇注(国际传统工艺…
信和9999	500g	+5/-1	浇注(国际传统工艺…

天津贵金属交易所现货白银报价

商品名称	规格	升贴水	详细
黄金日投资银条	1000g	+1/-0.5	油压(现代新工艺模…
环融金银	999	+5/0	油压(现代新工艺模…
金雅福	1kg	+1/-0.5	油压品牌名:"…
信和	1kg	+5/-1	浇注(国际传统工艺…
信和	5kg	+5/-1	浇注(国际传统工艺…
信和	15kg	+5/-1	浇注(国际传统工艺…

二、贵金属衍生品

贵金属衍生品(Derivatives),是从一般商品和基础金融产品(如股票、债券、外汇)等基础资产衍生而来新型金融产品。具有代表性的衍生品包括期货、现货、期权和互换等。

1.国内关于贵金属在股票市场的投资情况

(1)中金黄金(中金黄金股份有限公司,股票代码:600489)

中金黄金股份有限公司成立于2000年6月23日,由中国黄金集团公司(原中国黄金总公司)作为主发起人,联合其他6家企业共同发起设立。2003年8月14日,公司在全国黄金行业率先公开发行人民币普通股1亿股,在上海证券交易所挂牌交易,公司股票简称"中金黄金",股票代码"600489",被国内证券业界誉为"中国黄金第一股"。公司现有16个职能部门,53家子公司,员工27273人,并建有博士后科研工作站。公司生产有高纯金、标准金、电解银、电解铜和硫酸等多种产品,是集黄金采、选、冶、加工综合配套能力的大型黄金企业。

作为中国第一家专业从事黄金生产的上市公司,中金黄金股份有限公司将不断借助资本市场平台,扩大黄金等矿产资源的占有率,通过逐步完善和创新经营机制,着力提高核心竞争力,实现跨越式发展,打造中国黄金业的第一品牌。

(2)山东黄金(山东黄金集团,代码:600547)

山东黄金集团是直属山东省政府的国有大型企业,也是国家重点扶持的520户企业和中国500强企业之一。充分发挥得天独厚的区位优势和历史优势,山东黄金集团不仅拥有业内最完善的产业链条、代表业内先进水平的专业技术、业内集中度最高和规模最大的黄金基地,而且拥有闻名国内外的矿山群和备受业内瞩目的资源储备,黄金产量、资源储备、经济效益、科技水平及人才优势均居全国同行业前列。近年来,山东黄金集团确立了"以资源为核心,突出黄金主业,进军有色,决战海外,争做具有国际竞争力的世界一流企业"的战略目标,即"黄金做强争第一、有色做大进前十、海外做稳争上市、资源做多可持续、地产做亮成新区"。坚持由省内到省外、由国内到国外、由黄金到有色,形成了山东黄金矿业股份有限公司、山东黄金有色矿业集团有限公司、山东黄金资源集团有限公司、山东黄金国际矿业有限公司及山东黄金地产旅游集团有限公司"4+1"平台的发展战略格局。

2.贵金属期货与现货

期货(Futures),是指与现货相对应,并由现货衍生而来,通常指期货合约。在国内从事贵金属保证金交易的交易所分为期货交易所与现货交易所两类。其区别来自于合约报价体现为远期价格或现价,期货对于现货市场而言具有远期价格发现功能,而现货与期货价格相互影响。

(1)上海期货交易所 上海期货交易所是依照有关法规设立的,履行有关法规规定的职责,受中国证监会集中统一监督管理,并按照其章程实行自律管理的法人。上海期货交易所坚持以科学发展观为统领,深入贯彻国务院关于推进资本市场改革开放和稳定发展的战略决策,依循"夯实基础、深化改革、推进开放、拓展功能、加强监管、促进发展"的方针,严格依照法规政策制度组织交易,切实履行市场一线监管职责,致力于创造构建安全、有序、高效的市场机制,营造公开公平公正和诚信透明的市场环境,长期目标是:努力建设成为规范、高效、透明,综合性、国际化的衍生品交易所,发挥期货市场发现价格、规避风险的功能,为国民经济发展服务。上海期货交易所目前上市交易的有黄金、白银、铜、铝、锌、铅、螺纹钢、线材、燃料油、天然橡胶等十种期货合约。上海期货交易所现有会员200多家(其中期货经纪公司会员占80%以上),在全国各地开通远程交易终端300多个。

上海期货交易所黄金期货标准合约

更新日期:2008-01-07

交易品种	黄金
交易单位	1000克/手
报价单位	元(人民币)/克
最小变动价位	0.01元/克
每日价格最大波动限制	不超过上一交易日结算价±5%
合约交割月份	1-12月
交易时间	上午9:00—11:30 下午1:30—3:00
最后交易日	合约交割月份的15日(遇法定假日顺延)
交割日期	最后交易日后连续五个工作日
交割品级	金含量不小于99.95%的国产金锭及经交易所认可的伦敦金银市场协会(LBMA)认定的合格供应商或精炼厂生产的标准金锭(具体质量规定见附件)
交割地点	交易所指定交割金库
最低交易保证金	合约价值的7%
交易手续费	不高于成交金额的万分之二(含风险准备金)
交割方式	实物交割
交易代码	AU
上市交易所	上海期货交易所

第一章 贵金属市场

上海期货交易所白银期货标准合约

更新日期:2008-01-07

交易品种	白银
交易单位	15千克/手
报价单位	元/手
最小变动价位	1元/千克
每日价格最大波动限制	不超过上一交易日结算价±5%
合约交割月份	1—12月
交易时间	上午9:00—111:30 下午1:30—3:00
最后交易日	合约交割月份的15日(遇法定假日顺延)
交割日期	最后交易日后连续五个工作日
交割品级	标准品:符合国标GB/T 4135-2002 IC-Ag99.99规定,其中银含量不低于99.99%
交割地点	交易所指定交割仓库
最低交易保证金	合约价值的7%
交割方式	实物交割
交割单位	30千克
交易代码	AG
上市交易所	上海期货交易所

(2)上海黄金交易所 上海黄金交易所是经国务院批准,由中国人民银行组建,在国家工商行政管理局登记注册的,于2002年10月30日正式开业实行自律性管理的法人。遵循公开、公平、公正和诚实信用的原则组织黄金、白银、铂等贵金属交易。

交易所实行会员制组织形式,会员由在中华人民共和国境内注册登记,从事黄金业务的金融机构、从事黄金、白银、铂等贵金属及其制品的生产、冶炼、加工、批发、进出口贸易的企业法人,并具有良好资信的单位组成。现有会员162家,分散在全国26个省、市、自治区;交易所会员依其业务范围分为金融类会员、综合类会员和自营会员。金融类会员可进行自营和代理业务及批准的其他业务,综合类会员可进行自营和代理业务,自营会员可进行自营业务。目前会员单位中年产金量约占全国的80%;用金量占全国的90%;冶炼能力占全国的90%。

标准黄金、铂金交易通过交易所的集中竞价方式进行,实行价格优先、时间优先撮合成交。非标准品种通过询价等方式进行,实行自主报价、协商成交。会员可自行选择通过现场或远程方式进行交易。

交易所主要实行标准化撮合交易方式。交易时间为每周一至五(节假日除外)上午9:00-11:30,下午13:30-15:30,晚上21:00-2:30。目前,交易的商品有黄金、白银和铂金,交易标的必须符合交易所规定的标准。黄金有Au99.95、Au99.99、Au50g、Au100g四个现货实盘交易品种,和Au(T+5)与Au(T+D)两个延期交易品种及Au(T+N1)、Au(T+N2)两个中远期交易品种;白银有Ag99.9、Ag99.99现货实盘交易品种和Ag(T+D)现货保证金交易品种;铂金有Pt99.95现货实盘交易品种;中国银行、中国农业银行、中国工商银行、中国建设银行和深圳发展银行、兴业银行和华夏银行等作为交易所指定的清算银行,实行集中、直接、净额的资金清算原则。交易所实物交割实行"一户一码制"的交割原则,在全国37个城市设立55家指定仓库,金锭和金条由交易所统一调运配送。

上海黄金交易所的建立,与货币市场、证券市场、外汇市场等一起构筑成我国完整的金融市场体系。未来,交易所将在中国人民银行的领导下,一如既往,与时俱进,为我国黄金市场的繁荣作出更大贡献。

上海黄金交易所交易行情

2012年05月21日

合约	开盘价	最高价	最低价	收盘价	涨跌(元)	涨跌幅	加权平均价	成交量	成交金额	持仓量	交收量
Au9995	325.00	326.60	325.00	326.55	4.56	0.0142	326.03	2,678	873,118,620.00		
Au9999	326.50	326.60	325.50	326.49	3.72	0.0115	326.03	4,503.20	1,470,840,642.00		
Au100g	325.70	326.60	325.70	326.51	4.12	0.0128	326.19	48	15,657,490.00		
Au(T+D)	325.06	326.37	325.06	326.15	5.36	0.0167	325.89	16,374	5,336,129,600.00	161,332	8,928
Pt9995	313.00	313.00	312.75	312.88	3.15	0.0102	312.97	136	42,564,000.00		
Ag(T+D)	6020.00	6030.00	5980.00	5997.00	110.00	0.0187	5999.00	564,898	3,389,001,748.00	2,877,034	5,550

注:此表的数据由5月21日的9:00至11:30、13:30至15:30的交易形成。
延期补偿费支付方向:Au(T+D)——空付多,Ag(T+D)——多付空。
成交量和成交金额为双向计量。
商品交易行情来自上海黄金交易所官方网站

(3)天津贵金属交易所介绍 天津贵金属交易所是根据国务院关于《推进滨海新区开发开放有关问题的意见》(国发[2006]20号)的政策精神,经天津市政府同意,市金融办批准,由天津产权交易中心发起设立的公司制交易所。天津贵金属交易所于2008年12月30日在天津滨海新区空港经济区注册,注册资本金为一亿元人民币,其中天津产权交易中心持股20.8%;中国黄金集团公司持股12%;北京国储汇金投资管理有限公司持股20%;北京融创金源投资管理有限公司持股20%;天津奥力孚国际贸易有限公司持股19.2%;天津融汇金属资源股权投资基金管理有限公司持股8%。公司营业范围为"贵金属(含黄金、白银)、有色金属现货批发、零售、延期交收,并为其提供电子平台;前述相关咨询服务及许可的其他业务"。

天津贵金属交易所是依据2003年国务院关于取消人民银行对黄金市场的若干审批权限,黄金交易逐步开放的政策,也是按照在天津滨海新区金融先行、先试的要求设立的。天津贵金属交易所采用具有中国特色的分散式柜台交易模式,24小时连续交易与国际黄金市场接轨。天津贵金属交易所的设立是滨海新区金融先行先试的重要创新实践之一,是对我国黄金市场体系的补充,对我国金融市场体系的完善,有利于规范和引导场外黄金交易市场发展,逐步把握我国在国际黄金市场上的话语权和定价权。

天津贵金属交易所于2010年2月开始试运行,2012年2月正式运行。目前天津贵金属交易所上市交易的品种有铂、钯、白银、黄金四种贵金属。2010年度总成交金额为1432亿元,创税1,500余万元;2011年总成交额为16309亿元,创税约1.6亿元;截至2012年1月,交易所共有签约会员85家,保有客户逾13万户。未来交易所的发展目标是实现"三个一":打造一个创新型分散式柜台交易平台;发起设立一支贵金属资源基金;建成一个贵金属产业园。

第一章 贵金属市场

天津贵金属交易所天通金标准合约

交易品种	黄金
交易单位	1000 克/手
报价单位	元/克
最小变动价位	0.01 元/克
实物交收方式	交收申报制
交易时间	周一早 8:00 至周六早 4:00；凌晨 4:00 至 6:00 为结算时间
实物交收申报时间	交易日内 10:00~16:00
实物交收品级	成色为 99.99%。符合国标 GB/T4134-2003 的 200g 金条(成色为 99.99%，符合国标 GB/T4134—2003 的 500g 金条可替代交收)
实物交收地点	交易所认可的交收点
最低履约保证金	合约总价值的 8%
交易手续费	成交金额的 0.08%
延期费	建仓时成交金额的 0.02%/天
交收方式	实物

天津贵金属交易所现货白银标准合约

交易品种	白银
交易单位	15 千克/手
报价单位	元/千克
最小变动价位	1 元/千克
实物交收方式	交收申报制
交易时间	周一早 8:00 至周六早 4:00；凌晨 4:00 至 6:00 为结算时间
实物交收申报时间	交易日内 10:00~16:00
实物交收品级	成色为 99.99%。符合国标 GB/T4135-2002 的 15kg 银条(成色为 99.99%，符合国标 GB/T4135—2002 的 1kg 和 5kg 白银可替代交收)
实物交收地点	交易所认可的交收点
最低履约保证金	合约总价值的 8%
交易手续费	成交金额的 0.08%
延期费	建仓时成交金额的 0.02%/天
交收方式	实物

天津贵金属交易所现货钯金标准合约

交易品种	钯金
交易单位	1000 克/手
报价单位	元/克
实物交收方式	交收申报制

续表

交易品种	钯金
交易时间	周一早8:00至周六早4:00;凌晨4:00至6:00为结算时间
实物交收申报时间	交易日内10:00~16:00
实物交收地点	交易所认可的交收点
最低履约保证金	合约总价值的8%
交易手续费	成交金额的0.08%
延期费	建仓时成交金额的0.02%/天
交收方式	实物

天津贵金属交易所现货铂金标准合约

交易品种	铂金
交易单位	1000克/手
报价单位	元/克
实物交收方式	交收申报制
交易时间	周一早8:00至周六早4:00;凌晨4:00至6:00为结算时间
实物交收申报时间	交易日内10:00~16:00
实物交收地点	交易所认可的交收点
最低履约保证金	合约总价值的8%
交易手续费	成交金额的0.08%
延期费	建仓时成交金额的0.02%/天
交收方式	实物

3.贵金属衍生品市场的参与者

贵金属衍生品市场根据交易流程划分参与者,可分为:贵金属市场交易商、贵金属投资者、贵金属经纪人和经纪公司以及对冲基金。

(1)贵金属市场交易商　贵金属市场交易商拥有贵金属的目的,多在于更快地出售以便赚取差价,买卖贵金属和囤积实物,以便在最有利的时机进行出售。而有别与实物贵金属交易商,购买贵金属原料的目的在于制造贵金属产品获得加工销售环节的利润。

所以,贵金属市场交易商是贵金属衍生品市场交易的主力军,其交易量导向也成为业内的投资风向标。

(2)贵金属投资者　渴望拥有贵金属以便提高投资收益,或者希望在未来价格涨跌过程中谋取一定利益的投资者,这是目前黄金市场忠实的拥趸。在近年一些国家战争局势升温及经济信用危机频发之时,此类投资者队伍不断壮大和发展,从而对国内黄金、白银市场的价格起到推波助澜的作用。

(3)贵金属经纪人和经纪公司　在欧洲各国,贵金属经纪人就如同股票市场中的经纪人一样,他们自身并不参与黄金等贵金属的买卖,只是利用市场波动价格和对价格信息的敏感度为客户提供买卖信息,或者授理客户委托买卖,从中获得佣金。在国际市场中,这类操作慢慢发展为有一定影响的公司化操作行为。贵金属经纪公司,是专门从事代理非交易所会员进行黄金交易,并收取佣金的经纪组织。有的交易所把经纪公司称为经纪行(Commission House)。在纽约、芝加哥、香港等黄金市场里,有很多经纪公司,他们本身并不拥有黄金,只是派出场内代表在交易厅里为客户代理黄金买卖,收取客户的佣金。

(4)对冲基金　对冲基金影响黄金和白银市场上的操作由来已久,从最初亨特兄弟炒白银失败到近期摩根大通涉嫌坐庄操纵白银市场价格等都可以看出来。近年来,国际对冲基金尤其是美国的对冲基金,活跃在国际金融市场的各个角落。例如全球最大的黄金ETF-SPDR手中掌管的黄金达到了1300多吨。在黄金市场上,几乎每次大的下跌都与基金公司借入短期黄金在即期黄金市场抛售和在纽约商品交易所黄金期货交易所构筑大量的淡仓有关。而国际上可与其相提并论的,还有全球最大的白银ETF基金。而其多与规模庞大的对冲基金利用与各国政治、工商和金融界千丝万缕的联系,往往较先捕捉到经济基本面的变化,利用管理的庞大资金进行买空和卖空,从而加速黄金市场价格的变化而从中渔利。

三、产业服务与监管机构

1. 贵金属交易所

贵金属交易所组织,例如香港金银业贸易场和上海期货交易所等,它们成为黄金市场交易的中坚力量。在整个贵金属交易的环节中,贵金属交易所对贵金属交易制度的建立、市场构成以及法律法规的贯彻执行等方面均起着重要作用。贵金属交易所在其营运过程中充当投资者与会员双方争议的调解者并实时监督交易的公平、公正性。

2.监管机构

贵金属的监管机构,其职能是对整个市场的运行进行监管,并负责制定监管方面的各种规章制度以及这些规章制度的实施,是贵金属市场的最高层面级。国外多以行业自律协会和政府层面构成的监管机构,起着双重领导作用。

3. 央行

央行在贵金属市场进行增加购买黄金或者减少抛售的行为,都会给国际黄金市场的价格带来很大的影响。而历史上的"央行售金协定"(Central Bank Gold Agreement,CBGA)又称华盛顿协议,是1999年9月27日欧洲11个国家央行加上欧盟央行联合签署的一个协定。当时由于金价处于历史低谷,而各个欧洲央行为了解决财政赤字纷纷抛售库存的黄金,为了避免无节制的抛售将金价彻底打垮,这个协议规定在此后的5年中,签约国每年只允许抛售400吨黄金。此后每过五年都会有不同的国家参与进来,但是随着金融危机的爆发和全球经济陷入困境,黄金的价格一路上扬,许多国家的央行已经出现了惜售黄金的局面,这更促进了黄金市场的价格的上扬和波动。

四、新型参与者

黄金ETF是以黄金为投资对象的ETF,属于实物黄金投资工具。ETF(Exchange Traded Funds)交易型开放式指数基金,又称为交易所交易基金。是一种在交易所上市交易的基金份额可变的一种开放式基金。顺应目前国际上指数化投资的市场潮流,ETF目前已成为历史上发展最快的金融产品。黄金ETF基金是一种以黄金为基础资产,追踪现货黄金价格波动的金融衍生产品。其运行原理为:由大型黄金生产商向基金公司寄售实物黄金,随后由基金公司以此实物黄金为依托,在交易所内公开发行基金份额,销售给各类投资者,商业银行分别担任基金托管行和实物保管行,投资者在基金存续期间内可以自由赎回。

黄金ETF交易的产生是黄金交易证券化的结果,其交易模式也遵循证券交易所交易的股票的模式。投资者通过证券公司以该基金在证券交易所的报价,申购一定的ETF份额;证券公司通过清算公司对投资者持有的基金份额进行结算;基金管理公司通过证券公司的具体交易资讯购置相当量的黄金交托管机构(一般为银行)托管。

黄金ETF一般分为商品基金和对冲基金。其中对冲基金由于有大量资金,常常在黄金衍生品市场利用资金杠杆大量买空卖空,对市场价格产生很大的影响力。

第四节 贵金属市场的历史变革

我国的黄金产量目前跃居世界第一的位置,同时也是全球最大的黄金消费国家之一。但是却未能影响到国际现货市场的走势,国内期货黄金市场投机成交量不足以影响市场走势,这和我国贵金属市场比较落后有关系。从目前黄金及其白银和其他贵金属价格走势来看,对其影响最大的莫过于伦敦黄金市场,其五大金商的定价决定全球现货黄金的价格走势,这些现象值得我们研究和思考。国际黄金市场的发展历程,对我国将来建立有效的黄金市场有非常大的参考价值。目前国际上以黄金为主的贵金属市场发展历程,可分为以下几个方面的内容。

一、贵金属市场的历史演进

1. 皇权垄断时期(19世纪以前)

在19世纪之前,受矿产勘探和开采技术的限制,以及黄金作为各国间主要流通货币等因素影响,黄金基本为帝王独占的财富和权势的象征。虽然早在公元前6世纪就出现了世界上的第一枚金币,但一般平民很难拥有黄金。黄金矿山也属皇家所有。自由交易的市场交换方式难以发展,即使存在,也因黄金的专有性而限制了黄金的自由交易规模。

2. 金本位时期(19世纪初至20世纪30年代)

金本位制始于1816年的英国,到19世纪末。世界上主要的国家基本上都实行了"金本位"。1914年第一次世界大战时,全世界已有59个国家实行金本位制。"金本位制"虽时有间断但大致延续到20世纪的20年代。随着金本位制的形成,黄金承担了商品交换的一般等价物功能,成为商品交换过程中的媒介。黄金的社会流动性增加,黄金市场的发展有了客观的社会条件和经济需求。在"金本位"时期,各国中央银行虽都可以按各国货币平价规定的金价无限制地买卖黄金,但实际上仍是通过市场吞吐黄金,因此黄金市场得到一定程度的发展。20世纪初,第一次世界大战爆发严重地冲击了"金本位";到20世纪30年代又爆发了世界性的经济危机,使"金本位制"彻底崩溃。黄金市场发展受到了严重阻碍。黄金作为金本位时期的国际货币,承担着国际贸易结算工具、投资货币和储备货币的功能。在这个时期,黄金的价格十分稳定,黄金与美元的兑换价格在每盎司黄金兑换18~20美元窄幅波动,这一价格区间维系了约一百年。

第一次世界大战后,欧洲国家之间产生了大量战争赔款,而且欧洲各国几乎都出现了严重的通货膨胀。从1918年至1930年代初,绝大多数国家被迫放弃了政府发行的纸币可兑换黄金的货币体制,在这些国家内都出现了纸币狂贬和金价暴涨的局面。到了20世纪30年代又爆发了世界性的经济危机,使得世界"金本位制"彻底崩溃,于是各国纷纷加强了贸易管制,禁止黄金自由买卖和进出口。

最后资本主义强国美国和英国也抵抗不住这个趋势,英镑和美元最后也脱离了同黄金的原来比价关系。1931年英镑相对黄金贬值30%,1934年美国总统罗斯福发布法令禁止私人持有黄金,并把美元贬值40%,此时1盎司黄金价值为35美元,即1美元可以兑换0.89克黄金。并且规定只容许中央银行及各政府之间进行黄金交易活动。形成了新的美元兑换制度,用美元可以在联邦储备局兑换黄金。

这些重大变故导致公开的黄金市场失去了存在的基础,世界各地的黄金市场相继倒闭和被关闭。到1939年当时世界仅剩的唯一黄金市场——伦敦黄金市场被迫关闭,伦敦黄金市场这一关闭就是持续了15年,直至1954年才重新开张。在此期间一些国家实行"金块本位"或"金汇兑本位制",大大压缩了黄金的流通货币功能,使之退出了国内流通支付领域。但在国际储备资产中,黄金仍是最后的支付手段,充当世界货币的职能,黄金仍受到各国政府的严格管制。

3. 布雷顿森林体系时期(20世纪40年代至70年代初)

1944年,美国于当年7月邀请参加筹建联合国的44国政府的代表在在美国新罕布什尔州布雷顿森林举行会议,通过了"布雷顿森林协议",建立了"金本位制"崩溃后的人类第二个国际货币体系。在这一体系中,美元与黄金挂钩,美国承担以官价兑换黄金的义务。该体系制定了每盎司黄金等于35美元3的官方金价,其他国家货币与美元挂钩,各国可按官价向美国兑换黄金。布雷顿森林体系确认了美元国际货币的地位。黄金无论在流通还是在国际储备方面的作用都有所降低,而美元成为这一体系中的主角。但因为黄金是稳定这一货币体系的最后屏障,所以黄金的价格及流动都仍受到较严格的控制。伦敦黄金市场在该体系建立十年后才得以恢复。

1971年,在损失了大量黄金储备后,美国政府宣布退出布雷顿森林体系,宣布美元与黄金脱钩。此后的黄金价格完全脱离了政府定价模式,由市场供求关系来决定,黄金冲破了布雷顿体系的牢笼控制,成为由市场供求关系定价的自由黄金,随后黄金价格飞速上升,至1973年因美元大幅贬值的诱导,再次引发了欧洲各国抛售美元抢购黄金的浪潮。在这个市场浪潮冲击下,导致西欧和日本外汇市场不得不关闭了17天。经过各国之间的紧急磋商最后达成协议,西方国家放弃固定汇率,实行浮动汇率。同时黄金价格超过100美元/盎司大关,是原来官方所规定兑换价格的三倍。至此,布雷顿森林体系崩溃。

4. 黄金非货币化时期(20世纪70年代至今)

布雷顿森林体系崩溃的初期,美国和其他西方国家的通胀率再次急剧升高。加上美国黄金市场的建立和发展,美国公民在被禁止数十年后,重新获得拥有黄金的权利,交易商和个人投资者认定这些将极大地增加对黄金的需求,因而倾囊买进。金价继续不断攀升,新的历史最高价格不断被刷新。最后在美国黄金市场对美国公众开放的当天,黄金价格才冲顶回落。此时的黄金价格是200美元/盎司。

从法律角度看,国际货币体系的黄金非货币化到1978年才正式明确。国际货币基金组织在1978年以多数票通过批准了修改后的《国际货币基金协定》。该协定删除了以前有关黄金的所有规定,宣布黄金不再作为货币定值标准,废除黄金官价,可在市场上自由买卖黄金;取消对国际货币基金组织(IMF)必须用黄金支付的规定;出售国际货币基金组织1/6的黄金,将所得利润用于建立帮助低收入国家优惠贷款基金;设立特别提款权代替黄金用于会员国与IMF之间的某些支付等等。

牙买加协定之后,虽然1975年美国政府卖出大额黄金解决贸易赤字,但金价并没有因此下挫，两次石油危机与世界政局的不安导致黄金成为热门商品。1979年11月伊朗挟持美国人质与12月前苏联入侵阿富汗成为黄金上涨的最大推手。1980年1月21日金价达到每盎司850美元，为20世纪的最高点。

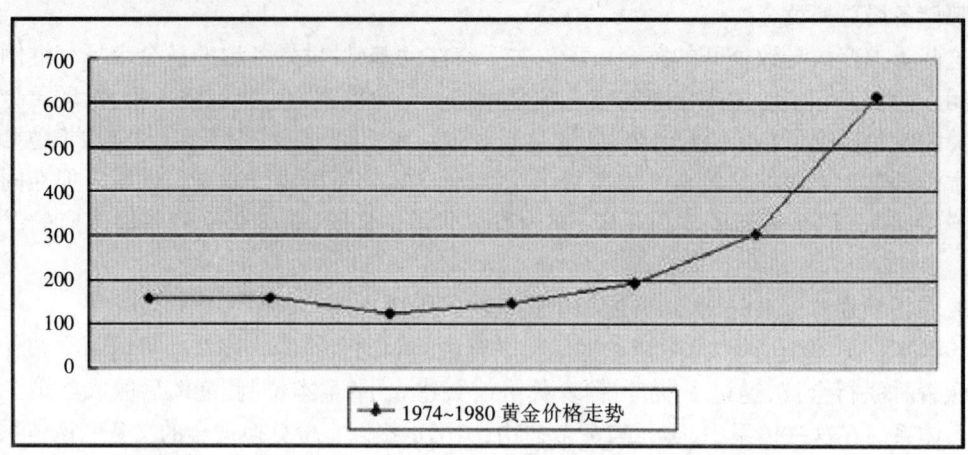

1974~1980 黄金价格走势

5. 20世纪80年代至20世纪90年代长达20年的黄金熊市

任何金融产品的价格，经过爆发性的牛市暴涨过后，价格都会大幅回落，股票、石油、房地产等都是这样，黄金价格也不例外。在创造出令人炫目的852美元/盎司的价格后，黄金出现大幅震荡性回落，同时美国的通胀率从接近20%降到1982年的5%左右，黄金价格随之跌落到300美元/盎司才止住。

在黄金短暂的爆发性飙升牛市随后的二十多年里，黄金价格出现了长时间的价格回归。同时世界经济通胀的压力减少了，进入了经济发展的最好时期，美元经过大幅贬值后，再次坚挺起来，充当了世界货币的角色。黄金价格进入长期的深幅调整。如下图所示，1980至1982年国际政治形势缓和之后，金价快速回落。黄金价格自两伊战争时期的每盎司700美元滑落到每盎司300美元。1982年8月墨西哥决定停止偿还外债，引发巴西、阿根廷与秘鲁等南美洲国家效尤，黄金价格飙升至每盎司500美元之上。1982年之后，澳洲和北美洲陆续发现新矿区，金价回档至每盎司300美元。1987年10月美国发生"黑色星期五"，股市当日暴跌20%，黄金价格回升至每盎司500美元。1990年伊拉克入侵科威特，黄金价格从每盎司370美元上涨至410美元，战争

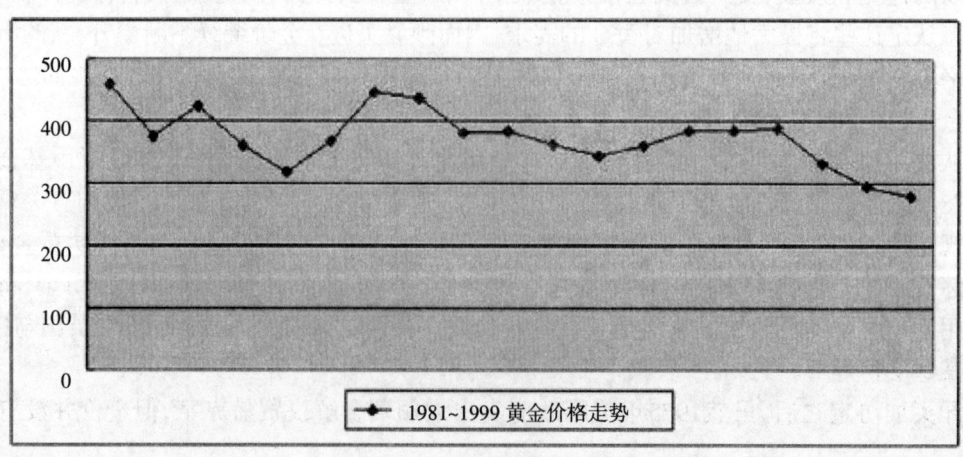

1981~1999 黄金价格走势

结束之后黄金的波动范围大致回落到每盎司300~400美元。1991至1992年各国央行陆续抛售黄金,加上全球通货膨胀率低,商品价格下跌至1978年以来的低点,黄金处于空头市场,苏联解体的政治因素也未能拉抬金价。1993至1997年,金价在每盎司300~400美元区间游走,各国政府卖出黄金打压金价,1998年黄金跌破每盎司300美元,低于金矿公司的成本,矿产公司相继停工。1999年开始英国央行共计抛售了415吨黄金,当时英国央行的黄金储备不过715吨,大规模的抛售黄金行动使得英国总的黄金储备降至300吨,金价也因此遭到重挫,创下20年来的新低点,也就在这个时候形成了黄金价格底部,史称"布朗底部"。

6. 二十一世纪黄金大牛市

如下图所示,2000年开始,亚洲国家的外汇储备大幅攀升,由贸易逆差转为顺差,黄金的消费需求再度回升。科技和金融工程进步带动黄金的金融投资需求增加,美国贸易与财政赤字使得强势美元出现变化,美元兑欧元汇率持续贬值,使得黄金持续升值。在2007年下半年美国宽松的货币政策引发的房市泡沫破裂,2008年第一季度美联储大幅降息3%,加上美国第五大券商贝尔斯登因流动性风险被摩根大通并购,金融危机导致黄金价格迅速攀升。2009年希腊主权债务危机以及之后欧洲几国的主权债务危机,美国量化宽松的货币政策使得黄金价格节节攀升达到历史最高点。

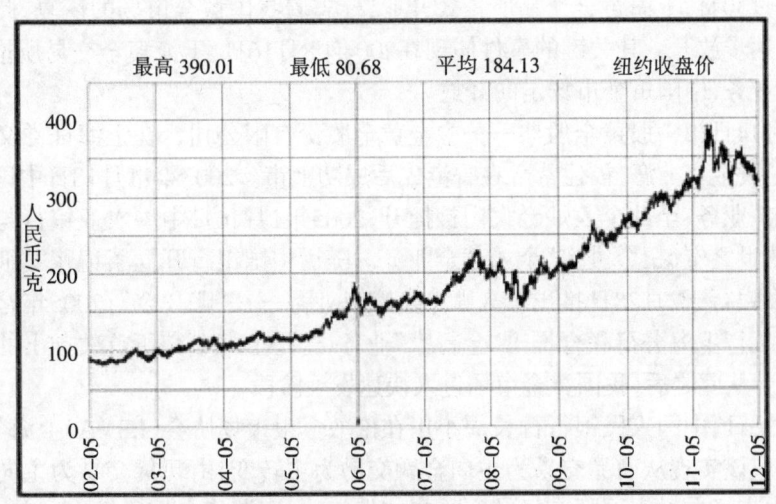

2002年至2012年黄金价格走势

二、我国贵金属市场的历史沿革

中国贵金属市场的发展历史基本以金银为主,其中以黄金为代表的贵金属市场几经发展,构成了贵金属市场的历史与现状。

2001年以前,我国对黄金的生产和流通,实行全国集中统一管理,基本上不存在黄金市场。1950年4月中国人民银行制定下发《金银管理办法》(草案),冻结民间金银买卖,明确规定国内的金银买卖统一由中国人民银行经营管理。1983年6月15日,国务院发布《中华人民共和国金银管理条例》,规定"国家对金银实行统一管理、统购统配的政策";"中华人民共和国境内的机关、部队、团体、学校、国有企业、事业单位,城乡集体经济组织的一切金银的收入和支出,都纳入国家金银收支计划";"境内机构所持的金银,除经中国人民银行许可留用的原材料、设备、器皿、纪念品外,必须全部交售给中国人民银行,不得自行处理、占有";"在中华人民共和国境内,一切单位和个人不得计价使用金银,禁止私自买卖和借贷抵押金银"。

1999年11月25日,中国放开白银市场,封闭了半个世纪的白银自由交易开禁,为放开黄金交易市场奠定了基础。12月28日,上海华通有色金属现货中心批发市场成为我国唯一的白银现货交易市场。白银的放开视为黄金市场开放的"预演"。

2000年8月,上海老凤祥型材礼品公司获得中国人民银行上海分行批准,开始经营旧金饰品收兑业务,成为国内首家试点黄金自由兑换业务的商业企业。

2000年10月,国务院发展研究中心课题组发表有关黄金市场开放的研究报告。同年,中国政府将建立黄金交易市场列入国民经济和社会发展"十五"纲要。

2001年4月,中国人民银行行长戴相龙宣布取消黄金"统购统配"的计划管理体制,在上海组建黄金交易所。

2001年6月11日,中央银行启动黄金价格周报价制度,根据国际市场价格变动对国内金价进行调整。

2001年8月1日,足金饰品、金精矿、金块矿和金银产品价格放开。

2001年9月29日,中国国家黄金集团公司成立。

2001年11月28日,黄金交易所模拟试运行,黄金走过了一条从管制到开放的漫长历程。

2002年10月30日,上海黄金交易所正式开业,标志着我国黄金市场的恢复,此后在2007年对白银市场也逐步放开。其关键的事件体现在2004年8月16日,上海黄金交易所推出Au(T+D)现货延期交收业务,中国黄金市场走向开放。

2003年8月14日第一股黄金股票——中金黄金股份有限公司,在上海证券交易所挂牌上市。随后,山东黄金在上海、福建紫金在香港先后成功上市。2003年11月18日中国银行上海分行推出"黄金宝"业务,至此个人炒金大门被撞开;2005年1月16日中国农业银行与山东招金集团联手推出"传世之宝、招金进宝"个人黄金业务。随后中国银行开立了记账式纸黄金的交易模式,中国建设银行于2月28日推出个人账户金交易业务——"账户金";2005年7月18日,上海黄金交易所与工行上海分行联合推出"金行家"业务,这是上海金交所首次推出的面向个人的黄金投资产品。从此之后,我国黄金市场进入快速发展阶段。

2004年9月6日,中国人民银行行长周小川在伦敦金银市场协会(LBMA)上海年会上表示,中国黄金市场应该实现从商品交易为主向金融交易为主转变,由现货交易为主向期货交易为主转变,由国内市场向融入国际市场转变。2007年底,上海期货交易所推出了黄金期货业务,标志着黄金期货市场的建立和发展。2008年12月30日天津贵金属交易所成立,并在次年推出了做市商制的天通金品种,该品种在交易时间、交易制度和商品金融之间无缝式链接,做到了既接轨国际现货黄金市场又有创新。2010年7月月份,六部委联合出台了《关于促进黄金市场发展的若干意见》,制定了推进我国黄金市场化的政策体系和工作体制。2011年在两会结束后出台的国家发展"十二五"规划中,将黄金市场迅速发展纳入"十二五"发展规划。

三、贵金属市场的发展趋势

当前的贵金属市场由单纯的黄金白银和铂金钯金的首饰商品市场,转变为投资市场,也就是金融市场。随着金融市场的发展,贵金属不只是作为商品需求,而是形成了兼具金融投资的混业发展模式。从当前国际贵金属市场的发展看,以黄金为代表的衍生品市场主要为两类:一种是黄金和白银ETF构成的对冲基金市场,而黄金和白银ETF目前对金银的价格影响非常大;还有以伦敦黄金市场为代表的银行与专业大型金商间的OTC场外市场。另外一种是以美国黄金市场为代表的纽约商品交易所代理撮合市场。两种方式都各有侧重和优势。我国目前的交易模式已经有以商品期货交易所为代表的撮合交易模式，有以天津贵金属交易所为代表的分散式柜台交易模式，但是尚未形成黄金和白银ETF为代表的贵金属基金运作模式的发展。因此探索发展贵金属ETF运作模式和贵金属的做市商的运作模式，是符合国际贵金属市场发展的趋势的。

1. 贵金属ETF市场的发展趋势

贵金属ETF市场，主要以黄金和白银基金发展为主，从黄金ETF基金（Exchange Traded Fund）看，它是一种以黄金为基础资产，追踪现货黄金价格波动的金融衍生产品，可以在证券市场交易。因黄金价格较高，黄金ETF通常以1/10盎司为一份基金单位，每份基金单位的净资产价格就是1/10盎司现货黄金价格减去应计的管理费用。其在证券市场的交易价格或二级市场价格以每股净资产价格为基准。

2003年，世界上第一只黄金ETF基金在悉尼上市。2004年是黄金ETF大发展的一年。3只黄金ETF相继设立，并成就了当时黄金ETF市场的巨无霸——Street Tracks Gold Trust基金（纽交所代码GLD）。该基金由世界黄金信托服务机构（World Gold Trust Services, LLC）发起，于2004年11月18日开始在纽约证券交易所（NYSE）交易，高峰时期持有黄金超过400吨。此后黄金ETF-SPDR再接再厉，以1300多吨成为全球最大的黄金ETF。下面我们一一剖析贵金属以黄金为代表的ETF机构的运作优势和模式。

与传统的黄金等贵金属的投资方式比较，黄金ETF基金具备以下方面的优势。

（1）直接投入实物黄金需要大量资金　与此不同，黄金ETF只需按照自己的经济实力购买不同的份额。投资者购买了基金份额就等于持有了黄金现货，同时这些黄金通常以伦敦金银协会可交割金条为标准交割物储存在基金保管人的金库中，安全性高。

（2）直接投入现货成本高昂，而投资者购买黄金ETF可免去黄金的保管费、储藏费和保险费等，只需交纳约0.40%的管理费用，比其他投资方式约2%~3%的费率具有明显的成本优势。

（3）黄金ETF交易便捷，使得普通投资者也可以参与买卖　黄金ETF基金都在证券交易所上市，如StreetTracks Gold Trust（GLD）在纽约证交所上市，Gold Bullion Securities（GBS）在伦敦证交所和泛欧交易所上市，Gold Bullion Securities（GOLD）在澳大利亚证交所上市等，投资者可像买卖股票一样方便地交易黄金ETF。

（4）流动性强，可满足资金灵活性的要求　黄金ETF存在一级市场和二级市场，加之黄金ETF市场存量巨大，交易的流动性得到了安全的保障。

（5）投资者交易弹性大

第一，在主要黄金ETF交易中可依需要设置市价单、限价单和止损单。此外，如GLD等基金还可以卖空并提供保证金交易选择，交易手段十分灵活。

第二，作为一种在交易所交易的开放式基金，黄金ETF基金的基础资产是黄金现货，并以基金份额价格的变动反映黄金现货减去应计费用后的价格变动为目的。基金持有黄金并可随时以一定数量实现黄金和基金份额之间的交换。值得注意的是，黄金ETF为被动型投资基金，它不能持有或交易高风险的衍生产品，如期货和期权等。

第三，黄金ETF的管理机构。根据国际上主流黄金ETF基金的管理机构为例，因贵金属交易和保存保管的特性。目前主流的黄金ETF都采用信托的模式组建，基金的组织结构包括三方：发起人、托管人和保管人，三方的责权遵照基金契约执行。

2.贵金属ETF现状

（1）黄金ETF基金的发起人通常有两类 一是专为发行基金而成立的公司,该类公司多选择在世界著名的公司注册地设立,以享受较为优厚的税收待遇并规避较为严格的法律限制。以Street Tracks Gold Trust(GLD)为例,其发起人是世界黄金信托服务机构,该机构由世界黄金协会全资拥有,注册于美国特拉华州;二是大型知名投资机构,如发行iShares COMEX Gold Trust(IAU)和iShares COMEX Silver Trust的巴克莱资本国际等。

（2）黄金ETF的托管人的权限有出售基金持有的黄金资产以偿付基金管理费用、计算基金净资产价值和每基金份额净资产价值等。黄金ETF的托管人都由国际知名银行担当。如GLD和IAU就由纽约银行担任托管人。

（3）基金保管人(Custodian) 负责保管授权投资人在申购一定数量基金份额时存入的黄金。各黄金ETF都选择伦敦当地银行为保管人。如GLD的保管人为美国汇丰银行伦敦金库,SLV的保管人为JP摩根伦敦分行等。

（4）黄金ETF通常会指定市场代理商(Marketing Agent)为其服务 其主要职责包括为基金持续出具市场开发计划、进行基金战略研究等。GLD基金的市场代理由美国道富环球市场公司担任。

（5）基金份额的申购与赎回 基金份额的申购与赎回只能在一级市场上通过授权投资人以一定数量进行。为达成交易,授权投资人必须达到一定条件。以GLD为例,授权投资人必须是注册经纪交易商,或是不需要注册成经纪交易商的证券市场参与者,如银行或其他金融机构。同时,还必须是美国存款信托公司的会员。申购和赎回之前,授权投资人还要在基金保管人处设立授权投资人非保留账户(APUA)或会员非保留金条账户(PUBA)。AUPA账户只能用来与基金进行交易。

（6）黄金ETF的交割标准 黄金ETF基金申购和赎回的黄金一般都要求满足一定的标准,否则,托管人会因黄金成色差异错误地计算基金净资产值,从而造成风险。主要的黄金ETF基金都以伦敦金银市场协会认可的可交割金条(London Good Delivery Bar)作为交割标准,基金的申购和赎回以符合该标准的金条为载体,基金和会员可以放心和便利地存入并赎回使用黄金资产。这一交易形式极大地促进了黄金ETF的发展。

（7）黄金ETF的净资产值NAV计算 黄金ETF净资产值NAV(Net Assets Value)的计算是黄金ETF在一级市场申购赎回和二级市场交易记价基准。具体来说,NAV等于基金总资产值减去负债。主要的黄金ETF基金的托管人,在计算NAV时以伦敦黄金市场下午交易时段价格或伦敦黄金定盘价为基准,如Street Tracks Gold Trust(GLD)。因GLD在纽约交易所交易,如果当天没有伦敦定盘价或者在纽约时间中午12点以前伦敦定盘价还没有敲定,则最近的伦敦定盘价可用于确定NAV,除非托管人和发起人都认为该价格不合适。

（8）黄金ETF基金费用 黄金ETF的交易费用十分便宜,通常为0.3%~0.4%,比其他黄金投资渠道平均2%的费用优势十分突出。黄金ETF的基金费用主要分为基金日常运营开支和基金管理费。以GLD为例,基金契约规定,支付给发起人的费用是用以补偿其维护基金网站以及市场营销开支。发起人的费用以调整后净资产值为基础,以年化0.15%为计费费率,每日计算每月累计,并延后一个月支付。托管人的费用以调整后净资产值为基础,以年化0.02%为费率,每日计算每月累计,并延后一个月支付。同时,每年最少收取费用为50万美元,最多则不能超过200万美元。支付给基金保管人的费用通过保留金条账户协议进行。根据该协议,保管人费用以存放在TAA和TAU账户中的黄金日均余额为基础,以0.10%的年化费率每日计算每季累计并延后支付。

(9)黄金ETF的风险因素　投资黄金ETF基金的风险相对较低,因该类产品的目标是追踪黄金现货价格的波动,金价走势无疑是投资黄金ETF最大的风险因素。当然,作为一种基于商品和证券的衍生产品,因其交易制度、计费方法等也会带来一些特有的风险。

①黄金ETF基金份额的净值受黄金波动影响巨大　基金以金条价值减去负债(包括应付账)计算净值。

②基金份额在二级市场交易可能偏离其净值　黄金ETF通常在某一地区交易所上市交易,而其跟踪的基础资产黄金的交易则主要在伦敦和纽约市场交易,各交易所开盘、收盘时间以及交易活跃时段均不同。以GLD为例,该基金在纽约证券交易所(NYSE)上市,收盘时间为纽约当地时间下午4点15分,而当纽约商品交易所(NYMEX)的COMEX纽约黄金交易时段在纽约当地时间下午1点30分结束后,当天全球黄金交易的流动性大幅降低,基金份额相对于黄金现货价格出现升贴水的几率增加。

③基金出售黄金资产用以支付管理费将使每基金份额净值持续减少　这是投资者应特别注意的一种风险因素。黄金ETF基金并不产生收益,管理方只靠持续出售黄金资产来提取所需管理费用。假设黄金价格一直不变,基金份额净值和交易价格会因基金持续出售黄金而逐渐减少。

④出售黄金方式带来的影响　基金托管人按需要出售基金持有的黄金资产,与当时的黄金现货价格高低无关。因为黄金ETF基金采用被动管理,并不想利用黄金价格的波动赚取利润,所以基金的黄金资产可能在低价区间被出售。

⑤基金发行过程本身带来的影响　黄金ETF以黄金为基础资产,有多少基金份额被发行在外,就意味着有多少黄金金条被收入基金在保管人处开立的账户中。在基金发行初期,授权会员为申购基金,必须要大量买入黄金并存入保管人处,这无疑将提升对黄金现货的需求,造成短期内金价上涨。当基金发行完毕,市场需求大量下降,金价和基金份额的净值可能马上下跌。2004年11月18日,GLD挂牌前黄金现货同样经历了依次升幅达10%的短线上冲,几个交易日后,价格迅速回落,盘整约9个月后才开始另一轮涨升。

⑥法律风险　黄金ETF基金多以委托人信托的形式在全球主要避税地区注册成为离岸公司,较少受所在地区法律约束。如GLD以信托形式注册于美国特拉华洲,既不受美国1940年投资公司法约束,也不受1936年商品交易法案监管,同时,因它不能交易和持有商品期货合约,美国商品期货交易委员会(CFTC)亦无权对其进行监管。

⑦黄金保管风险　基金持有的黄金资产可能遭遇丢失、损坏或偷盗的风险。以GLD为例,托管人并不对黄金进行保险,保管人仅对其保管黄金的业务实力情况进行适度保险,而且,托管人也不是保险合约的受益人。因此,若以上黄金损失真的发生,保管人可能得不到足够的保险保障。

⑧汇率风险　因主要黄金ETF追踪的现货资产黄金是以美元计价,当其在以非美货币为通货的国家上市交易,并以当地货币标价时就会产生汇率风险。如Gold Bullion Securities(GBS)黄金ETF上市地在澳大利亚,并以澳元为计价货币,其基金份额的价格将受到以美元计价的黄金价格和澳元兑美元汇率的双重影响。

(10)黄金ETF基金契约终止　黄金ETF达到一定条件,如当基金的资产值过少或达不到基金契约中对上市、管理三方运作所必须的条件时,基金可以终止运作。以GLD为例,在该基金成立1年后,只要经通胀调整后其净资产值低于3.5亿美元,发起人可以要求托管人终止并清算基金。如果持有超过2/3基金份额的投资人同意,托管人也可以终止基金运作。

(11)黄金ETF的税收问题　与投资股票或其他投资工具类似,投资黄金ETF也会面临税收问题。各黄金ETF基金因注册地和所受法律管辖不同,计税要求和税率也不相同。以GLD为例,该基金注册地为美国,受联邦税法管辖,并对美国和非美国投资人区别对待。在美国联邦所得税里,"委托人信托"并不需要被征税,但是,征税受体变为了信托的持有人或受益人。信托托管人有义务报告信托的收入、盈利和亏损等。持有GLD黄金ETF的投资人如果售出基金份额,将会被计算赢利或亏损并相应扣税。如果持有人不是直接售出基金份额,而是先在一级市场对其赎回并换取黄金,该行为并不需要被征税,因赢利或亏损不能相应计算,如果随后投资人在市场上将这批黄金出售则要被征税。

第二章 黄金投资

黄金,英文Gold,化学符号为Au,原子序数79,原子量197。黄金具有良好的物理特性和化学稳定性。人类发现和使用黄金的历史比铜、铁等金属要早,人类发现黄金可追溯到距今4000至5000年的新石器时代。

黄金,因其本身发出光泽,它在各种文字中都被赋予了美好的意义:黄金在拉丁文的意思是"闪耀的黄昏";在古埃及文字中的意思是"可以触摸的太阳"。

第一节 黄金基本知识

黄金,化学元素符号为Au,是一种带有黄色光泽的金属。黄金具有良好的物理属性,稳定的化学性质、高度的延展性等的特点。其不仅用于储备和投资的特殊通货,同时广泛用于饰品业、电子业、现代通讯、航天航空业等领域。在20世纪70年代前,黄金也曾作为世界货币而铸与史册,目前黄金依然在各国的国际储备中仍占有一席之地,是一种同时具有货币属性、商品属性和金融属性的特殊商品。

一、黄金的种类

黄金在自然界中是以游离状态存在,而不能人工合成的天然矿产资源。按其来源的不同和提炼后含量的不同分为生金和熟金等。

1. 生金

生金又称为天然金、荒金、原金,是相对于熟金而言的,是从矿山或河底冲积层开采的没有经过熔化提炼的黄金。生金又分为矿金和沙金两种。矿金也称合质金,产于矿山、金矿,大都是随地下涌出的热泉通过岩石的缝隙而沉淀积成,常与石英夹在岩石的缝隙中。矿金大多与其他金属伴生,其中除黄金外还有银、铂、锌等其他金属,在其他金属未提出之前称为合质金。矿金产于不同的矿山而所含的其他金属成分不同,因此成色高低不一,一般在50%~90%。沙金是产于河流底层或低洼地带,与石沙混杂在一起,经过淘洗出来的黄金。沙金起源于矿山,是由于金矿石露出地面,经过长期风吹雨打,岩石经风化而崩裂,金便脱离矿脉伴随泥沙顺水而下,自然沉淀在石沙中,在河流底层或砂石下面沉积为含金层,从而形成沙金。沙金的特点是:颗粒大小不一,大的像蚕豆,小的似细沙,形状各异。颜色因成色高低而不同,九成以上为赤黄色,八成为淡黄色,七成为青黄色。

2. 熟金

熟金是生金经过冶炼、提纯后的黄金,一般纯度较高,密度较细,有的可以直接用于工业生产。常见的有金条、金块、金锭和各种不同的饰品、器皿、金币以及工业用的金丝、金片、金板等。由于用途不同,所需成色不一,或因没有提纯设备,而只熔化未提纯,或提纯度不够,形成成色高低不一的黄金。人们习惯上根据成色的高低把熟金分为纯金、赤金、色金3种。其中纯度最高的熟金称为纯金,"金无足赤",纯金的含金量也不可能是100%,一般要求成色达到99.6%以上。赤金和纯金的意思接近,国际市场出售的黄金,成色达99.6%的称为赤金。色金也称"次金"或者"朝金",是指成色较低的黄金。

二、黄金的成色

黄金可与多种金属形成合金,而这些合金中含金量的多少就是它的成分或称成色。任何一种金制品,都应铸有表示纯度、炼金厂等信息的标记。通常的表示方法是以百分比表示金含量。还有把金含量按重量分成10000份的表示法,如金件上有9999,即表示金件含金量为99.99%,而金件上加586的标记,则表示此金件含金58.6%。

在珠宝首饰、金笔制造等行业中常用"开"(K)表示黄金的成色。国家标准GB11887-89规定,每开(英文Carat、德文Karat的缩写,常写作"K")含金量为4.166%,所以,各K金含金量可以如下表示(括号内为国家标准)。

8K=8×4.166%=33.328%(333‰)
9K=9×4.166%=37.494%(375‰)
10K=10×4.166%=41.660%(417‰)
12K=12×4.166%=49.992%(500‰)
14K=14×4.166%=58.324%(583‰)
18K=18×4.166%=74.998%(750‰)
20K=20×4.166%=83.320%(833‰)
21K=21×4.166%=87.486%(875‰)
22K=22×4.166%=91.652%(916‰)
24K=24×4.166%=99.984%(999‰)

24K金常被认为是纯金,但实际含金量为99.99%,折为23.988K。根据我国1990年8月实施的金银纯度标准规定,含金量千分数不小于990的称足金,含金量不小于999的称千足金。所以,人们常说的24K金并非是纯金,而是千足金。

三、黄金的重量计量单位

计量黄金重量的主要计量单位为:盎司、克、千克、吨等。国际上一般通用的黄金计量单位为盎司,所以我们常看到的世界黄金价格都是以盎司为计价单位。目前国内一般习惯于用克来做黄金计量单位。

1 金衡盎司 = 31.1035 克

盎司作为计量单位,即是重量单位又是长度单位,指长度单位时1盎司代表PCB的铜箔厚度约为36μm。盎司作为重量计量单位,分为常衡盎司、金衡盎司。其中,常衡盎司等于1/16磅,约等于28.3495克。

四、黄金的供给

黄金市场上的供给,其来源大概可以分为三个方面,分别是来自各国金矿的出产(初级供应)、民间将黄金投放回市场(次级供应),和官方储备黄金的供应(三级供应)。

1. 黄金的初级供应——矿产

各国的黄金开采、冶炼等生产活动是直接增加整个世界的黄金存量的唯一来源,新产黄金的出售则构成黄金的初始供应。第二次世界大战后,来自新开采提炼的黄金量一直占世界黄金市场供应总量的一半以上。历史上黄金的储量和产量较多的国家主要有南非、前苏联、加拿大和美国,称为四大产金国。其次还有巴西、中国、菲律宾、澳大利亚等。其中尤其以南非和前苏联的产量最大。世界上各个产金的国家和地区,每年共生产几千吨的黄金,也是黄金市场上的主要货源之一。这几年中国黄金产业发展迅猛,截至到目前中国已经是世界上最大的黄金出产国。

2007—2009年全球前十位黄金生产国产量

单位:吨

排名			国别	产量		
2007	2008	2009		2009	2008	2007
1	1	1	中国	300.50	292.00	280.50
4	2	2	美国	215.80	234.50	238.00
2	3	4	南非	210.20	233.30	269.90
3	4	3	澳大利亚	215.30	215.20	246.40
6	5	5	俄罗斯	185.20	188.70	169.30
5	6	6	秘鲁	180.50	179.50	169.60
8	7	8	加拿大	95.00	96.40	102.20
7	8	7	印度尼西亚	100.00	94.70	146.60
9	9	9	加纳	82.00	80.40	77.30
10	10	10	乌兹别克斯坦	63.00	77.00	74.90

2. 黄金的次级供应——民间黄金的回流

从金矿开采提炼出来的黄金,其供应量极其稳定,而且不会造成瞬间的大幅波动。

当个人购买黄金以后,假如出现投资者认为合理的价格,也会卖出手里的黄金。除了上述民间投资者卖出的黄金以外,另外的一个黄金回购来源就是对一些黄金成品或含有黄金的制品进行提取。这一部分每年都有很大的供应量。但是黄金价格日渐增加,制造者为了降低产品的成本,在不影响商品品质的前题下寻找替代黄金的廉价原料。因此,回购黄金量就有逐渐降低的趋势,今天黄金回购更多指对黄金饰品的回收提炼。

虽然次级供应受到价格的影响,但是由于民间的黄金数量有限,其供应量必定不会无限的增加。当达到一定的价格水平,必然会达到供应量的最高水平。除非价格还会有进一步的上涨,否则供应量不会得到骤然的增加。

3. 黄金的三级供应——国家黄金储备

黄金具有货币属性,因而各国官方机构,尤其是中央银行都保留一定量的黄金储备。据统计,目前各官方机构持有的黄金储备总量有数万吨。这无疑是一个潜在的、数量巨大的供应来

1995—2009年官方黄金净抛售量

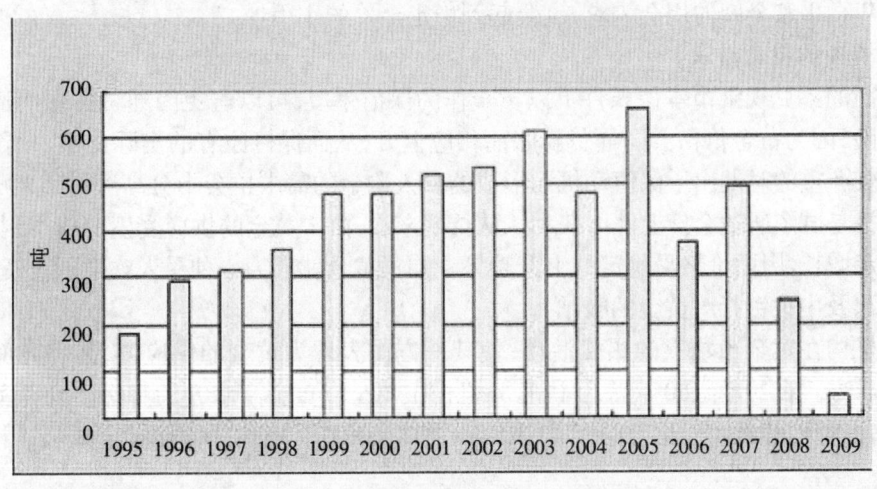

源。实行外汇管制的国家为了能套取一定数额的外汇,就要出售手头的黄金。这也成为黄金供应的三级来源。

五、黄金的需求

黄金市场是一个全球性的市场。黄金的供给虽然能够大概地被估计出来,但是由于黄金的用途涉及包括金币制造、珠宝首饰、工业用途等各个方面,精确地计算出黄金的需求数量实际上还是比较困难的。但是对于黄金而言,只有很小的一部分是被视作一种资源来使用的,而大部分仅仅作为投资来对待。从分类上大致可以分为以下的几类。

1. 工业上对黄金的需求

黄金的工业用途中,据世界黄金协会统计,2008年用于珠宝首饰业的为2850吨,牙科及其他工业需求为350吨。而珠宝首饰是弹性相当大的商品,与消费者的收入水平密切相关。物价指数与珠宝饰品之间有着密切的相关程度。进一步说,当物价上升的时候,市民的购买力就会降低,黄金制品这一类奢侈品就回自然地减少,从而带动首饰用金需求的减少。现在的金饰品,已经不像以前那样采用22K和24K的纯金来进行制作了,而是用12K、18K的合金来制作。这样既可以增加金的硬度,还可以减少纯金的用量,而且还不会降低首饰的精美程度。全世界每年用在黄金首饰上的金量,达到黄金总需求量的一半以上,而且欧亚地区的珠宝业发展已经具有一定的规模,珠宝首饰的用金需求甚为稳定。

作为一种金属,黄金集中具有许多极其良好的物理和化学性能。黄金的导电性、与其他物体的相融性较为突出,易焊接、耐腐蚀,同时又具有超常的反射性、可塑性、稳定性和耐久性。由于这些特性,黄金可广泛适用于各种具有特殊的材料要求的产品制作,如钟表、餐具、镀金器皿、牙科、机械用品、通信设备和电子产品等。随着经济的持续增长和人们收入的不断提高,工业用金量逐年呈递增的趋势。经济发展状况是影响黄金在这一方面需求的重要因素。近年来亚洲各国包括中国在内的工业发展速度十分迅速,各地推出的电子产品、电镀器具数量庞大,对黄金的需求也就大大增加了。

2. 金币、金牌制造的黄金需求

全世界每年用在金币和金牌上的黄金大约为全年黄金需求量的15%左右。由于金币在市面上的发行程度比金牌要广泛得多,因此金币的用金量占了这一部分的较大比重。现在市场上普遍流行的金币主要是南非的富格林金币、美国的鹰扬金币、澳大利亚的红运金币以及英国的皇家金币等等。各个国家推出自己的金币以后,会使黄金铸币的需求量达到相对稳定的水平。每年金币和金牌的用金需求,也会起到稳定金价的作用。

3. 投资性的黄金需求

在目前的不兑现纸币本位条件下以黄金作为保值手段,可以避免因通货膨胀而遭受纸币贬值的风险,因为黄金价格会随通货膨胀而相应上升,从而保持原有的实际价值。所以,在通货膨胀比较严重的时期出于保值动机而形成的私人购金的需求也会十分高涨。私人购买黄金的另一动机是试图通过金价上涨而获利。从长期来看,由于黄金的供应受生产成本制约,需求始终能稳定增长,因而价格呈稳定的上升趋势。购买黄金就成为一种受人欢迎的投资选择。

4. 政府及中央银行对黄金的吸纳

官方机构在黄金市场上的买卖活动,使其一方面表现为黄金的供应方,另一方面又成为黄金的需求方。在20世纪50年代,各国官方机构主要是以黄金需求方的身份出现在黄金市场上。但是,由于当时美元与黄金保持固定比价,而以美元作为支付手段比黄金便利,因此,与以往的情况相比,这一时期各国官方的黄金需求量显著下降。在20世纪60年代和20世纪70年代,各国官方机构成为黄金市场的供应方,因为主要西方国家都采取了抛售黄金以稳定货币的政策。20世纪80年代以来,黄金的货币功能呈日渐退化的趋势,各国官方机构便很少参与黄金市场的买卖活动。在市场上吸纳黄金的目睥除了投资,就是为银行增加黄金储备。而各国中央银行的此种措施多因为后者。

一般情况下,中央银行在市场上吸纳了一定数量的黄金后,都会对外发表吸纳的原因和数量。通常除了央行以外,一些官方机构比如国际货币基金会,也会在需要的时候吸纳一些黄金。但是,有的时候一些国家为了套取外汇,就不得不把黄金沽出套现。例如在两伊战争期间,两国为了购买军火,就不得不抛售黄金以换成外汇。在这一段时期,两国纷纷向市场上抛售黄金,造成了当时黄金金价的低潮。同样道理,央行大量买入黄金,也会造成黄金的大幅度上升。

2002—2008年全球黄金需求状况

单位:吨

	2002	2003	2004	2005	2006	2007	2008
首饰	2660	2483	2617	2712	2288	2404	2159
工业和牙科	358	382	414	432	460	462	436
电子工业	206	233	262	281	308	311	293
其他工业和装饰	83	82	84	88	91	93	87
牙科	69	67	68	62	61	58	56
可确定的投资	344	341	482	601	676	686	1159
金条囤积	264	180	257	264	235	236	384
官方金币	97	107	115	111	129	137	191
奖章、纪念章	26	26	26	37	59	73	65
其他可确定的个人投资	-47	-11	-49	-18	-8	-14	197
基金和相关的产品	3	39	133	208	260	253	321
总的黄金消费量	3361	3206	3512	3745	3423	3552	3753

2004—2011年全球黄金需求状况

单位:吨

		2004	2005	2006	2007	2008	2009	2010	2011.1	2011.2	2011.3
供应量	矿产金	2478	2550	2481	2473	2410	2589.1	2685.8	646.6	693.8	746.2
	生产商净对冲	-445	-86	-373	-444	-352	-236.4	-108.4	6.1	5.9	10.0
	官方售金	497	662	367	484	232	33.6	-77	-133.8	-66.5	-148.4
	回收金	829	886	1107	982	1316	1694.7	1651.0	34734	410.7	426.5
	供给总和	3360	4012	10	3495	3606	4080.9	4151.5	866.3	1043.8	1034.4
需求量	首饰需求	2611	2707	2283	2418	2304	1813.6	2016.8	557.6	480.2	482.8
	科技应用	411	431	458	465	461	409.8	466.4	114.1	117.3	120.2
	金币金条需求	473	386	399	437	879	776.1	1149.5	375.9	322.0	390.5
	ETF及类似产品	133	208	260	253	321	617.1	367.7	-62.1	51.7	77.6
	需求总计	3495	3731	3400	3573	3965	3619	3970	1000	971	1071

第二节　黄金的属性与用途

黄金除了具有良好的物理属性外,在经济学概念中,黄金还是一种具有战略意义的稀缺资源,同时具有商品属性、金融属性和货币属性,其用途也相当广泛。如何正确地和深层次地认识黄金还要从黄金的属性和用途谈起。

一、黄金的属性

1. 黄金的物理和化学属性

黄金具有良好的物理特性,具体如下。

(1)熔点高　黄金的熔点较高,可达1063℃,沸点为2808℃。"真金不怕火炼"就是指一般火焰下黄金不容易熔化。

(2)密度大　黄金的密度较大,在20℃时为19.31克/立方厘米,手感沉重,直径仅为46毫米的纯金球,其重量就有1000克。

(3)韧性和延展性好　黄金的柔软性好,易锻造和延展。在现代技术条件下,可以把黄金碾成0.00001毫米厚的薄膜;1克黄金可拉成3.5千米长,直径为0.0043毫米的细丝。

(4)硬度低　黄金的硬度较低,矿物硬度为3.7,24K金首饰的硬度仅为2.5。

(5)导电性和导热性好　黄金具有良好的导电性和导热性。金是抗磁体,但含锰的金磁化率很高。含大量的铁、镍、钴的金是强磁体。在红外线区域内,黄金具有高反射率、低辐射率的性能。含有其他元素的金合金能改变波长,即改变颜色。金还具有再结晶温度低的特点。

(6)抗氧化性强　金具有极佳的抗化学腐蚀和抗变色性。金的化学稳定性极高,在碱及各种酸中都极稳定,在空气中不会被氧化,也不会变色。金在氢、氧、氮中明显地显示出不溶性。氧不影响它的高温特性,在1000℃高温下不熔化、不氧化、不变色、不损耗,这是金与其他所有金属最显著的不同。

2. 黄金的商品属性

目前黄金的商品用途范围是十分广泛的,主要是首饰业、电子工业、牙医、金章及其他工业用金。

(1)饰品　制作黄金饰品(包括首饰、佛像装饰、建筑装饰等)和黄金器具,是黄金最基本的用途。从黄金饰品的拥有人群来看,自古黄金饰品与皇权、宗教地位相匹配。随道政治与文化的进步,黄金饰品从贵族专用变成大众消费品。现在每年世界黄金供应量的80%以上是由饰品业占据,其中印度与中国为消费大国。

(2)工业　由于黄金价格昂贵和资源的相对稀少,限制了黄金在工业上的使用,工业用金占世界总需求量的比例不足10%。但是有专家认为,今后首饰用金将会趋向平稳,工业用金的增长将是带动黄金供需结构变化的重要力量。随着国际金融体制改革的推进,金融黄金的商品属性的回归趋势加强,黄金商品需求的拓展对黄金业的发展将具有更为重要的意义。

3. 黄金的货币属性

在19世纪以前,黄金因极其稀有,基本为帝王独占的财富和权势的象征;或者为神灵所拥有,成为供奉器具和修饰保护神灵形象的材料。黄金矿山专属皇家所有,当时黄金是由奴隶、犯人在极其艰苦恶劣的条件下开采出来的。正是在这样的基础上,黄金培植起了古埃及及古罗马的文明。

第二章 黄金投资

黄金作为货币的历史十分悠久，出土的古罗马亚历山大金币距今已有2300多年历史，波斯金币已有2500多年的历史。现存中国最早的金币是春秋战国时楚国铸造的"郢爰"，距今已有2300多年的历史。

黄金成为世界公认的国际性货币是在十九世纪出现的"金本位"时期。金本位即金本位制（Gold Standard），是以黄金为本位币的货币制度。在金本位制下，每单位的货币价值等同于若干重量的黄金（即货币含金量）；当不同国家使用金本位时，国家之间的汇率由它们各自货币的含金量之比——铸币平价（Mint Parity）来决定。金本位制于19世纪中期开始盛行。在历史上，曾有过三种形式的金本位制：金币本位制、金块本位制、金汇兑本位制。其中金币本位制是最典型的形式，就狭义来说，金本位制即指该种货币制度。

（1）"金币本位" 金币本位制是以黄金作为货币金属进行流通的货币制度，它是19世纪末到20世纪上半期资本主义各国普遍实行的一种货币制度。1816年，英国通过了《金本位制度法案》，从法律的形式承认了黄金作为货币的本位来发行纸币。1821年，英国正式启用金本位制，促使黄金转化为世界货币。随后，德国于1871年宣布实行金本位制，丹麦、瑞典、挪威等国于1873年也相继实行金本位制。到19世纪末，资本主义各国已经普遍实行了这一货币制度。

金币本位制的主要内容包括以下几个方面。

① 用黄金来规定货币所代表的价值，每一货币都有法定的含金量，各国货币按其所含黄金的重量而有一定的比价。

② 金币可以自由铸造，任何人都可按法定的含金量，自由地将金块交给国家造币厂铸造成金币，或以金币向造币厂换回相当的金块。

③ 金币是无限法偿的货币，具有无限制支付手段的权利。

④ 各国的货币储备是黄金，国际结算也使用黄金，黄金可以自由输出或输入。

从这些内容可看出，金币本体制有三个特点：自由铸造、自由兑换和自由输出输入。由于金币可以自由铸造，金币的面值与其所含黄金的价值就可保持一致，金币数量就能自发地满足流通的需要，从而起到货币供求的作用，不会发生通货膨胀和货币贬值。由于黄金可在各国之间自由转移，这就保证了外汇行市的相对稳定与国际金融市场的统一，因而金币本位制是一种比较健全和稳定的货币制度。

第一次世界大战前夕，各帝国主义国家为了准备世界大战，加紧对黄金的掠夺，使金币自由铸造、价值符号与金币自由兑换受到严重削弱，黄金的输出入受到严格限制。第一次世界大战爆发以后，帝国主义国家军费开支猛烈增加，纷纷停止金币铸造和价值符号的兑换，禁止黄金输出输入，从根本上破坏了金币本位制赖以生存的基础，导致了金币本位制的彻底崩溃。

（2）金块本位制与金汇兑本位制 黄金货币像由其他商品充当的货币一样，有一个不可克服的矛盾，即它的价值与其他商品的价值不相称的矛盾。黄金只是一种商品的价值，其他商品的价值是多种商品的价值，并且商品的种类在不断增多。即使考虑到货币的流通次数，这种不相称也是不可克服的。而且，由于帝国主义时期资本主义国家发展不平衡的加剧和战争等因素的影响，黄金分配愈来愈集中在少数国家手中。这种不相称势必会使某些国家因黄金储存减少而使金本位制实行遇到困难。

1914年"一战"爆发后，各国都停止了银行券兑换黄金，禁止黄金输出，金本位终于崩溃。1922年在意大利热那亚城召开的世界货币会议上决定采用"节约黄金"的原则，随后，1925年英国建立金块本位制，标志着金本位体系在欧洲重建的开始。1928年法国也建立起金块本位制,美国则继续实行金币本位制。其他国家大都实行金汇兑本位制,本币与美元、英镑或法郎挂钩,通过这三种货币同黄金挂钩。

在金块本位制度下,货币单位仍然规定含金量,但黄金只作为货币发行的准备金集中于中央银行,而不再铸造金币和实行金币流通,流通中的货币完全由银行券等价值符号所代替,银行券在一定数额以上可以按含金量与黄金兑换。英国以银行券兑换黄金的最低限额为相等于400盎司黄金的银行券(约合1700英镑),低于限额不予兑换。法国规定银行券兑换黄金的最低限额为21500法郎,等于12公斤的黄金。中央银行掌管黄金的输出和输入,禁止私人输出黄金。中央银行保持一定数量的黄金储备,以维持黄金与货币之间的联系。

金汇兑本位制又称为"虚金本位制",其特点如下。

① 国内不能流通金币,而只能流通有法定含金量的纸币。

② 纸币不能直接兑换黄金,只能兑换外汇。

③ 实行这种制度国家的货币同另一个实行金块本位制国家的货币保持固定比价,并在该国存放外汇和黄金作为准备金,体现了小国对大国("中心国")的依附关系。通过无限制买卖外汇维持金块本位国家货币的联系,即"钉住"后者的货币。

④ 国家禁止黄金自由输出,黄金的输出输入由中央银行负责办理。

第一次世界大战前的印度、菲律宾、马来西亚和一些拉美国家,以及20世纪20年代的德国、意大利、丹麦、挪威等国,均实行过这种制度。

金块本位制和金汇兑本位制都是被削弱了的国际金本位制。1929至1933年世界性经济危机的爆发,迫使各国放弃金块本位制和金汇兑本位制,从此资本主义世界分裂成为相互对立的货币集团和货币区,国际金本位制退出了历史舞台。

(3)布雷顿森林体系 1929年,以美国华尔街股市大崩溃为标志的世界经济危机爆发,1931年,英国宣布放弃金块本位制,英镑区国家也相继放弃了金汇兑本位制。1933年美元危机再次爆发后,美国也不得不放弃了金本位制。金本位体系随之崩溃。1933年伦敦国际货币会议失败后,形成了各种货币集团,如英镑集团、美元集团、法郎集团等。国际货币体系陷于一片混乱状态,严重影响国际贸易的发展。二战后,为了医治战争创伤,克服国际货币关系的混乱状态,加强各国之间的经济合作。 1944年,参加筹建联合国的44国政府的代表在美国新罕布什尔州的布雷顿森林召开联合国货币金融会议,通过《国际货币基金协定》和《国际复兴与开发银行协定》(两个协定总称为《布雷顿森林协定》),建立以美元为中心的国际货币体系,美元和黄金挂钩,人们俗称的美金从此而来。

布雷顿森林国际货币体系的核心内容是如下。

① 美元是国际货币结算的基础,是主要的国际储备货币。

② 美元与黄金直接挂钩,其他货币与美元挂钩,美国承担按每盎司35美元的官价兑换黄金的义务。

③ 实行固定汇率制。各国货币与美元的汇率,一般只能在平价的1%上下的幅度内波动,因此黄金也实行固定价格制,如波动过大,各国央行有义务进行干预。

④ 20世纪60年代,政府财政赤字不断增加,美元开始贬值;同期战后的欧洲国家经济复苏,拥有越来越多的美元,在美元不稳定的情况下,欧洲各国开始抛售美元而兑换黄金。到1971年,美国黄金储备减少了61%。1871年有些国家开始采取浮动汇率制,美国宣布停止执行各国用美元兑换黄金的义务,美元与黄金脱钩。1973年各主要资本主义国家纷纷采取浮动汇

率,于是,布雷顿森林国际货币体系瓦解。

(4)黄金的非货币化时期　1976年,国际货币基金组织通过的《牙买加协议》及两年后对协议的修改方案,确定了黄金非货币化。黄金非货币化是指取消黄金的货币职能,使其与货币完全脱离联系,重新成为单纯商品的趋势。主要内容有如下。

① 黄金不再是货币平价定值的标准。

② 废除黄金官价,国际货币基金组织不再干预市场,实行浮动价格。

③ 取消必须用黄金同基金进行往来结算的规定。

④ 出售国际货币基金组织的1/6的储备黄金,所得利润用来建立帮助低收入国家的优惠贷款基金。

⑤ 设立特别提款权代替黄金用于会员之间和会员与国际货币基金组织之间的某些支付。

(特别提款权:国际货币基金组织创设的一种储备资产和记账单位,亦称"纸黄金"。它是基金组织分配给会员国的一种使用资金的权利。会员国发生国际收支逆差时,可用它向基金组织指定的其他会员国换取外汇,以偿付国际收支逆差或偿还基金组织贷款,还可与黄金、自由兑换货币一样充作国际储备。但由于其只是一种记账单位,不是真正的货币,使用时必须先换成其他货币,不能直接用于贸易或非贸易的支付。特别提款权定值是和"一揽子"货币挂钩,市值不是固定的。)

但是,黄金的非货币化发展过程并没有使黄金完全退出货币领域。黄金的货币职能依然保留。

① 仍有多种法定面值的金币发行、流通;黄金价格的变化仍然是衡量货币的有效工具,是人们评价经济运行状态的参照物。

② 黄金仍然是重要的资产储备手段,截至2001年,各国央行外汇储备中总计有黄金2.96万吨,约占2000多年来人类黄金总产量的20%,私人储藏金条2.22万吨,两项总计占世界黄金总量的35.7%。

③ 用黄金进行清偿结算实际上仍然是公认的唯一可以代替用货币进行往来结算的方式。

(5)"黄金非货币化后时代"　马克思说过:"货币天然是金银,金银天然不是货币。"正如在金本位制之前,黄金就发挥着货币职能一样,在制度层面上的黄金非货币化并不等于黄金已完全失去了货币职能。

① 外贸结算不再使用黄金,但最后平衡收支时,黄金仍是一种贸易双方可以接受的结算方式。

② 黄金非货币化并未规定各国庞大的黄金储备的去向,就连高举黄金非货币化大旗的国际货币基金组织也仅规定处理掉1/6黄金储备,而保留了大部分黄金储备,显然为自己留了一条货币黄金的尾巴。

③ 20世纪90年代末诞生的欧元货币体系,明确黄金占该体系货币储备的15%,这是黄金货币化的回归。

④ 黄金仍是可以被国际接受的继美元、欧元、英镑、日元之后的第五大国际结算货币。经济学家凯恩斯揭示了货币黄金的秘密,他指出:"黄金在我们的制度中具有重要的作用。它作为最后的卫兵和紧急需要时的储备金,还没有任何其他的东西可以取代它。"现在黄金可视为一种准货币。

4. 黄金的金融属性

黄金的金融属性体现为其具有货币职能、贮藏财富功能、支付清算、国家储备、投资融资等多方面的金融功能。黄金以"天然就是货币"的属性体现了货币职能；黄金的保值和避险的功能体现了黄金的金融投资属性。黄金不仅可以对抗通货膨胀及世界政治、经济等的动荡，也是与股票、债券等平行的金融投资工具，并在资产配置中充当避险工具。

19 世纪起，随着黄金开采能力和黄金产量的提高，黄金开始流通，但是价格由政府确定；直到20 世纪70 年代，"布雷顿森林国际货币体系"崩溃，国际市场上黄金政府定价不复存在，供求关系开始决定黄金的价格，黄金才真正地进入市场。此后，黄金不再是货币的定价标准；废除黄金官价，国际货币基金组织不再干预市场，开始实行浮动价格，取消必须用黄金同基金进行往来结算的规定，使黄金价格进一步市场化。20 世纪80 年代以来，随着金融市场的进一步改革，虽然黄金的货币功能已经减弱，但在世界经济领域和现实生活中，它仍是比任何纸币更具有储藏价值的一种储备手段，世界黄金储备及各主要国家和组织的黄金储备仍然保持稳定。

20 世纪90 年代末以后，随着金融市场发展和金融产品创新的活跃、国际政治经济形势的动荡、以美元为代表的全球货币体系的深层次问题的不断暴露，黄金价格屡创新高，投资者期望黄金能在保值的基础上进一步增值，由此推动了黄金投资市场的发展，激活了黄金的金融属性。

黄金本身的金融属性使它成为全球活跃的金融投资中的重要组成部分。

① 黄金具有高度的流通性，黄金是在世界范围内公认的高度流通的资产，全球的黄金交易基本上24 小时都在进行。

② 资产配置及风险对冲功能：黄金价格与其他金融投资产品低相关性及负相关性，使其成为资产配置中的重要组成部分。

③ 投融资方法多样化：随着黄金期货、期权等衍生品的出现，黄金投资的方法趋向多元化，黄金融资租赁等业务近年来成倍增长，促进黄金市场融资业务的兴起。

世界黄金协会发布的《2009 年第三季度黄金需求趋势报告》显示，近年来黄金投资需求不断增加，包括交易型开放式指数基金（ETF）、黄金期权、黄金期货、租赁、金条金币等在内的全球第三季度可确认的黄金总投资（不包括推测的投资）为227.2 吨，占全部投资需求的28.4%。2002 年10 月上海黄金交易所的成立标志着我国黄金由管制走向了市场。2008 年1 月，黄金期货合约在上海期货交易所正式上市交易，表明我国黄金市场在价格发现、实现套期保值、提供多元投资工具等黄金金融属性深化方面得到拓展。世界黄金协会发布的《2009 年第三季度黄金需求趋势报告》反映出我国黄金投资需求强劲，比2008 年第三季度增加了30%，以人民币计，相当于增长43%。我国黄金市场的金融投资属性在近年明显呈现出来。

二、黄金的用途

黄金是人类较早发现和利用的金属。由于它稀少、特殊和珍贵，自古以来被视为五金之首，有"金属之王"的称号，享有其他金属无法比拟的盛誉。正因为黄金具有这样的地位，长时间以来始终是财富的象征，被广泛用于金融储备、货币、首饰等用途。随着人类社会的发展，黄金的经济地位和商品应用在不断发生变化。它的金融储备和货币职能在调整，商品职能有所回归。而随着现代工业和科学技术的快速发展，黄金在这些领域的应用正逐渐扩大。

1. 珠宝装饰

黄金主要用途之一是装饰。华丽的黄金饰品一直是社会地位和财富的象征。19世纪以前，极其稀有的黄金基本上是统治阶级独占的财富和权势的象征；或为神灵拥有，成为供奉器具和修饰保护神灵形象的材料。在中国古代,人们往往在供奉的佛像上覆上一层金箔。一方面是因为黄金具有不易被氧化,表面光泽华丽的特点,另一方面因为黄金是高贵和财富的象征,表达着信徒们对神佛的崇敬。随着现代工业和高科技的发展,用黄金制作的珠宝、饰品、摆件的范围和样式不断拓宽深化。而随着人们收入的不断提高、财富的不断增加,以及保值和分散投资意识的不断提高,也促进了这方面需求量的逐年增加。

根据现有的统计数据,自人类发现黄金以来,截至2010年12月,全世界黄金存量总共为16.6万吨,而其中大部分以珠宝首饰的形式存在。近几年来,珠宝首饰用金更是在实物黄金的整体需求量中占到了接近7成的比例。

2. 工业用途

黄金具有许多独一无二的完美特性,因此在许多行业中有着独特用途。例如,它有着极高的抗腐蚀性;有良好的导电性和导热性;金的原子核具有较大的捕获中子的有效截面,对红外线的反射能力接近 100%;在金的合金中具有各种触媒性质;有良好的工艺性,极易加工成超薄金箔、微米金丝和金粉;金很容易镀到其他金属和陶器及玻璃的表面上;在一定压力下金容易被熔焊和锻焊;金可制成超导体与有机金等。具体而言,黄金的工业用途有以下几种。

(1) 仪器仪表制造业　科学技术的发展使人们对各种仪器仪表的精度要求越来越高,黄金在各种精密自动化仪器上的应用也越来越广泛。工业用测量及控制设备上广泛使用以脉冲变线位移和角位移的绕线,电位计占有重要位置,而电位质量是测量控制系统工作精度的决定性因素。这类设备往往需要在各种工业环境的不同温度下长期工作,因此金或其合金就成为精密电位计的关键材料。工业上测量温度常采用热电偶和电阻温度计。热电偶是由两种不同成分的金属丝组成,由于测量点的冷热端间的温度差引起能用毫伏计测量出的热电势,是基于温度的热电势的变化来测量温度的,因此对材料的热稳性要求非常严格。

(2) 电子工业　现代各项科学技术的发展都离不开电子工业,如电子信息、航空航天、仪器仪表、计算机、收音机、电视机、集成电路等都是电子工业飞跃发展的结果,而电子工业与黄金及其他贵金属的应用是密不可分的。电子元件所要求的稳定性、导电性、韧性、延展性等,黄金及其合金几乎都能达到。因此,黄金在电子工业上的用量占到了整个工业用金的70%左右,并且用量在逐年增长。

(3) 宇航工业　黄金在宇航工业中的应用也在不断的发展和开拓中,其速度之快令人惊讶。金以它的抗腐性、抗热性、优良的导热、导电性,以及独特的化学性质在航空航天领域中占有着重要地位。金在宇航工业中的应用量大、范围广。从航天器、运载工具的制造到系统控制等,都离不开信息、测量、遥感、定位、计算机、摄影、仪表等各方面的器材,而其中成千上万的电子元件、仪表、特殊材料都离不开金。例如,各种航天仪表上镀金是为了防止太阳辐射。

(4) 润滑材料　近几十年来,摩擦学的研究重点发生了明显转变,即从润滑和润滑系统转向材料科学和技术(包括表面工程)的研究。随着现代工业技术的发展,特别是航天工业空间技术的发展,许多工况条件已经超出了润滑脂的使用极限。人们因此不得不去寻找新的润滑材料以适应更为复杂的工作环境,并为机械设备实现大型化、微型化、高速、重载和自动控制等创造有利条件。

许多国家从20世纪50年代就开始研究固体润滑材料,而金及其合金在固体润滑材科中占有着重要地位。固体润滑是用固体微粉、薄膜或复合材料代替润滑油脂,隔离相对运动的摩擦面以达到减摩和耐磨的目的。随着现代科学技术的进步,为解决高负荷、高真空、高低温、强辐射和强腐蚀等特殊工况下的机械润滑,固体润滑材料已从单一的微粉、黏结膜或单元的整体材料发展成为由多种成分组成的复合材料。

摩擦材料理论表明,表面能可以影响材料的表面流动压力。软金属黏着在基材表面上,只要有零点几个微米厚的膜就能起到润滑作用。当与对偶材料发生摩擦时,软金属膜便向对偶材料表面转移,形成转移膜使摩擦发生在软金属与转移膜之间。这种现象的原理是软金属的剪切强度低,而软金属与基材间的黏着度又大于软金属的极限剪切强度。金、银、锌等软金属的润滑作用就属于这种机理,而其中金是最佳的固体润滑软金属材料。

（5）化学工业　化学工业使用金的合金制作特种管、板、线等材料,以达到防腐蚀、防辐射、耐高温等要求。一般认为,金是所有金属中活性最低的催化剂。因此,金不能作化学吸附小分子,也不能作催化剂。过去人们认为金及金的化合物催化作用的领域里是最没用的。但现在经过对金的研究、已经大大地改变了这一看法。研究结果表明,用附着在氧化铝或氧化硅载体上的高分散微粒金可对有机化学加氢的作用起到最好的催化作用,其机理是金的微粒在某些载体上金晶体变得电子不足,其性质与周期表中较前的元素相似；高分散的金微粒具有铂族元素的性质。

3. 光学应用

黄金在光学方面有着独特性质。金能够吸收X射线,而含有其他元素的金合金能改变与波长有关的光学性质。光亮镀金作为航天器的稳控镀层,对于控制航天器内部仪器、部件的温度起着重要作用。这主要是因为金对宇宙间的红外线具有良好的散射和反射性,能够保护宇航员及设备不受宇宙射线的损害。

4. 医学应用

黄金在医学上的应用可追溯到古代,人们一直认为服用金可以医治百病。公元13世纪,当时人们服用的"金饮料"被称为万能药。中国民间也有用金箔为小儿压惊的治疗方法,黄金还被广泛用作镶牙的材料。

黄金的一价巯基化合物(金诺芬)主要用于治疗风湿性关节炎。硫代苹果酸金(J)"金药"在正常处治过程的治疗浓度范围内,对根治文原体(Mycoplanma)和利斯曼原虫病引起的病变有抗菌治疗效果。

黄金的放射性同位素在放射疗法中被广泛应用。黄金能以颗粒形式或胶体形式被放在照射区中。胶体金(^{198}Au)用于放射治疗胸膜或腹膜的渗出物和膀胱癌,即用在需要不溶性放射药物均匀照射不规则的表面时；胶体金也被用于各种诊断目的,例如骨髓扫描或肝脏与肺脏造影,即将胶体金装满要研究的器官后,再用闪烁照相法进行观察；金箔用于烧伤皮肤的治疗；金蒸汽激光用于胃癌、肺癌的治疗。

在以健康为目的的医学生物研究中,黄金与其他贵金属元素因具有良好的化学稳定性、生物兼容性和力学性能,成为重要的人造器官材料和外科移植材料。用黄金及其他贵金属制造的微探针探索神经系统已取得显著效果。如神经修复、心脏起搏器等都使用了黄金和贵金属以及它们的合金材料。

5. 投资理财

由于黄金具有保值、增值和避险这些功能优势,无论国际金融市场如何波动,黄金都能保持其稳定的内在价值。因此,黄金成了投资者在金融危机中的避风港。近几年来成为普通百姓理财的新宠。国内有实物黄金的投资,也有一系列黄金衍生品交易的推出,在一定程度上满足了国内百姓的投资需求。同时,黄金也是在投资组合中不可缺少的投资品种。

第三节 黄金投资

拥有黄金很早就被人们看做是拥有财富的象征,所以人类对黄金的投资历史也很悠久,公元前6世纪就出现了世界上的第一枚金币。黄金投资市场发展至今,大概经历了皇权垄断时期(19世纪以前)、金本位时期(19世纪初至20世纪30年代)、布雷顿森林系时期(20世纪40年代至20世纪70年代初)、黄金非货币化时期(20世纪70年代至今)这几个阶段。

一、黄金投资市场

黄金投资市场是黄金供应商、需求者与投机者进行交易的场所。世界各大黄金市场经过几百年的发展,由于发展的环境和路径不同,形成了较为完善、各具特色的交易方式和交易系统。

1. 伦敦黄金市场

伦敦黄金市场历史悠久,其发展历史可追溯到300多年前。1804年,伦敦取代荷兰阿姆斯特丹成为世界黄金交易的中心,1919年9月12日,伦敦金市正式成立,每天进行上午和下午的两次黄金定价。由五大金商定出当日的黄金市场价格,该价格一直影响纽约和香港的交易。市场黄金的供应者主要是南非。1982年以前,伦敦黄金市场主要经营黄金现货交易,1982年4月,伦敦期货黄金市场开业。目前,伦敦仍是世界上最大的黄金市场。

伦敦黄金市场的特点之一是交易制度比较特别。因为伦敦没有实际的交易场所,其交易是通过无形方式——各大金商的销售联络网完成。交易所会员由最具权威的五大金商及一些公认为有资格向五大金商购买黄金的公司或商店所组成,然后再由各个加工制造商、中小商店和公司等连锁组成。交易时由金商根据各自的买盘和卖盘,报出买价和卖价。

伦敦黄金市场交易的另一特点是灵活性很强。黄金的纯度、重量等都可以选择,若客户要求在较远的地区交售,金商也会报出运费及保费等,也可按客户要求报出期货价格。最通行的买卖伦敦金的方式是客户可无须交收现金,即可买入黄金现货,到期只需按约定利率支付利息即可,但此时客户不能获取实物黄金。这种黄金买卖方式,只是在会计账上进行数字游戏,直到客户进行了相反的操作平仓为止。

伦敦黄金市场特殊的交易体系也有若干不足。第一,由于各个金商报的价格都是实价,有时市场黄金价格比较混乱,连金商也不知道哪个价位的金价是合理的,只好停止报价,伦敦金的买卖便会停止;第二,是伦敦市场对客户资料绝对保密,因此缺乏有效的黄金交易头寸的统计。

2. 苏黎世黄金市场

苏黎世黄金市场,是二战后发展起来的国际黄金市场。由于瑞士特殊的银行体系和辅助性的黄金交易服务体系,为黄金买卖提供了一个既自由又保密的环境,加上瑞士与南非也有优惠协议,获得了80%的南非金,以及前苏联的黄金也聚集于此,使得瑞士不仅是世界上新增黄金的最大中转站,也是世界上最大的私人黄金的存储中心。苏黎世黄金市场在国际黄金市场上的地位仅次于伦敦。

苏黎世黄金市场没有正式组织结构,由瑞士三大银行:瑞士银行、瑞士信贷银行和瑞士联合银行负责清算结账,三大银行不仅可为客户代行交易,而且黄金交易也是这三家银行本身的主要业务。苏黎世黄金总库(Zurich Gold Pool)建立在瑞士三大银行非正式协商的基础上,不受政府管辖,作为交易商的联合体与清算系统混合体在市场上起中介作用。

苏黎世黄金市场无金价定盘制度,在每个交易日任意特定时间,根据供需状况议定当日交易金价,这一价格为苏黎世黄金官价。全日金价在此基础上的波动不受涨跌停板限制。

3. 美国黄金市场

纽约和芝加哥黄金市场是20世纪70年代中期发展起来的,主要原因是1977年后,美元贬值,美国人(主要是以法人团体为主)为了套期保值和投资增值获利,使得黄金期货迅速发展起来。目前纽约商品交易所(COMEX)和芝加哥商品交易所(IMM)是世界最大的黄金期货交易中心。两大交易所对黄金现货市场的金价影响很大。

以纽约商品交易所(COMEX)为例,该交易所本身不参加期货的买卖,仅为交易者提供一个场所和设施,并制定一些法规,保证交易双方在公平和合理的前提下进行交易。该所对进行现货和期货交易的黄金的重量、成色、形状、价格波动的上下限、交易日期、交易时间等都有极为详尽和复杂的描述。

4. 香港地区黄金市场

香港黄金市场已有90多年的历史。其形成是以香港金银贸易场的成立为标志。1974年,香港政府撤销了对黄金进出口的管制,此后香港金市发展极快。由于香港黄金市场在时差上刚好填补了纽约、芝加哥市场收市和伦敦开市前的这段时间,可以连贯亚、欧、美时间形成完整的世界黄金市场。其优越的地理条件引起了欧洲金商的注意,伦敦五大金商、瑞士三大银行等纷纷来港设立分公司。他们将在伦敦交收的黄金买卖活动带到香港,逐渐形成了一个无形的当地"伦敦黄金市场",促使香港成为世界主要的黄金市场之一。

目前,香港黄金市场由三个市场组成。

(1)香港金银贸易市场,以华人资金商占优势,有固定买卖场所,主要交易的黄金规格为99标准金条,交易方式是公开喊价,现货交易。

(2)伦敦金市场,以国外资金商为主体,没有固定交易场所。

(3)黄金期货市场,是一个正规的市场,其性质与美国的纽约和芝加哥的商品期货交易所的黄金期货性质是一样的。交投方式正规,制度也比较健全,可弥补金银贸易场的不足。

5. 日本的黄金市场

1973年以后,日本的黄金市场开始诞生,并于1982年3月开设了东京黄金交易所,成为日本政府唯一正式批准的黄金期货市场。日本东京黄金交易所成立于1982年3月,其前身是日本贵金属协会,该协会的成员均是多年从事贵金属业务的商行。日本战后工业发达,工业用黄金需求增加,日本黄金市场随之发展。由于日本经济发达,投资黄金的风气也很盛行,交易所成立之初,由于管理过程和实物运作均未上轨道,交易细则也非常繁复,因此每天的交易量很少。1984年与东京橡胶交易所等合并,成为现在的东京工业品交易所(TOCOM)。1991年4月,TOCOM将黄金市场原有的日本传统的定盘交易方式改为与世界主要市场一样的动盘交易,同时采取了电子化的交易系统,由此,东京的黄金期货市场交易规模得到了快速扩大,其成交量达到了纽约市场的规模,有时甚至还会超过纽约市场。但自1997年亚洲金融危机后,其交易量也大为萎缩,影响力也已大不如前。2004年黄金期权获准上市。在24小时的黄金交易市场中,东京市场成为除伦敦、纽约交易时间外的亚洲时段的重要交易市场。

日本几乎不产黄金,它的黄金依赖进口,因此同纽约一样,黄金期货市场在日本起着重要作用。其会员绝大多数为日本的公司,较少国外会员,又因其交易成色、重量、期货合约标准规格与国际明显不同(黄金市场以每克日元叫价,交收标准金成色为99.99%,重量为1公斤,每宗交易合约为1000克),因此,东京黄金市场只能称其为地域性主要黄金市场,国际影响力难与伦敦、苏黎世、纽约、香港相比。

日本的黄金投资市场可分为三类。第一类是高端客户市场。资金实力雄厚的高端客户对99.99%kg金条,如住友、三井、三菱等大财团推出的千两箱中的10kg金条非常青睐。第二类是中产阶级市场。中产阶级投资者倾向于购买金银币或参加黄金积累计划,在数年时间内每月购买少量产品。第三类是投机性机构市场。投机性机构一般都参与东京工业品交易所(TOCOM)的期货和期权合同交易。

6. 中国内地黄金市场

在计划经济时期,我国国内对黄金生产和流通实行全国集中统一管理,基本不存在黄金市场。

2001年6月,中国人民银行取消了黄金定价制,对黄金收售价格实行周报价制度;同年8月,取消了黄金制品零售业务许可证管理制度,实行核销制。 2002年10月30日,上海黄金交易所开业,该交易所的建立标志着中国黄金市场正式形成。中国黄金市场是一个新生市场,在短短6年间已经发展成为一个集套期保值、投资、避险等金融功能为一体的、现代化的市场体系。2008年,中国黄金市场日均交易量名列全球第五,成为世界最重要的黄金市场之一。

中国黄金市场的快速发展,不仅推动了国内黄金的生产和消费,而且提升了中国黄金产业的国际影响力。这主要表现在以下两个方面。

一方面,作为世界最大的黄金生产国,中国黄金矿产量保持稳定增长,并且形成了一批具有较强实力、较大影响的黄金生产企业和珠宝企业。据世界黄金协会统计,1975年,中国黄金产量只有13.8吨,1995年首次达到100吨,2003年为200吨,2007年达到276吨,首次超过南非,并居世界第一位。而2008年中国黄金产量达到282.007吨,同比增长4.26%,再创历史新高,同时蝉联世界第一。

另一方面,中国黄金需求强劲,民间消费、投资需求不断提高。黄金具有良好的保值避险功能,无论国际金融市场如何波动,黄金都能保持其稳定的内在价值。因此,黄金成了投资者在金融危机中的避风港。最近一个时期,尽管国际金融市场剧烈动荡,世界经济不确定因素增加,但企业和居民的黄金投资意愿却日益强烈。相比之下,目前国内黄金投资渠道还较为匮乏,从某种意义上讲,"地下炒金"活动的存在就说明了这一点。

近年来,尽管中国黄金市场有了较大发展,但交易产品还较单一,交易主体也不够丰富。为了进一步促进中国黄金市场的深化,应加大黄金市场的创新力度,拓宽黄金投资渠道,扩大交易主体,增加交易工具,降低交易成本,提高交易效率,从而为投资者提供更多的黄金投资机会。着眼于中国黄金市场发展的未来,应积极、稳妥地借鉴国际成熟黄金市场发展经验,发展多元化的黄金市场体系,满足国内老百姓对于黄金投资的市场需求,实现"藏金于民"。

二、黄金投资参与主体

国际黄金市场的参与主体,可分为国际金商、银行、对冲基金等金融机构、各个法人机构、私人投资者以及在黄金期货交易中有很大作用的经纪公司。

1. 国际金商

最典型的就是伦敦黄金市场上的五大金行,其自身就都是黄金交易做市商,由于其与世界上各大金矿和许多金商有广泛的联系,而且其下属的各个公司又与许多商店和黄金顾客联系,因此,五大金商(2007年10月瑞士信贷第一波士顿银行退出伦敦市场,目前只有四大金商)会根据自身掌握的情况不断报出黄金的买价和卖价。当然,黄金做市商要负责金价波动的风险。

2. 银行

黄金市场中的银行,可以分两类,一类是仅仅为客户代行买卖和结算,可自身并不参加黄金买卖,以苏黎世的三大银行为代表,他们充当生产者和投资者之间的经纪人,在市场上起到中介作用。另一类是做自营业务的,如在新加坡黄金交易所(UOB)里,就有多家自营商会员为银行。

3. 对冲基金

近年来,国际对冲基金尤其是美国的对冲基金活跃在国际金融市场的各个角落。在黄金市场上,几乎每次大的下跌都与基金公司借入短期黄金在即期黄金市场抛售和在纽约商品交易所黄金期货交易所构筑大量的空仓有关。一些规模庞大的对冲基金利用与各国政治、金融界千丝万缕的联系往往较先捕捉到经济基本面的变化,利用管理的庞大资金进行买空和卖空,从而加速黄金市场价格的变化而从中渔利。

4. 各种法人机构和私人投资者

这里既包括专门出售黄金的公司,如各大金矿、黄金生产商、专门购买黄金(如各种工业企业)黄金制品商、首饰行以及私人购金收藏者等,也包括专门从事黄金买卖业务的投资公司、个人投资者等;种类多样,数量众多。但是从市场风险的喜好程度分,又可以分为风险厌恶者和风险喜好者:前者希望回避风险,将市场价格波动的风险降低到最低程度,包括黄金生产商、黄金消费者等;后者就是各种对冲基金等投资资公司,希望从价格涨跌中获取利益。前者希望对黄金保值,从而转嫁风险;后者希望获利而愿意承担市场风险。

5. 经纪公司

是专门从事代理非交易所会员进行黄金交易,并收取佣金的经纪组织。有的交易所将经纪公司称为经纪行(Commission House)。在纽约、芝加哥、香港等黄金市场里,活跃着许多的经纪公司,他们本身并不拥有黄金,只是派场内代表在交易厅里为客户代理黄金买卖,收取客户的佣金。

6. 中央银行与国际金融机构

各国中央银行是黄金市场上的重要参与者。中央银行的一个重要功能是管理黄金储备。央行管理黄金储备的原则是安全性、流动性和赢利性。流动性要求根据国家经济发展战略,增加或减少黄金储备,并且保持易兑现性。比如,欧洲联盟央行规定其成员国的黄金储备应占其总储备的15%,多余部分通过市场消化。这一规定最后通过华盛顿协议,具体规定减持黄金总量、减持方法等。中央银行管理黄金还要坚持赢利性原则。我们知道黄金储备类似资产冻结,流动性较差。还要支付保管、管理费用。于是许多国家中央银行黄金储备管理的目标是向市场出借部分黄金以取得收益。如英国财政部对英格兰银行出借黄金有明确指标,促使银行积极管理出借黄金的市场风险和信用风险,提高黄金周转率,以便增加回报,这种黄金租赁业务在上世纪90年代获得了迅速发展。

一些国际金融机构,包括国际货币基金组织,也是黄金市场上的重要参与者。国际货币基金组织作为世界上的最后贷款人,负有维持全球金融稳定的职能,其持有相当规模的黄金储备,用来进行国际流动性危机的调节。国际货币基金组织可以根据基金黄金份额的比例和稳定世界黄金市场价格的需要,在国际黄金市场上买卖黄金。所以国际货币基金组织的买卖黄金行为对世界黄金价格起到重要影响。

三、黄金投资的特点

在投资市场上,供投资者选择的投资品种十分丰富。为什么要选择黄金投资呢?黄金投资与其他形式的投资到底有哪些方面的优势呢?

1. 在税收上的相对优势

黄金是世界上所占税项负担最轻的投资项目。其交易过程中所包含的税收项目,基本上只有黄金进口时的报关费用。与此相比之下,其它的不少投资品种,都存在着一些容易让投资者忽略的税收项目。例如,在进行股票投资时,如果需要进行股票的转手交易,还要向国家交纳一定比例的印花税。如此计算下来,利润将会成比例地减少。

又比如说,进行房产投资,除了在购买时需要交纳相应的税收以外,在获得房产以后,还要交纳土地使用税。当房价已经达到了一定的程度,可以出售获利的时候,政府为了抑制对房产的炒作,还会征收一定比例的增值税。

2. 产权转移的便利

假如有一栋住宅和一块黄金,当打算将它们都送给子女时,将黄金转移很容易,让子女搬走就可以了,但是住宅就相对困难了。住宅和股票、股权的转让一样,都要办理过户手续,并交纳一定的税费,这样自己的这些财产就会大幅度地缩水。

由此看来,这些资产的产权流动性根本没有黄金那么优越。在黄金市场开放的国家里,任何人都可以从公开的场合购得黄金,还可以像礼物一样进行自由地转让,没有任何类似于登记制度的阻碍。而且黄金市场十分庞大,随时都有任何形式的黄金买卖。

3. 世界上最好的抵押品种

当遇到资金周转不灵的情况,黄金投资者就完全可以把黄金进行典当,之后再赎回。可以用来典当的物品种类很多,除了黄金以外还有古董、字画等。但是由于古董、字画等投资品在市场中存在很多赝品,因此在这方面来看,黄金进行典当就要容易得多,需要的只是一份检验纯度的报告。正是由于黄金是一种国际公认的物品,根本不愁买家承接。一般的典当行都会给予黄金达90%的短期贷款,而不记名股票、珠宝首饰、金表等物品,最高的贷款额也不会超过70%。

4. 黄金能保持久远的价值

商品随着时间的流逝都会出现物理性质不断产生破坏和老化的现象。不管是房产还是汽车,经过岁月的磨炼都会有不同程度的贬值。而黄金由于其本身的特性,虽然会失去其本身的光泽,但是其质地根本不会发生变化。表面经过药水的清洗,还会恢复其原来的容貌。正是由于黄金是一种恒久的物质,黄金的价值又得到了国际的公认,所以从古到今都扮演着一个重要的经济角色。

5. 黄金是对抗通胀的最理想武器

近几十年间,通货膨胀导致的各国货币缩水情况十分剧烈。缩水到了一定的程度时,钞票就会如同废纸一般。此时,人心惶惶,任何政治上的风吹草动都会引起人们纷纷抢购各种宝物的自保行为。比如当时在南美的一些国家里,当人们获得工资后,第一件要做的事情就是跑到商店里去购买各种宝物和日用品。很大面值的纸币连一个鸡蛋都买不起,是当时的真实写照。

黄金却会跟随着通胀而相应的上涨。因此,进行黄金投资,是抵抗通货膨胀的好方法。

6. 黄金市场很难出现庄家

黄金市场是一个全球性的投资市场,全世界的各大金商、银行、机构、经纪公司及私人投资者等都在参与。现实生活中还没有哪一个财团的实力大到可以操纵金市。黄金价格的变化反映了黄金的实际供求状况。也正是由于黄金市场这种公平性,所以为黄金投资者提供了较大的保障。

7. 没时间限制,可随时交易

一方面,国际黄金市场是一个24小时交易的市场。天津贵金属交易所的交易时间市从周一早上8点到周六凌晨4点,T+0交易,投资者可以进行天通金和现货白银的买卖。投资者可以随时获利平仓,还可以在价位适合时随时建仓。另一方面,国际现货黄金交易是不设涨跌停板限制的,使得黄金市场投资起来更有保障,根本不用担心黄金市场出现剧烈波动的时候无法平仓或者止损等。

四、中国黄金投资市场展望

这几年由于政府对黄金市场的支持,中国黄金市场发展迅猛,具体表现如下。

1. 市场规模急剧扩大

中国已成为世界上第一大的黄金生产国,第一大黄金消费国,但我国人均黄金拥有量只有世界平均水平的五分之一,这反映出中国黄金投资市场潜力巨大。2010年,我国上海期货交易所的黄金期货累计成交量位居世界黄金期货交易所第四,与纽约黄金期货交易、芝加哥黄金期货交易以及日本东京黄金期货交易规模之比分别是1:4.1:4:3.6。上海黄金交易所黄金的日均成交量相当于伦敦金银市场协会日均清算量的4.4%,较上年上升1.7%。预计未来三年黄金现货投资市场(主要包括金条、金币等)规模将在目前规模基础上成倍放大,随着黄金投资衍生品的推出,现货市场在整个黄金市场的比例将相应缩小。

2. 参与国际市场竞争

随着中国金融业的对外开放以及黄金市场规模的扩大,中国市场在国际市场的影响力与日俱增,并将具有更大的发言权。而外资金融机构将把国外成熟的、先进的黄金市场运作经验引进中国市场,抢夺市场份额。未来几年内,黄金投资市场的竞争将会更加激烈。届时,黄金投资在中国将会成为继证券、期货、外汇后的第四大金融投资市场。

3. 投资产品更趋多样化

随着竞争的加剧,市场投资产品更加多元化、复杂化,将快速改变目前投资品种单一、投资渠道少的状况。黄金账户、纸黄金、黄金期货、期权、黄金股票、黄金基金等新品将陆续面世,投资者将会有更多、更广的选择。

4. 无形市场的发展

从国际黄金市场的发展轨迹看,无形市场的交易量占整个黄金市场交易量近90%。而整个伦敦黄金市场没有交易所,其交易是通过"无形方式"——五大金商及客户网络间的相互联系组成;苏黎世黄金市场也没有正式组织结构,由主要通过瑞士三大银行为客户代为买卖并负责清算。中国未来的发展也将如此,大量的交易将通过无形市场完成,市场将会由银行及有实力的金商引领。随着无形市场的发展,容量巨大的黄金借贷市场将会诞生,黄金的融资和资本增值效用将进一步放大。

5. 金商企业的品牌效应将日益突出

目前的黄金投资市场还处于商品交易范畴的初级阶段,更多的市场影响来自于国家政策的宏观调控,以及作为交易本身的黄金投资产品的价格波动。在不断升温的黄金投资市场竞争中,金商在市场中的影响力将逐步增强,而企业的品牌效应也将在产品走向同质化期间发挥更大的投资驱动力,未来的黄金投资市场必将形成从企业到产品的多品牌竞争格局。

第四节 黄金投资产品

黄金作为金融投资对象,它并不是一种简单的投资产品(投资工具),而是由一系列具体的投资品种构成的投资工具家族。

一、黄金现货

黄金现货是在交易发生时就发生物权转移的黄金投资工具的总称。从具体形式看,有以实物形式存在的实金,也有以记账、记录为凭据的纸上黄金。现货黄金交易品种是最为简单的黄金投资工具,风险与收益基本上与黄金价格呈正相关。

1.金条(块)

金条(块)是以一定成色和质量的条状或者块状的黄金作为交易对象的黄金投资品种。具体又可以分为两类。

(1)标金 标金是由黄金交易所认定的由精炼企业提供的符合交易所规定交割标准(成色、规格、形状、币重等)的条金及法定金币的总称。标金是各交易所的法定交割物,不同时代、不同国家、不同交易所认定的标金各不相同。比如:上海黄金交易所认定的标金目前有成色为9999(一号金)、9995(二号金)两种标号的黄金规格分别有1kg、3kg、12.5kg等几种。

(2)小金条 小金条俗称小黄鱼,目前市场上销售的小金条有许多种,一般成色都是9999的,其规格有10g、20g、30g、50g、100g、200g、500g等多种,品牌繁多。大部分小金条正反两面都刻有精美的图案。

投资金条(块)的优点是:额外花费不高(主要是指佣金),易于交易(特别是标准金条),交易价格易于获得,在世界许多地方的金条(块)交易是不征收交易费的。

投资金条(块)的主要缺点是:投资者需要为购买金条(块)支付的铸造费用、需要一定的地方储藏黄金或是支付相应的保管费用,单笔投资占用的资金比较大,如果购买的是非标准金条,交易时还要支付一定的鉴定费用。

2.金币

金币是黄金铸币的简称。金币有广义和狭义之分。广义的金币是泛指所有在商品流通中专作货币使用的黄金铸件,如金饼、金锭、金元宝等。狭义的金币是指经过国家证明,以黄金作为货币的基材,按规定的成色和币重,铸成一定规格和形状,并标明其面值的铸金货币。

金币应具有以下四大要素:成色、币重、形状规格、面值。目前在黄金市场上参与交易的金币主要分为四大类:纯金币、流通金币、纪念金币和贸易金币。

投资金币的优点:投资金币的资金额度可以根据投资者的要求灵活掌握,并且在全世界范围内都可以比较方便地进行金币买卖。

投资金币的缺点:投资金币有一定的储存风险,一旦金币的表面遭到损伤,金币的价值将会大大降低;金币价值很大一部分不是由金币的含金量决定的而是由金币的溢价决定,所以各种影响溢价的因素对金币的价值有很大的影响,这一点特别体现在那些有收藏价值的金币,他要求投资者具有一定金币收藏方面的专业知识。

3.黄金账户(纸黄金)

所谓黄金账户(纸黄金)是指投资者在买卖黄金时并不提取交割黄金实物,而采用记账卡或存折等形式,在特设的黄金账户内记录黄金的交易与数量,在与之配套的资金账户里记录资金的交易方向与数量。

因为黄金账户没有实物的交割,即黄金实物在售出黄金的银行或企业手中,在投资过程中不需要进行验收、转移、保险等操作,因此是黄金现货中交易成本最低的一种投资工具。黄金账户的种类大致有两类,一类是可以提取黄金的,像伦敦本地金账户,所有者可以账户记录提取LBMA认证的各种实物黄金,但大多数黄金账户都对此提出了相当严格的限制性条件。比如,加收一定的手续费、收税等,甚至干脆规定不许兑现黄金,只用做买卖。

黄金账户是最大众化的黄金现货投资工具,它具有方便快捷、方式灵活、交易成本低等特点,是黄金现货市场成熟的标志。2003年中国银行上海分行率先开始"黄金宝"业务试点,2005年工商银行又推出了具有黄金账户性质的"金行家",这些都标志着中国黄金市场进入了一个新世纪。

投资黄金账户的优点:投资黄金账户的资产具有高度的流动性,没有存储风险。

投资黄金账户的缺点:投资的资金占用大,转让有限制,通常只能转让给开户的银行或销售商。

4.黄金饰品

黄金饰品具有广义和狭义之分,广义的黄金饰品是泛指不论黄金成色多少,只要含有黄金成分的装饰品,如金杯、奖牌、勋章、金像、盘碟、烟盒、打火机、金笔、领带夹、手表等纪念品或工艺品均可列入黄金饰品的范畴。狭义的黄金饰品是专指以成色不低于58%的黄金为原材料,通过黄金工艺师的艺术创造,加工成为一种配带在人体某部位,如人的头部、颈部或手、足、腕部位,使之具有美学鉴赏吸引力的一种装饰物。

世界许多地方尤其是亚洲,很多对于黄金饰品的需求实际上就是对黄金的投资需求。投资于黄金饰品,优点在于既可以做饰品,又具有投资保值的作用;缺点在于流动性较差。

二、黄金证券及债券

黄金证券是金矿公司为募集社会资金而向社会公开发行的上市或不上市的股票。黄金债券是由金矿公司发行的债券,一般而言由黄金作为担保,其利率水平也与黄金价格有关。投资者投资黄金证券和黄金债券不单纯是对黄金的投资,也是对该金矿公司的投资,因此该类投资工具的特点是,风险和收益来源多样化,不仅与黄金的价格水平相关,也与发行者——金矿公司的经营情况密切相关,其中也包括金矿所在国货币与美元之间的汇率变化(世界黄金价格以美元价格为准,上述汇率水平会影响到以生产国货币计价的黄金价格,进而影响金矿的经营情况),此外还受制于证券市场的总体氛围。因此,黄金股票和黄金债券的交易比一般黄金投资品种要复杂。

2003年,中国黄金股份有限公司在上海股票交易所挂牌,时隔不久山东国大黄金股份有限公司也成功上市。在这之前,福建紫金矿业在香港联交所上市,这表明中国的黄金矿业企业进行资产重新、结构调整已进入高潮。

投资黄金证券、债券的优点:具有高度的流动性,各处都可以得到报价,并可以享受股利。

投资黄金证券、黄金债券的缺点:操作难度大,需要广泛的知识,投资费用(含交易费用)

较高等。

三、黄金衍生品

黄金衍生投资工具的品种很多,而且操作非常复杂,最为常见的黄金衍生投资工具是黄金期货。此外,黄金衍生投资工具还包括黄金远期交易、黄金期权等、黄金衍生投资工具的主要特点是借助黄金交易与交割时间上的相互分离,实现了非全额交易的保证金交易模式,从而可以将投资收益予以放大,一般而言黄金衍生工具投资的风险与收益远远高于金价本身的波动水平。

1. 黄金期货

期货交易是一种集中交易标准化远期合约的交易形式,即交易双方在期货交易所通过买卖期货合约并根据合约规定的条款约定在未来某一特定时间和地点,以某一特定价格买卖某一特定数量和质量商品的交易行为。在期货交易中,交易者只需按期货合约价格的一定比率交纳少量保证金作为履行期货合约的担保,便可参与期货合约的买卖。在合约价值较高的黄金期货投资中,保证金制度节约占用资金的优势更为突出。

投资黄金期货的优点:流动性好;投资有较强的杠杆作用,较小的资金能够从事较大的投资;能够为企业的资产提供套期保值。

投资黄金期货的缺点:投资中采用杠杆增加了投资的风险,一旦对未来价格预期错误就可能会造成全部本金的损失。

2. 黄金远期交易

远期交易是指买卖双方同意在未来某一时点,以特定价格买卖标的物的交易契约,协议的内容包括标的物定义、品级、数量、交割日、交割地点、交割方式,这些协议内容都可以根据买卖双方的需求而设定,并无一定的标准,具有高度自由化的特点。

黄金远期合约与期货合约是有区别的。首先,黄金期货是标准合约的买卖,对买卖双方来讲必须遵守,而远期合约一般是买卖双方根据需要约定而签订的合约,各远期合约的内容在黄金成色等级、交割规则等方面都不相同。其次,期货合约转让比较方便,可根据市场价格进行买进卖出,而远期合约转让就比较困难,除非有第三方愿意接受该合约,否则无法转让。再次,期货合约大都在到期前平仓,有一定的投机和投资价值,价格也在波动,而远期合约一般到期后交割实物。最后,黄金期货买卖是在固定的交易所内进行,而远期交易一般在场外进行。

3. 黄金期权

期权是一种选择权,期权的买方向卖方支付一定数额的权利金后,就获得这种权利,即拥有在一定时间内以一定价格(执行价格)出售或购买一定数量的标的物(实物商品、证券或期货合约)的权利。期权的买方行使权利时,卖方必须按期权合约规定的内容履行义务。相反,买方可以放弃行使权利,此时买方只是损失期权费,同时,卖方则赚取期权费。总之,期权的买方拥有执行期权的权利,无执行的义务;而期权的卖方只有履行期权的义务。

对一个黄金生产商而言,他可以通过买入卖方期权的方法来为自己的销售做"保险"。或者,他还可以以适当的期货合约组合来达到相同的目的。首先他可以以黄金期货合约的形式卖出部分产品。接下来如果预期到黄金现货价格的下降将超出某个范围,他应该将全部产出都以期货合约的形式卖出,以锁定风险;反之,如果预期价格将大幅上升,他可以将起初的期货合约买回,以获取价格上升的收益。如此一来,就创造了一个"复合"卖方期权。

投资黄金期权的优点:期权是一种风险限制性投资,期权买入方无论做何种投资方向都能够获得一定的风险控制保护,因为如果投资者出现错误,最大的损失只是期权费和佣金。

投资黄金期权的缺点:交易程序复杂,进行期权交易需要有一定的专业知识;国际上提供黄金期权交易的市场也比较少;期权卖出方可能面临收益有限而风险无限的情况,一旦黄金价格与期权卖出方的预期相反,则可能面临大幅亏损。

4. 黄金掉期

掉期交易是指黄金生产商按照协议在某一确定的日期把黄金卖给商业银行或重新签订滚动协议的交易。一般而言,合同中的协议价比签订合同时的黄金市场现货价格高。在合同到期时,黄金生产商有权根据市场价格,决定是否推迟成交协议;当协议价高于市场价时,生产商可把黄金卖到现货市场,同时与商业银行修改协议,包括修改协议价和成交日期等,即签订滚动协议。黄金生产商可多次滚动协议,但滚动期限不超过双方商定的最长年限。

5. 黄金基金ETF

黄金基金是黄金投资共同基金的简称。所谓黄金投资共同基金,就是由基金发起人组织成立基金管理公司,没有时间或没有管理能力参与黄金买卖交易的投资人出资认购,基金管理公司组成专家委员会来负责实施具体的投资操作,并专门以黄金类衍生交易品种作为投资媒体,以获取投资收益的一种共同基金。

黄金基金的种类,从不同的角度可分为以下几点。

(1)按其是否有固定的份额,发行后能否自由赎回分为两种。

① 开放式基金　基金发行期结束后投资者既可随时向基金公司赎回,也可重新向基金公司认购,没有固定市场份额,也没有固定存续期的基金被称为开放式基金。

②封闭式基金　基金发行时有规定的市场份额,发行期结束后投资者在规定的期限内既不可向基金公司赎回,也不可向基金公司再次认购,期间只能在证券市场买卖交易。有固定存续期的基金被称为封闭式基金。

(2)按发行的方式分为两种方式。

① 公募基金　基金管理公司公开向社会发行,对认购范围及对象不进行限制的投资基金。

② 私募基金　基金管理公司在一定的范围内向特定投资人发行的基金。

由于黄金基金有专家组成投资委员会,在充分分析黄金市场上各种黄金投资品种的投资收益比以后,进行多样化的投资组合,因此黄金基金的投资风险较小、收益比较稳定,能较好解决个人黄金投资者资金少、专业知识差、市场信息不灵但有期望通过黄金投资获得稳定收益的矛盾,故收到了社会广泛欢迎。

6. 上海黄金T+D

上海黄金T+D,是指由上海黄金交易所统一制定的,规定在将来某一特定的时间和地点交割一定数量标的物的标准化合约。其特点是:以保证金的方式进行买卖,交易者可以选择当日交割,也可以无限期的延期交割。和股票一样,采用竞价撮合交易机制。T+0双向交易,每天交易时间10个小时,和国际盘存在交易时间断层,保证金比例为15%左右,一手黄金合约1000克大概需要4万左右的保证金,门槛较高。每天有7%的涨跌停限制。

第三章 白银

白银，即银，因其色白，故称为白银，与黄金相对。原子序数：47，元素符号：Ag。白银和黄金一样是一种应用历史悠久的贵金属，至今已有4000多年的历史。白银具有优良的特性，人们赋予它货币和装饰双重价值，例如新中国成立前的银元，就是以银为主的银铜合金。与黄金相比，白银光润洁白，人们赞为"永远闪耀着月亮般的光辉"。

第一节 白银的基本知识

一、白银的种类

白银是从多元素、不同品质的含银物质中提炼而成，多夹杂于铜、铅、锌、硫黄等矿石之间，亦有天然银产出，通常呈毛状、苔状、块状等。

1. 按其纯度不同划分

(1)银矿石　银在自然界的含量是很低的，在地壳中的平均含量为1×10^{-5}%，按地壳中元素的分布情况仍属微量元素，仅比金平均高约为20~30倍。银矿资源为独立银矿和伴生银矿。银的矿物主要以硫化物的形式存在。银的工业矿物主要有自然银、辉银矿、硫铜银矿、锑银矿、脆银矿等。虽然银的工业矿物不少，但它们却很少富集成单独的银矿床，通常是以分散状态分布在多金属矿、铜矿及金矿中。银产量的一半以上来自多金属矿的综合回收。

分析化学中所有的测定方法都已应用于银的测定，包括重量法、滴定法、光度法、荧光法、化学动力法等，其中以原子吸收光谱法优点最为突出。原子吸收光谱法测定银灵敏、准确、快速、简便、干扰少，因此，在矿石中银的测定中得到了广泛的应用。

(2)银精矿　银精矿为有色金属工业生产过程中的中间产品，确定银的品位及相关元素的含量对银精矿供需双方的交易和生产工艺流程的确定有着重要的作用。主要测定元素除银外，还有金、铜、砷、铋、铅、锌、硫、铝和镁。

目前，银和金含量的测定，主要采用最经典的火试金重量法，一般都进行二次试金回收。随着科学技术的进步和发展，先进的分析测试手段和方法已应用到银精矿的分析测定中，如ICP-AES、ICP-MS和XRF等方法。这些检验方法同样也适用于粗银和纯银的检验。

(3)粗银　粗银主要指银含量为30%~99.9%的矿银、冶炼初级银产品以及回收银。由于粗银所包含的范围比较广泛，导致了该产品品种的多样性和复杂性。粗银除了那些成分比较单一均匀和已知品质的回收银产品可直接利用之外，其他的通常需要通过提炼、浓集成相应有利用价值的金属元素之后才能利用。

粗银中的矿银、冶炼初级银、回收银这3个主要组成部分所含成分具有相当的复杂性，除了与银共存的多种贵金属成分以外，还含有大量的有回收价值的金属、非金属、化合物等物质。另外，由于其品质的跨度大，既有银的浓集物、货币银等，又有品质相对较低的各类矿银和工业中间产品等。

(4)纯银　纯银是指由各种含银原料生产的，含量在99.90%~99.99%的银。纯银主要应用在照相、化学试剂、化工材料、医药、电子工业、装饰、珠宝和银制品等各行业,在货币制造和纪念品制作业中也占不小的份额。

2.按照不同用途和质地来划分

(1)银元宝 外貌呈椭圆形、长方形,一般两耳高立,两耳中间面部凹下平坦,洁白光润,底部有蜂窝,蜂窝口小洞大,深浅不一,分布自然,打击声音贯通一致,重量1750克左右,成色98%。若表面有黑斑点,成色97%,黑斑点较多,成色95%。有一种重量为312.5克,31.25克的旧制十两及一两的小元宝,面部打有"十"戳记,成色95%~98%。

(2)银砖 外貌长方形银锭,重量2000克左右,也有几百克,成色95%居多,98%少。成色90%以下的起很厚的皱皮,表面呈黑红色发乌。

(3)银滴珠(高足锭、老虎眼),外貌半圆形,底部有小蜂窝,成色95%~98%,重62克左右。

(4)松江锭 外貌形状似乳头,表面灰黑色,重量180克左右,成色95%左右,有突出的铅釉,底部具深细蜂窝,每锭上附有15克铅釉,有的地方(北京地区)已经去掉,有打击痕迹,形成上方下圆。

(5)银条 外貌长条状,尺寸不等,重量300克左右,好的成色在95%左右,一般成色在90%左右,以92.5%最为多见,是制作银饰的原料。90%以下的呈灰白色,质坚硬敲打有铜声,底面无蜂窝,火烧后表面显黑红。

(6)首饰、器皿 首饰、器皿中掺入杂质红铜较多,白铜、黄铜较少。首饰有镯、佩、链、坠、簪、锁。器皿有餐具、壶、碗、杯瓶、鼎、炉、盾牌。

(7)出土银饰 墓葬中出土银饰去面均腐蚀成一层黑锈,市场上常出现用硫化氢做旧。

(8)银圆 银圆,也作"银元",是我国历史上在市场流通的一种货币,种类繁多,以清末各种龙洋,民国时期孙中山像开国纪念币、袁世凯头像银元、孙中山像船洋最为多见,还有中华苏维埃币、四川"汉"字币等,此外一些外国银元,如站洋、坐洋、鹰洋、日本龙洋等曾作为货币进行流通。

二、白银的成色

白银可与多种金属形成合金(实际上是固熔体),而这些合金中含金量的多少就是它的成分或称成色。任何一种银制品,都应铸有表示纯度、炼金厂等信息的标记。通常的表示方法是以百分比表示银含量。还有把银含量按重量分成10000份的表示法,如银件上有AG9999,即表示银件含银量为99.99%,而银件上有586的标记,则表示此银件含银58.6%。

三、白银的分布

全球约2/3的银资源是与铜、铅、锌、金等有色金属和贵金属矿床伴生的,只有1/3是以银为主的独立银矿床。因此有人预计未来银的储量和资源仍主要来自副产银的贱金属矿床,银从这些矿床中的提取将主要取决于贱金属市场的需求。

2005年世界白银储量统计,主要分布在波兰、中国、美国、墨西哥、秘鲁、澳大利亚、加拿大和智利等国,他们约占世界总储量的80%以上,俄罗斯、哈萨克斯坦、乌兹别克斯坦和塔吉克斯坦等国也有不少银资源。

我国白银资源分布广泛,但已探明储量相对集中。目前我国已在30个省、自治区、直辖市发现并探明有银矿储量,但主要集中在江西、云南、广东、内蒙古、广西、湖北、甘肃。

全国现有600多个银矿床除西部唐古拉山、昆仑山等地区外,北从黑龙江、大兴安岭,南到海南岛,西至滇西、藏东,西北到天山、阿勒泰,都有银矿床分布。银矿资源富集区如下。

江西(北区)：典型矿床有贵溪鲍家、上犹焦里、万年等。

陕西南—湖北北区：典型矿床有陕西柞水银硐子、湖北竹山银硐沟等。

河南(西南区)：典型矿床有桐柏破山、罗山等。

华北—吉西地区：典型矿床有河北的丰宁牛圈和承德姑子沟、山西灵邱支家地、内蒙古杯西大井、吉林四平山门等。

南岭地区：典型矿床有广东的仁化凡口、潮州厚婆坳、廉江庞西洞，广西博白金山和湖南江永铜山岭等。

江浙地区：典型矿床有遂昌银坑山、天台大岭口、南京栖霞山等。

三江地区(怒江、澜沧江、金沙江)：如云南兰坪县白秧坪应多金属矿。并且经初步查证，白秧坪应多金属矿外围矿点星罗棋布，至少存在6个以上银、铜、铅锌富集区。怒江、澜沧江、金沙江"三江"中南段有望成为我国重要的贵金属、有色金属资源储备基地。

四、白银的重量计量单位

白银重量的主要计量单位为：盎司、克、千克、吨等。目前在国内一般用克或者千克作为白银计量单位。国际上一般通用的白银计量单位为盎司，我们常看到的世界白银价格都是以盎司为计价单位。

五、白银的供给

目前，白银的主要供应国是中国、墨西哥、秘鲁等。就矿场实物而言，很少发现有独立存在的纯银矿藏。我们所见到的纯银，都是从矿土内提炼出来，市场上有逾六成以上的银，都是从铜矿、铅矿和锌矿中提炼出来的副产品，金矿之中亦发现有银元素存在。矿场的浅土层中，含银量是比较多的。而在矿场较为深层的矿坑，银含量就会较少，其他金属的含量就比较多，掺着于矿土之内。在通风爆破之后，爆出的石块要经过碎石、筛选冲洗、化学处理等工序，才可以将白银与其他的金属分开。白银若要达到高纯度，需用火力将之熔解，经过精良的冶银工艺处理之后，高纯度的白银才能制造出来。

白银的供应来源主要有两方面，除了矿场生产的以外，其他的供应来源也很多。

1. 矿产生产

矿场生产的白银，为世界白银供应的主要来源，每年经由全球银矿生产的白银逾4000万盎司，自矿场出产出来的银矿土，必须经过多番加工，才能推出市场。市场最基本要求白银的成色达到999成色，纯银含量要占99.9%，其间只能掺少许杂质。在制成银砖以后，才可以运销到各地的银楼或金银业商人。

2. 次级来源

跟黄金供应一般，白银的供应除了来自矿场的初级供应以外，也有来自民间的次级供应。次级供应就是政府和民间把从市场购入的白银，重新在市场上抛售。这一种回购，构成白银的次级供应。例如报废而被迫熔解的银币、照相业回收的银溶液、白银首饰碎件等，都提供一定供应量。次级供应除了是来自上述的情况以外，人民和政府也会将手头上的藏银抛售出市场。不过，白银主要供应来源仍是在矿场生产，占超过一半以上的比例。来自次级供应的，只占4%左右。次级供应主要由金银业者从各方面搜集各种碎银和旧银币，而另一个重要来源，就是印度及东南亚国家的人民窟藏白银的抛售和政府银库抛售。

白银的供应量对其在市场的价格影响巨大。由于白银的生产和开采，必然都与铜、铅、锌的生产相关，所以若铜、铅等需求有所变动，就会影响白银的供应，例如市场对锌的需求增加，由于锌的提炼开采过程中,会顺带制出了白银这一种副产品,所以白银的供应量就在期望中会有所增加。供应增加,白银充斥市场,自然价格会有下降之势。至于次级供应,由于由废银所熔成的白银由金银业者所拥有,他们均会在市价上升时大量沽售,并会设法加速炼银的速度,相关效应下令白银市价大为震荡。其次,政府若要套取外汇,或白银生产国为左右市场,也会对白银加以沽售。

六、白银的需求

白银虽然不及黄金那般具有价值,但仍不失为一种贵重金属。作为上天所赋予人类的赏赐,有人把白银当作是资源的一种而使用它,也有人将白银用作投资。南亚洲国家,民间有收藏白银的风俗。不过,有超过60%的白银是用作工业用途,作为投资保值的白银需求约占三成。而各国铸银币用的白银,仅占总白银需求的3%。

1. 工业用银的需求

西方的各大工业国,每年用量占用银需求一个很大的比重。其中以美国耗用白银为全球之冠,占全球工业用银的34%;其次为日本,占20%;德国用银占7%;印度占6%;法国和英国再次之,各占5%。

在所有金属当中,白银具有最好的电传导向和热传导性,因此可应用于众多电子产品中,尤其适用于导体、开关、触点以及保险丝中。白银在电子行业中最重要的用途是用于制备厚膜浆料,典型的用于丝状网孔电路、多层贴片陶瓷电容器(MLCCs)、薄膜开关中的银—钯浆料,以及用于汽车挡风玻璃上的电动加热银薄膜和传导黏合剂中的银薄膜。光伏电池生产已经在中短期作为白银需求增长的领域,而零售价的下降带来等离子显示器在电视机中应用激增,因此推动了这些电子产品中白银的需求。银墨水现在正被应用于印刷电路领域,以满足高速、新兴市场的低成本发展需要,如有机发光二极管和传感器以及发展中的射频识别标签。从双碱金属氰化物中,如氰化银钾,或者使用银阳极板来进行点沉淀白银的方法比较简便,因此在电镀行业得到广泛应用。白银还应用于光学存储介质上的涂料(如DVDs)。

白银具有独特的反射性,抛光后的反射率可以达到100%,白银因此广泛应用于制镜业、玻璃涂层和玻璃纸。许多电池,充电电池和一次性电池,都用银合金多阴极。虽然含银电池比较昂贵,但它具有优于其它类型电池的动力—重量特性。最常用的是纽扣型氧化银电池(其中银的重量百分比为35%),这种电池通常常用在手表、照相机和类似的电子产品中。网孔状和结晶状的白银在大量化学反应中作为催化剂使用。例如,在生产塑料时,白银用在甲醛催化剂中;白银还用于石化工业的氧化乙烯催化剂中。在水净化系统、表面处理和消毒等方面,白银越来越多地作为杀菌剂和灭藻剂来使用。白银的流动性和强度利用材料的连接(温度在600℃以上时称为铜焊,低于该温度时成为锡焊)。银钎焊合金的应用领域非常广泛,从空调器、制冷设备到电力传输设备无不涉足。

由于白银在人类历史中也占有一个重要的地位,人们喜爱用以作为首饰或摆设器具,也基于感光和导电性强的物理性质,令照相业和电子工业纷纷对白银有一定的需求。照相业应用白银,多数是利用其神奇而又强大的感光特性,使用在照相胶卷(菲林)之涂层之上。而电子业却是利用白银导电性最为快捷的特性,把白银涂在电器零件的各个接触面上,使电子产品发挥最快的传热速度。

2. 投资性需求

很少人购买银器用来投资保值之用。银链经久使用变色,破旧银器,人们都会把它当破铜烂铁般丢弃。不过,在四大文明古国印度,民间就有收藏白银作保值用途,形成对白银的投资需求。虽然印度政府限制白银出口,但在1983年从黑市流出市场的白银,竟然就有2500万盎司,占该年度的白银供给量的10%。

3.铸币用银的需求

历史上,白银比黄金更为广泛的用于货币的制造。由于白银的供应量更大、价格低,所以在日常的流通中非常实用。十九世纪以前,绝大多数国家都建立了银本位制。银币是主要的流通货币,但在"淘金热"之后,银本位制快速让位于黄金,白银逐渐从正规的造币中退场。但仍有部分银币流通使用,尤其在美国、澳大利亚、加拿大和墨西哥,仍用银币做投资。

现在世界上仍有银币流通,铸币用银占需求量的3%~5%。在工业用银供不应求之时,工业就不得不将银币熔化成为工业用银,这样可暂时填补由于开采不足所造成的工业短缺。由于工业对白银需求殷切,工业需求就是白银价格变动的主要因素,所以,银价的变动要相对金价更剧烈。

第二节 白银的属性与用途

一、白银的属性

1. 白银的物理属性

纯银为银白色,光润洁白。白银在掺入杂质后,就有白、灰、红三种颜色,且硬度提高。掺入10%以上的红铜时,色泽开始发红,红铜愈多,颜色愈红;掺入黄铜时,其颜色则白中带黄,黄铜含量愈高,颜色愈黄,甚至黄中带黑;掺入白铜,其颜色变灰。掺入金后,其颜色变黄。白银比重为10.5,熔点960.5℃,导电性能佳,溶于硝酸、硫酸中。白银不仅具有密度大的优点,密度为10.49克/立方厘米(20℃)。也具备良好的延展性,白银的延展性仅次于黄金,如果把它碾压成只有0.003mm厚的银箔,1克重的银粒就可以拉成约1800米的细丝。白银还具有导电性及良好的化学稳定性。

在古埃及时期人类已经开始广泛使用白银作为装饰品,但因为银很少以单体形式存在,并且需要特殊的冶炼技术,所以在当时银的价格比黄金还要贵重。在罗马时代,贵族视银器为宝。在我国历史上,中国人民很早就开始使用银制筷子,不仅是为了显示主人的华贵富有,同时还可以试验饭菜里是否有毒。如果有毒,银筷就会变黑,因此银筷往往成为王公贵族的喜用之物。在十六世纪左右,墨西哥成为世界上最丰富的产银国。而如今,占世界产量的70%之多的银矿已在美国、加拿大等国及南美洲开采。银首饰有高银和低银之分。高银是指白银的成分高,质地较软;而低银就是含铜的元素较多,硬度比纯银高。

2. 白银的化学属性

白银的化学性质比较稳定,纯银不易氧化,若含有少量杂质时,其抗氧化性能将大大减弱,氧化后生成黑色的氧化银。常温下白银在稀硫或稀盐酸中不易被腐蚀,但在加热情况下,白银易被腐蚀。白银易吸收水银。在所有贵金属中,银的化学性质最活泼,它能溶于硝酸生成硝酸银;易溶于热的浓硫酸,在盐酸和"王水"中表面生成氯化银薄膜;与硫化物接触时,会生成黑色硫化银。

3. 白银的商品属性

白银是贵金属中最便宜的一种,全球银矿供给约为金矿的9倍,不仅可制作货币、工艺品和首饰,也应用于电子电气、感光材料、医药化工等领域。通常工业需求占据了白银产量的60%以上,而首饰等银制品占用不到20%,因此大部分白银都被消耗掉了。随着生产技术的现代化和电子工业的发展,白银在工业上的使用范围不断扩大,白银的商品属性逐步增强.最终将有可能失去准货币的地位,而向商品属性回归。

4. 白银的金融属性

从白银的金融属性看,白银属于贵金属投资范畴,和黄金一样,具备对抗通货膨胀的功能,同时具有国际公认、交易灵活、产权转移便利、方便抵押等特点。不过,白银的避险功能明显弱于黄金,其价格更多受制于市场供需;而且从过去30年的数据看,白银抗通胀的效应并不如黄金。

二、白银的主要用途

白银在我国主要使用在电子电气工业、感光材料、化学试剂和化工材料、银制品及首饰等方面。

1. 电子电器材料

电子电器是用银量最大的行业,其使用分为电接触材料、复合材料和焊接材料。银和银基电接触材料可以分为:纯银类、银合金类、银–氧化物类、烧结合金类。目前,全世界银和银基电接触材料年产量约2900~3000吨。复合材料是利用复合技术制备的材料,分为银合金复合材料和银基复合材料。从节银技术来看,银复合材料是一类大有发展前途的新材料。银的焊接材料如纯银焊料、银—铜焊料等。

2. 感光材料

卤化银感光材料是用银量最大的领域之一。目前生产和销售量最大的几种感光材料是摄影胶卷、相纸、X光胶片、荧光信息片、电子显微镜照相软片和印刷胶片等。上世纪90年代,世界照相业用银量在6000~6500吨。由于电子成像、数字化成像技术的发展,使卤化银感光材料用量有所减少,但卤化银感光材料的应用在某些方面尚不可替代,仍有很大的市场空间。

3. 化学化工材料

银在这方面有两个主要的应用,一是银催化剂,如广泛用于氧化还原和聚合反应,用于处理含硫化物的工业废气等。二是电子电镀工业制剂,如银浆、氰化银钾等。

4. 工艺饰品

白银拥有与黄金类似的特性,具有很好的反射率,较其他任何金属都能达到很高的抛光效果。因此,银匠的目标一直是将白银本已光亮的表面抛得更光。纯银(99.9%)不容易失去光泽,但为使首饰耐磨,通常会在其中掺入少量的铜制成合金。白银也多与基本金属一起应用于金合金中。自十四世纪以来,92.5%纯度的纯银就是制作银器的标准材料,尤其是作为制造"凹形餐具"和"扁平餐具"材料。通常,银器的镀层有20~30微米,而首饰的镀层仅有3~5微米。

银具有诱人的白色光泽,较高的化学稳定性和收藏观赏价值,深受人们(特别是妇女)的青睐,因此有"女人的金属"之美称,广泛用作首饰、装饰品、银器、餐具、敬贺礼品、奖章和纪念币。银首饰在发展中国家有广阔的市场,银餐具备受家庭欢迎。银质纪念币设计精美,发行量少,具有保值增值功能,深受钱币收藏家和钱币投资者的青睐。20世纪90年代仅造币用银每年就保持在1000~1500吨,占银的消费量5%左右。

5. 医药与抗菌材料

在医学上,Ag-Pd合金广泛用于视神经修复、小儿脊髓弯曲等康复装置;银基铸造合金和

Ag-Cu-Sn汞齐是牙齿的修补的重要材料。银系列无机抗菌材料具有持续性、持久性、广谱性，耐热性好、安全性高、不易产生耐药性等特点。其杀菌性能较锌强近2000倍。利用抗菌材料可以制成药用纱布、抗菌布料、抗菌日用品、公共用品、个人消毒用品等。随着人们生活水平的不断提高，银系列抗菌材料的产业前景十分广阔。

第三节 白银投资

一、白银的投资优势

自古以来，白银作为黄金的补足品遍布全球的贸易往来中。白银以其货币优势及物理属性，广泛应用在民间。自科技发展以来，白银不仅占据全球经济地位，也成为众多科技原件当中不可或缺的原料之一。

1. 产权转移便利

白银以其在饰品市场及工业需求广泛的优势，在实物白银变现的过程中充分展现了流通优势。白银所有者可在首饰回购门店及标准银锭回购单位进行买卖。

2. 较好的抵押品种

就现有市场抵押品种相比较：房地产、古董、字画等受到价值不确定的影响，对评估标准的统一也存在一定的难度。就受理抵押方而言，白银较上述其他抵押品种更具有保值性及低风险性，对抵押产品的品质也更具可控性，故白银在抵押市场变现的能力相对较强。相比古董、字画等投资品，白银作为抵押只需一张产品质量检测证书。

3. 久远的价值

白银是一种恒久的物质，其价值受到国标公认。不受时间的摧残，即使表面失去本身的光泽，但其本身的质地不会发生根本性变化，经过处理便可恢复原貌。

4. 抵御通胀

通货膨胀导致各国货币缩水，白银却会跟随通胀而相应上涨。因此进行实物白银的投资可在一定程度上避免在通货膨胀中被蚕食。

5. 无时间限制，可随时交易

投资白银与投资黄金一样，不受时间限制，天津贵金属交易所推出的现货白银交易的交易时间是从周一早上8点至周六早4点（凌晨4点至6点结算），每天24小时的交易时间，T+0交易，投资者可以进行现货白银的买卖。投资者可以随时建仓或获利平仓。另一方面，白银的世界性公开市场不设涨跌停板限制，使得白银市场投资起来更有保障。

二、近期白银投资热的原因

和黄金投资相比，我们认为是以下几个因素促成了白银的投资热潮：

1. 美元贬值支持白银价格中长期上涨

和黄金一样，国际白银的价格也是以美元计价。自金融危机爆发以来，大量货币流动性的投放造成美元贬值的趋势不可阻挡，而美联储2010年9月份利率会议暗示将重启新一轮的量化宽松的货币政策，这对白银的中长期上涨起了良好支撑作用。

2. 强劲的工业需求与存量不足之间的矛盾导致白银原料价格大涨

全球经济的逐步复苏刺激对白银原料的需求。和黄金相比，白银六成以上被用于工业，实物黄金仅有15%左右用于工业用途。而白银的存量和黄金相比更加不足，70年前白银是黄金的

10倍,而如今白银是黄金存量的1/5。

3. 和黄金相比,白银的波幅较黄金大

整个9月国际现货黄金上涨5%,2010年10月1日至10月20日15:26,国际现货黄金上涨2.4%。而同期国际现货白银的涨幅分别为12.2%和9.26%。正是由于白银的暴涨暴跌,才导致广大投资者的疯狂追逐。

三、白银的投资方式

1. 投资银币

目前每年中国人民银行都要发行各种金银币,而银币的发行量比金币的发行种类多、数量大、价格低,受到投资者的欢迎。纪念银币属于收藏品的范围,普通银币则是和国际银价挂钩的,但两者都受到国际银价上涨的影响,近来价格都跟着水涨船高,这些年来走势偏淡的银币板块呈现出少有的强势上扬态势。如生肖普制银币中的"丙戌狗年"1kg银币上涨到5500元,2006版"熊猫"1盎司银币重新回升到107元,"丙戌狗年"1盎司银币创出600元的新高,1盎司"龙年"和"羊年"普制银币相继上冲到800元和930元。而发行价230元的"神五"银币,更是在一年内就翻了两番,随后越过了千元大关。

投资者要投资银币,就需要对银币市场有所了解,其中纪念银币的升值幅度大、速度快,而普制银币价格低、操作简单。投资者可以根据自己的情况选择不同品种进行。

2. 纸白银

"纸白银"是一种个人凭证式白银,是继"纸黄金"后的一个新的贵金属投资品种,投资者按银行报价在账面上买卖"虚拟"白银,个人通过把握国际白银走势低吸高抛,赚取白银价格的波动差价。投资者的买卖交易记录只在个人预先开立的"白银账户"上体现,不发生实物白银的提取和交割。

现国内发售"纸白银"的银行有:中国工商银行及中国建设银行。

(1)中国工商银行 中国工商银行发行的"个人账户贵金属业务"可由两种货币(美元或人民币)作为结算货币,分别是以人民币/克和美元/盎司进行报价交易,交易时间为周一7:00至周六4:00。投资者可持身份证到任何网点进行贵金属业务的开通,开通后即可在中国工商银行网上银行进行实时下单交易,但工商银行暂不提供行情分析软件。中国工商银行发行的该产品优势在于,突破股票市场单向(只能在行情上涨趋势下获利)交易机制,采取双向交易机制保证投资者在任意行情下获利。

(2)中国建设银行 中国建设银行发行的个人账户贵金属交易包括账户金、账户银、账户铂等产品,产品类型丰富,可供不同投资者选择。投资中国建设银行"账户银"产品是依托建设银行业务处理系统进行交易。客户可以按照建设银行提供的买卖双边报价,并在规定的交易时间内,与建设银行进行账户贵金属的买卖交易。客户的账户贵金属份额只在账户上进行记录,不能转账、兑换、支取实物。同样,建设银行指提供报价交易端,暂不提供行情分析系统。中国建设银行发行的账户银优势与,其交易起点低(仅为1克),适合中小投资者及低风险承受能力投资者。可为白银期货及白银现货投资者的入门投资选择。

3. 白银期货

投资白银的期货,可从市场预期价格的上涨及下跌行情中双向获益。投资者可自行选择买入涨势获利,即买入多单(或称为建仓多单)获利,也可以选择行情下跌获利,即买入空单(或称为建仓空单)获利。白银期货较纸白银投资,增加保证金交易机制,占用投资资金量按比例减小,投资者可将原本用于贵金属投资的部分资金,选择投资组合,从而增加收益。

此外白银期货投资,根据保证金比例放大客户的收益率,更适于资金量较充足的客户进行贵金属投资获利。其获利价格来自于国际报价,保证金比例根据各交易所合约规定不同,获利空间放大倍数不同。

期货(Futures)与现货相对。期货是现在进行买卖,但是在将来进行交收或交割的标的物,这个标的物可以是某种商品例如黄金、原油、农产品,也可以是金融工具,还可以是金融指标。交收期货的日子可以是一星期之后,一个月之后,三个月之后,甚至一年之后,具体时间根据上市期货合约所定。买卖期货的合同或者协议叫做期货合约。买卖期货的场所叫做期货市场。投资者可以对期货进行投资或投机。

(1)伦敦金属交易所白银期货 伦敦金属交易所(LME)是世界上最大的有色金属交易所,伦敦金属交易所的价格和库存对世界范围的有色金属生产和销售有着重要的影响。伦敦金属交易所在世界金属产品定价中,以铜产品定价举足轻重的同时,在白银期货定价中也影响着全球价格。

(2)上海期货交易所白银期货 上海期货交易所自开创国内首家黄金保证金比例交易模式后,在2012年增加国内首个合法白银期货交易品种。其采用保证金比例7%,双向交易机制(可买入多单或买入空单)的白银期货合约。

上海期货交易所白银期货标准合约

更新日期:2012-05-08

交易品种	白银
交易单位	15千克/手
报价单位	元(人民币)/千克
最小变动价位	1元/千克
每日价格最大波动限制	不超过上一交易日结算价±5%
合约交割月份	1—12月
交易时间	上午9:00-11:30 下午1:30-3:00
最后交易日	合约交割月份的15日(遇法定假日顺延)
交割日期	最后交易日后连续五个工作日
交割品级	标准品:符合国标 GB/T 4135—2002 IC—Ae99.99规定,其中银含量不低于99.99%
交割地点	交易所指定交割仓库
最低交易保证金	合约价值的7%
交割方式	实物交割
交割单位	千克
交易代码	AG
上市交易所	上海期货交易所

4. 白银现货

天津贵金属交易所推出白银现货交易品种。实行保证金交易制度,T+0的24小时双向交易。投资者可以提取白银实物,也可以进行现货延迟交收电子化交易,交易制度公平、公正。

交易品种为白银（AG9999），交易单位为15kg/手，报价单位为元（人民币）/kg，最小变动价位为1元/kg。

每周一至周五开市（结算时间、国家法定节假日及国际市场休市除外），交易时间为周一早8:00至周六早4:00。结算休市时间：夏令时，交易日内凌晨4:00至6:00；冬令时，交易日内凌晨4:00至7:00。

客户可选择通过电话或网络系统和与其签约的综合会员进行现货全额或现货延期交收交易。采用预付交易保证金的形式进行。

天津贵金属交易所白银现货标准合约

交易品种	白银（上线产品名称：现货白银）
产品代码	XAGUSD
交易单位	15千克/手
报价单位	元（人民币）/千克
最小变动价位	1元/千克
交易时间	交易日内全天22小时交易
交割品级	交易的银锭成色不低于99.99%，符合国标GB/T 4135—2002的相关标准。
交割地点	合约交割月份的15日（遇法定假日顺延）
交割日期	最后交易日后连续五个工作日
交割品级	标准品：符合国标 GB/T 4135—2002 IC—Ae99.99 规定，其中银含量不低于 99.99%
交割地点	交易所指定交割仓库
最低交易保证金	合约价值的8%
上市交易所	天津贵金属交易所

四、白银的价格

白银的价格经历了古代高价期、近代动荡期、现代炒作期和当代稳步增长期四个主要历史时期。

1. 古代高价期

天然银多半是和金、贡、锑、铜或铂成合金，天然金几乎总是与少量银成合金。我国古代已知的琥珀金，在英文中称为ELECTRUM，就是一种天然的金、银合金，含银约20%。最初由于人们取得银的量很小，使得它的价值比金还贵。在大约公元前1780至1580年埃及王朝的法典中规定，银的价值是金的两倍。马克思在《政治经济学批判》中讲到："银的开采却以矿山劳动和一般比较高度的技术发展为前提。因此，虽然银不那么绝对稀少，但是它最初的价值却相对地大于金的价值。"

2. 近代动荡期

明清时期中国和日本的银价都明显贵于世界市场，在19世纪中叶之前，中国在与西方的贸易中拥有巨额顺差（与英国的鸦片贸易除外），而中国采取白银结算，于是欧美的白银大量流入中国。即使在中国已经不再拥有巨额顺差的情况下，与中国的贸易也导致了世界白银价格的不稳定。

进入20世纪，国际金本位制在建立之后屡经颠簸，而白银似乎成了被遗忘的角落。随着黄金在国际储备和贸易中的地位日益增加，白银的价格也日益滑落。1910年，每盎司黄金的价格是每盎司白银价格的38倍左右，到了1930年则提升到近63倍，1940年提升到近100倍。也就是说，在1910年选择持有白银作为储备工具的人，在30年后的财富将只有选择黄金为储备工具的人的 30%。

3. 现代炒作期

1960年以后，形势明显有所改观，因为金本位显然难以维持，货币自由浮动只是时间问题。通货膨胀的阴影日益明显，由于各国政府禁止个人持有黄金，希望购买贵金属保值的投资者只能选择白银，这在一定程度上维持了黄金价格。到了1970年，黄金与白银的比价只有2~3倍，这是20世纪以来的最低点。在商品市场大牛市的背景下，许多交易商和银行家把大笔资本投入了商品期货和现货投机，期货价格反过来影响了现货。在黄金和白银产量大大提高，国际市场流动性很强的1970年，美国的期货交易商近乎垄断了世界白银市场，并促使银价飞涨。

1970年初期，白银价格大致在2美元每盎司左右徘徊——这个数字看起来很低，但已经从最低点上升了80%左右，这主要是因为美国财政部放宽了对白银的管制。与此同时，黄金的价格也很低，与白银的比价只有2~3倍左右，这说明整个贵金属市场都在低点。1973年12月，期货投机商以每盎司2~3美元的价格大量收购白银，这使他们成为全世界最大的白银持有人之一。市场上的白银很快出现了严重短缺——在过去几十年中，许多银矿已经因为无利可图而关闭了，人们对开采新银矿的热情也不高。白银的"供给弹性"较小，在价格陡然上升的时候，白银生产商无法立即扩大产量，结果导致价格进一步攀升。在仅仅两个月之内，白银价格提高到每盎司6.7美元，涨幅接近130%。

1979年夏天，市场上不断出现巨额买盘，银价很快从6美元上升到11美元。随着投机者的不断涌入，白银的价格日趋疯狂——从11美元上涨到20美元，然后30美元，到了1979年年底突破40美元。黄金和白银的比价下跌到12倍左右，创下历史新低。期货市场已经完全失去了对白银的控制。全世界的白银生产厂商为此兴奋不已，他们迅速开启了寻找新银矿的计划，许多早已关闭的银矿又重新开采。

1980年1月21日，白银涨到了它的历史最高价：每盎司50.35美元。在短短12个月里，银价上涨了8倍；1970年算起，银价上涨了25倍。人类历史上从来没有一种商品拥有如此漫长、如此骇人听闻的大牛市。但在白银价格达到50美元之后不久，纽约商品交易所颁布了一条临时规定：从即日起，禁止建立新的白银期货合约，只允许旧合约的平仓。这意味着垄断者再也无法从期货市场上买进任何白银，而且白银期货合约的总数只会不断减少，谁都无法通过大量买入或卖出来操纵价格。1980年3月25日，白银价格出现大幅度下跌，白银价格崩溃。

1980年3月27日在期货界被称为"白银星期四"，仅仅几天前还在高位运行的白银期货，在3月27日日中居然跌到了10美元的低点，美联储和美国主要商业银行竭尽全力使白银价格在跌到10.82美元一盎司之后暂时止跌回稳，轰轰烈烈的白银危机到此就宣告结束了。1981年以后，随着白银产量的扩大，白银期货和现货价格不断下跌，直至本世纪初才有重新抬头。

4. 当代稳步增长期

自1990年以来，世界白银总库存下降了74%，现在白银的库存已经是历史新低。虽说目前白银消费总体还是偏低，但在过去的10年中，白银的消费大体上是递增的。总的看来，全球矿产白银的总产量在未来某个时候可能会有所增加，不过这要等一些大型新矿产完全达产或有新的银矿山投入使用。由于全球矿产银产量暂不会增加，而目前世界各个行业对白银的需求还在稳步增长，这就为未来银市的继续看好提供了基本面的支持。随着经济的发展，白银制造业的需求缓慢增加，白银用于电工、电子、焊接合金和焊料、首饰和银制品、银币和纪念章的量将增加。

2004年到2007年的三年间，世界白银价格上涨了217%。当今的国际现货、期货市场趋于稳定,投机奇迹的时代一去不复返了。白银价格上涨的原因主要有三：一是黄金价格的上涨,二是全球用量的增加,三是白银矿藏数量有限且不可再生。

近期白银价格屡创新高,主要原因就是市场预期美国证券交易委员会将会批准建立白银ETF的建议,投资者因此大量购入白银期货。此外,世界最大的白银生产企业墨西哥金属矿山公司工人大罢工,也对白银价格的上涨起到了推动作用。

近一年来的贵金属投资中,多数人关注的是国际金价的走势,不过,细算一下我们会发现,其实同期白银的价格波动比黄金的更大。从2010年的第一个交易日至今,白银价格已经从8.81美元上涨到了10.56美元,涨幅高达19.8%;而黄金价格从517美元上涨到551.8美元,涨幅为6.7%。

影响白银价格的主要因素是工业的需求,而经济复苏对此的影响将导致白银今年还有上升空间。相比于白银曾创下的5050元每公斤的价格,上升到4500元每公斤是有可能的。另外一个支持白银价格将在2010年走高的理论依据是白银在国际市场同样是以美元计价的,其价格总是跟随黄金价格而变化。有国际经济学家日前就表示,随着政府为应对可能出现的财政赤字恶化而采取更多的行动,全球再通胀将成为支撑白银价格的一个因素。

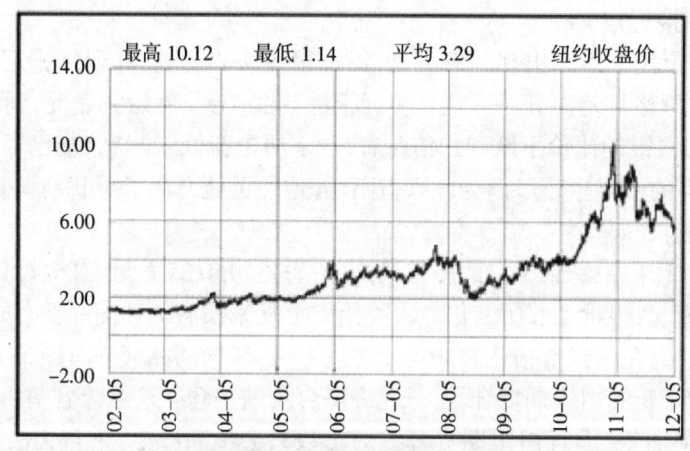

2002年至2012年白银价格走势

五、黄金与白银

从长远角度看,白银价格的高低主要是受其本身供求和市场情绪等因素所影响,但很多时候黄金价格的涨跌和黄金投资地位轻重的变化仍会左右着白银价格的涨跌,因为在不少投资者心目中,金银两者的地位和价格是有连带关系的。

金和银无论是金属特性和金融角色上都很接近,但要在两者的价格之间画上一个固定的等号或公式是十分困难的。十六世纪初期,中国的黄金和白银的兑换率是1:6,即是一两黄金的价值等于六两白银。十八世纪初当欧洲国家开始与中国通商时,这个兑换率为1:10,当时这个兑换率在欧洲约为1:15。

贸易往来开始后,除了有商品交流和买卖,他们也利用两地不同的黄金白银兑换差价来进行实物的套现,例如把欧洲产品卖给中国时,收取的是黄金,这些黄金所得可以在欧洲换取更多白银,当这些白银又流入中国,换回再多些黄金。这种早期的金银套现令两地差异在十八世纪中以后消失,中国的金银比率上升到1:15,而欧洲则维持在1:15和1:16之间。

曾有学者尝试用不同的数据,希望能推算出黄金和白银之间的精确兑换比率,这些数据包括以下几点。

(1) 黄金和白银的成分关系　根据地球地壳的土壤分析,地壳的黄金含量为每百万分之0.004,而白银则为每百万分之0.07,比率是1:17.5。

(2) 黄金和白银的矿藏量关系　黄金的矿藏量估计为90000吨,被确认的为42000吨;而白银的矿藏量估计为570000吨,被确认的为270000吨。由此可得出矿藏量比率是1:6.33,和被确认比率的1:6.43。

(3) 黄金和白银的生产量关系　以2005年计,黄金产量约2450吨,而白银则为20300吨,比率是1:8.29。

(4) 黄金和白银的流通量关系　以过去的一百多年计,黄金总共生产出152000吨,而白银则合共生产出1336000吨,这个比率接近1:8.80。

(5) 从1800到2000年的二百年间,黄金价格和白银价格平均中位数的比率约是1:31　但是,无论是拿什么样的数据作论证,从投资者的角度看,黄金的价格和白银的价格在投资市场上关系最为重要。从1960年到金银价格的高峰的1980年间,黄金价格由35美元/盎司上升至850美元,升幅是2429%;白银则由90美分/盎司上升至54美元,升幅更达6000%。在这段期间金银比率的变化亦是很大,金银比率的最低点是在银价处于54美元/盎司高水平的时候,金银比率只有1:15。白银从高位下跌后,其跌幅一直比黄金大,金银比率由1:15慢慢回升到1991年初的1:100。由于白银近年表现又比黄金更胜一筹,金银比率又开始下跌,以年初时的每盎司金价(1400美元)和银价(30美元)下跌至1:46.7。

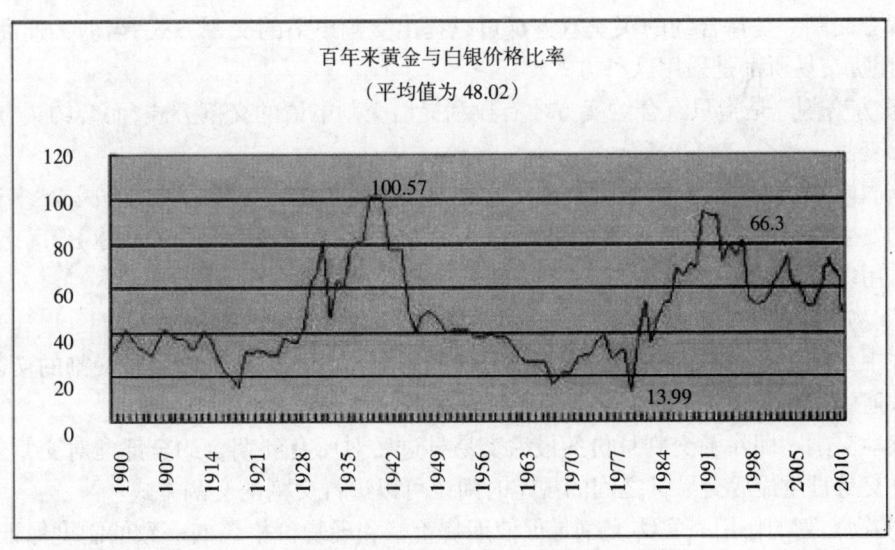

图3.2　百年来黄金与白银价格比率

第四章 贵金属市场运行

近年来,贵金属市场在全球经济市场中起到重要的作用。贵金属市场价格走势不仅反映全球的经济兴衰、民众对于经济的心理以及外汇市场的波动,也影响着石油等能源类的价格走势。从全球政局变革到国家间经济斗争,贵金属市场与其息息相关,密不可分。

下面,让我们共同了解贵金属市场运行,一一解读贵金属市场的神秘面纱。

第一节 交易模式介绍

一、交割方式

1.实物交割

实物交割是指至期货或期权交易标准合约规定的到期日后,根据合约及交易所制订的规则和程序,对持有的未平仓合约以实物交收形式了结商品买卖义务的一种平仓形式。

尽管大多数金融衍生品都会在到期日前被交易了结,但是有一部分合约仍然会以实物交割的形式了结。实物交割通常出现在商品或者少部分金融产品交易中。

(1)实物交割的分类 实物交割可分为双方交割、卖方交割两种。

①双方交割 是指合约的买卖双方都可以提出交割申请的交割方式,当前大连商品交易所、上海期货交易所都是采用这种方式。

②卖方交割 是指只有合约卖方才有权利提出交割申请的交割方式,而合约买方则无权主动提出交割。

目前国内的郑州商品交易所就是采用这种交割方式。卖方交割的目的是减少"多逼空"违规情况的发生。国际上,芝加哥期货交易所(CBOT)、纽约金属交易所(COMEX)等著名期货交易所均采用卖方交割的方式。

(2)实物交割的方式 实物交割方式包括集中交割和滚动交割两种。

①集中交割 即所有到期合约在交割月份最后交易日过后一次性集中交割的交割方式。我国的大连商品交易所和上海期货交易所就是采取这种交割方式。

②滚动交割 即除了交割月份的最后交易日过后对所有到期合约全部配对交割外,在交割月第一交易日至最后交易日之间的规定时间也可以进行交割的交割方式。

(3)实物交割的作用 实物交割是促使期货价格和现货价格趋向一致的制度保证。通过交割,期货、现货两个市场得以实施相互联动,通过套利作用使得期货价格最终与现货价格趋于一致,"使期货市场真正发挥价格晴雨表的作用"。

(4)实物交割的结算价确定

① 交割结算价是实物交割商品计价的基础 通常对不同等级、地点的商品还要加上质量升贴水和异地交割仓库与基准交割仓库的升贴水。

②我国期货合约的交割结算价 交割结算价通常为该合约交割配对日的结算价或该期货合约最后交易日的结算价。大连商品交易所的交割结算价,则是该合约自交割月份第一个

交易日起至最后交易日所有结算价的加权平均价。

(5)实物交割的程序

① 卖方在交易所规定的期限内将货物运到交易所指定仓库,经验收合格后由仓库开具仓单,再经交易所注册后成为有效仓单,也可以在中场上直接购买有效仓单。

② 进入交割期后,卖方提交有效仓单,买方提交足额货款,到交易所办理交割手续。交易所对买卖双方任何一方的违约,都有一定的罚则。买方在接到货物的一定时间内如果认为商品的数量、质量等各项指标不符合期货合约的规定,可提出调解或仲裁,交易所对此均有明确的程序和处理办法。

2. 非实物交割

商品期货或者期权市场所指的非实物交易指的是合约到期日时买卖双方并不发生实物交割,而是通过计算买卖双方净盈亏,由亏损方向盈利方以资金形式支付其所亏损金额来了结双方义务的一种交割形式。

二、交易模式

现在非实物交易主要交易模式有,电子撮合模式、做市商模式、混合型做市商模式三种。

1. 电子撮合模式

电子撮合是指利用微机网络交易系统所开展的即期和中远期配对交易。电子撮合交易是基于互联网技术基础上的电子商务,是指卖方在交易商场发布出售邀约、买方在交易市场发布购买邀约,交易市场按照价格优先、时间优先原则确定双方成交价格生成电子交易合同,并在交易市场指定的方式进行交割的交易方式。

电子撮合特点及优势。电子撮合与现货互通性好,仓单要求不高,是商品企业进行现货交易的平台;另外,撮合能够买卖远月份合同具有一定的套保和投机功能,能适应不同主体的不同需要。

2. 做市商模式

做市商制度(Market Maker Rule)是指在金融市场上,由具备一定实力和信誉的证券经营机构作为特许交易商,不断地向公众投资者报出某些特定证券或其它金融产品的买卖价格,并在该价位上接受公众投资者的买卖要求,以其自有资金、证券与投资者进行证券交易。做市商通过这种不断买卖来维持市场的流动性,满足公众投资者的投资需求。做市商通过买卖报价的适当差额来补偿所提供服务的成本费用,并实现一定的利润。推行做市商制度的初衷一般都是为了提高证券交易的效率性、稳定性和流动性,从而提高投资者交易的效率。

做市商制度起源于美国纳斯达克市场,其全称为"全美证券协会自动报价系统"(NAS-DAQ)。实行做市商制度的纳斯达克市场,获得了极大成功。现已成为全球最大的无形交易市场,并为全球创业板市场所效仿。同时,做市商制度也被移植到其他市场。

从国际经验来看,做市商制度是适应多层次资本市场的需要,并被发达国家OTC市场实践证明的一种有效场外交易制度。在我国,随着场外交易市场的发展和全国场外交易市场建设进程的加快,引进和构建中国做市商制度成为当务之急。资本市场发展的实践表明:做市商制度是与场外交易市场相适应的一种交易制度。

3. 混合型做市商模式

混合型做市商交易模式是竞价交易模式和传统型做市商交易模式的融合。其强调议价与竞价并举,是集"集合竞价"、"连续竞价"、"做市商报价"、"投资者询价"、"投资者协议定价"于一体的交易模式,也是对于传统型做市商交易模式的创新。20世纪90年代以后,由于传统型做市商交易模式成本较高的缺点日益暴露,一些传统的证券市场开始实行混合型做市商交易模式,以增强市场交易价格的公允性。

第二节　国际著名交易市场

一、美国市场

纽约和芝加哥黄金市场是20世纪70年代中期发展起来的,主要原因是1977年后,美元贬值,美国人(主要是以法人团体为主)为了套期保值和投资增值获利,使得黄金期货迅速发展起来。目前纽约商品交易所(COMEX)和芝加哥商品交易所(CME)是世界最大的黄金期货交易中心。两大交易所对黄金现货市场的金价影响很大。

以纽约商品交易所(COMEX)为例,该交易所本身不参加期货的买卖,仅提供一个场所和设施,并制定一些法规,保证交易双方在公平合理的前提下进行交易。该所对进行现货和期货交易的黄金的重量、成色、形状、价格波动的上下限、交易日期、交易时间等都有极为详尽和复杂的描述。

纽约黄金市场是目前世界上最大的黄金期货市场。每年有2/3的黄金期货契约在纽约成交,但交易水分很大,投机活动充斥整个市场。纽约黄金市场的发展历史很短,但发展速度相当快。1974年在纽约商品交易所黄金交易开业之初时,每月黄金买卖数量不超过4万笔,而到1976年底,每月成交数达50万笔。1977年底,每月上升到100万笔。1979年上升到每月650万笔。1981年每月成交数达1040万笔,日交易量达30000~40000笔,成交额约70吨黄金。1980年,纽约黄金市场交易量达8亿盎司,约25000吨黄金,而世界黄金供应量每年只有1700吨。纽约黄金市场的建立和发展,使得世界黄金市场的格局发生了重大变化。

二、英国市场

伦敦黄金市场历史悠久,也是世界主要现货市场,由5家大黄金交易公司组成。第二次世界大战前,伦敦是世界上最大的黄金市场,黄金交易的数量巨大,约占全世界经营总量的80%,是世界上唯一可以成吨买黄金的市场。

第二次世界大战后,英国的政治、经济地位下降,经济尚未恢复,英镑大幅度贬值,黄金市场大大超过国际货币基金组织规定的35美元1盎司的黄金官价,英国被迫实行外汇管制,伦敦黄金市场也因此关闭。进入20世纪50年代后,英国和世界各国经济都趋于好转,1954年,伦敦黄金市场重新开放。1960年,第一次美元危机爆发,伦敦黄金市场价格上涨到每盎司41.50美元,美、英、法等8国组成"黄金总库",以维持金价。1968年,美元危机再度兴起,形成抢购黄金风潮,仅半个月内,英国的黄金储备就流失14亿美元,"黄金总库"也无力维持金价,被迫实行黄金双价制。1979年10月,英国废除了全部外汇管制,英国居民可以自由买卖黄金,伦敦黄金市场现在虽然不是世界最大的黄金市场,但仍不失为世界主要的黄金现货交易市场,其价格变化,被看做国际黄金市场价格的晴雨表。

伦敦黄金市场交易的黄金数量巨大,多采用批发交易。该市场现货交易由美元计价,期货交易为英镑计价。

伦敦黄金市场其发展历史可追溯到300多年前。1804年,伦敦取代荷兰阿姆斯特丹成为世界黄金交易的中心,1919年伦敦金市正式成立,每天进行上午和下午的两次黄金定价。由五大金行定出当日的黄金市场价格,该价格一直影响纽约和香港的交易。市场黄金的供应者主要是南非。1982年以前,伦敦黄金市场主要经营黄金现货交易,1982年4月,伦敦期货黄金市场开业。目前,伦敦仍是世界上最大的黄金市场。

伦敦黄金市场的特点之一是交易制度比较特别,因为伦敦没有实际的交易场所,其交易是通过无形方式——各大金商的销售联络网完成。交易会员由最具权威的五大金商及一些公认为有资格向五大金商购买黄金的公司或商店所组成,然后再由各个加工制造商、中小型商店和公司等连锁组成。交易时由金商根据各自的买盘和卖盘,报出买价和卖价。

伦敦黄金市场交易的另一特点是灵活性很强。黄金的纯度、重量等都可以选择,若客户要求在较远的地区交售,金商也会报出运费及保费等,也可按客户要求报出黄金期货价格。最通行的买卖伦敦金的方式是客户可无须现金交收,即可买入黄金现货,到期只需按约定利率支付利息即可,但此时客户不能获取实物黄金。这种黄金买卖方式,只是在会计账上进行数字游戏,直到客户进行了相反的操作平仓为止。

伦敦黄金市场特殊的交易体系也有若干不足。第一,由于各个金商报的价格都是实价,有时市场黄金价格比较混乱,连金商也不知道哪个价位的金价是合理的,只好停止报价,伦敦金的买卖便会停止;第二,伦敦市场的客户绝对保密,因此缺乏有效的黄金交易头寸的统计。

三、香港市场

香港黄金市场已有90多年的历史。其形成是以香港金银贸易场的成立为标志。1974年,香港政府撤销了对黄金进出口的管制,此后香港金市发展极快。由于香港黄金市场在时差上刚好填补了纽约、芝加哥市场收市和伦敦开市前这段时间,可以连贯亚、欧、美,形成完整的世界黄金市场。其优越的地理条件引起了欧洲金商的注意,伦敦五大金商、瑞士三大银行等纷纷来港设立分公司。他们将在伦敦交收的黄金买卖活动带到香港,逐渐形成了一个无形的当地"伦敦金市场",促使香港成为世界主要的黄金市场之一。

目前,香港黄金市场由三个市场组成。

1. 香港金银贸易市场

香港金银贸易市场以华人资金商占优势,有固定买卖场所,主要交易的黄金规格为99标准金条,交易方式是公开喊价,现货交易。

2. 伦敦金市场

伦敦金市场选择香港作为亚洲市场的交易中心以国外资金商为主体,没有固定交易场所进行亚洲贵金属贸易。

3. 黄金期货市场

是一个正规的市场,其性质与美国的纽约和芝加哥的商品期货交易所的黄金期货性质是一样的。交投方式正规,制度也比较健全,可弥补金银贸易场的不足。

从20世纪60年代开始,香港黄金市场已发展成世界主要的黄金交易中心。1987年黄金进口总值达186亿港元,比1986年增加了273.5%,同期黄金成交额由1231亿港元上升到3714亿港元,升幅高达300%。

香港黄金市场的构成包括以下几点。

①主体市场　以集资为主的金银贸易市场,以港元计价。

②无形市场　以伦敦经营方式,通过电讯成交。

③期货市场　按纽约、芝加哥方式交易,美元计价。香港黄金市场的黄金买卖集中在香港

金银贸易场进行。由于香港时间凌晨2时30分至3时这段时间正值世界其他黄金市场休市之际,欲继续进行黄金买卖交易者,就必须到香港黄金市场,加之香港黄金市场无外汇管制等客观有利条件,使香港黄金市场迅速发展,现已成为世界四大黄金市场之一。

四、苏黎世市场

苏黎世黄金市场是二次世界大战后发展起来的世界性黄金自由市场。它以瑞士三大银行为中心,联合经营黄金。与伦敦金商不同的是,他们不但充当经纪人,还掌握大量黄金储备进行黄金交易。瑞士是著名的西方各国的资金庇护所,每逢国际政治局势发生动荡或货币金融市场发生波动时,各地大量游资纷纷涌向瑞士,购金保值或从事投机活动。加之瑞士利率低,持有的黄金可以列为现金项目,市场交易没有任何限制,其业务发展趋势,已成为世界最大的黄金现货交易中心。

由于瑞士特殊的银行体系和辅助性的黄金交易服务体系,为黄金买卖提供了一个既自由又保密的环境,加上瑞士与南非也有优惠协议,获得了80%的南非金,以及前苏联的黄金也聚集于此,使得瑞士不仅是世界上新增黄金的最大中转站,也是世界上最大的私人黄金的存储中心。苏黎世黄金市场在国际黄金市场上的地位仅次于伦敦。

苏黎世黄金市场没有正式组织结构,由瑞士三大银行:瑞士银行、瑞士信贷银行和瑞士联合银行负责清算结账,三大银行不仅可为客户代行交易,而且黄金交易也是这三家银行本身的主要业务。苏黎世黄金总库(Zurich Gold Pool)建立在瑞士三大银行非正式协商的基础上,不受政府管辖,作为交易商的联合体与清算系统混合体在市场上起中介作用。

苏黎世黄金市场无金价定盘制度,在每个交易日任一特定时间,根据供需状况议定当日交易金价,这一价格为苏黎世黄金官价。全日金价在此基础上的波动不受涨跌停板限制。

第三节 国内主要交易市场

一、上海期货交易所

1. 上海期货交易所简介

上海期货交易所是经国务院批准的,依照有关法规设立的,直接隶属中国证券监督管理委员会管理的全国三家期货交易所之一。履行有关法规规定的职责,受中国证监会集中统一监督管理,并按照其章程实行自律管理的法人。上海期货交易所目前上市交易的有黄金、铜、铝、锌、铅、螺纹钢、线材、燃料油、天然橡胶等九种期货合约。

上海期货交易所在发展过程中依循"夯实基础、深化改革、推进开放、拓展功能、加强监管、促进发展"的方针,依照法规政策制度组织交易,履行市场一线监管职责,努力建设成为规范、高效、透明,综合性、国际化的衍生品交易所。未来五年的目标是:建设成为一个在亚太时区以基础金属、贵金属、能源、化工等大宗商品为主的主要期货市场,发挥期货市场发现价格、规避风险的功能,为国民经济发展服务。

上海期货交易所现有会员200多家(其中期货经纪公司会员占80%以上),在全国各地开通远程交易终端300多个。

2. 组织机构

按照《上海期货交易所章程》,会员大会是交易所的权力机构,由全体会员组成;理事会是会员大会的常设机构,下设监察、交易、结算、会员资格审查、调解、财务、技术、有色金属产品、能源化工产品、黄金钢材产品等10个专门委员会。

总经理为本所法定代表人。本所设有办公室、发展研究中心、文化建设办公室、新闻信息部、国际合作部、有色金属部、能源化工部、黄金钢材部、会员服务和投资者教育部、交易部、结算部、监察部、法律事务部、技术中心、人力资源部、党委办公室(纪律检查办公室)、内审合规部、财务部、行政部、北京联络处等20个职能部门。

3. 交易时间

上午第一节交易时间自9:00至10:15、第二节交易时间自10:30至11:30,下午交易时间自13:30至15:00。(每周一至周五,双休日和节假日除外)

二、大连商品交易所

1. 大连商品交易所简介

大连商品交易所成立于1993年2月28日,是经国务院批准并由中国证监会监督管理的四家期货交易所之一,也是中国东北地区唯一一家期货交易所。经中国证监会批准,目前上市交易的有玉米、黄大豆1号、黄大豆2号、豆粕、豆油、棕榈油、线型低密度聚乙烯聚氯乙烯和焦炭9个期货品种。2010年在全球交易所期货期权交易量排名中,大商所位列第13名,并是全球第二大大豆期货市场。

2007年8月国务院批准的《东北地区振兴规划》提出,"依托大连商品交易所,大力发展期货贸易,建设亚洲重要的期货交易中心",为大连商品交易所的发展提供了新的机遇。

截至2010年底,大连商品交易所共有会员188家,指定交割库83个,投资者开户数超过120万户,分布在全国28个省、直辖市、自治区。

2. 组织机构

会员大会是交易所的权力机构,由全体会员组成。理事会是会员大会的常设机构,现有副理事长1人。理事会由13名理事组成,其中会员理事为9名、非会员理事为4名。理事会下设监察、交易、交割、会员资格审查、调解、财务、技术等7个专门委员会。总经理为交易所法定代表人。

交易所设有总经理办公室、理事会办公室、交易部、交割部、结算部、技术运维中心、新闻信息部、品种部、产业拓展部、会员服务部/期货学院、法律事务部、监察部、财务部、人力资源部、审计部、工会纪检办公室、战略规划办公室和系统规划办公室等18个职能部门;交易所拥有3个派出机构:北京发展与服务总部、上海发展与服务总部、广州发展与服务总部;2个直属单位:大连飞创信息技术有限公司、大连商品交易所行政服务有限公司。

3. 交易时间

集合竞价:8:55—8:59;

撮合:8:59—9:00;

连续交易:9:00—10:15(第一小节);

10:30—11:30(第二小节);

13:30—15:00(第三小节)。

(每周一至周五,双休日和节假日除外)

三、郑州商品交易所

1. 郑州商品交易所简介

郑州商品交易所(以下简称郑商所),成立于1990年10月12日,是经国务院批准成立的我国首家期货市场试点单位,是目前全国四家期货交易所之一,隶属中国证券监督管理委员会直接管理。郑商所按照《期货交易管理条例》和《期货交易所管理办法》履行职能,依据《郑州商品交易所章程》《郑州商品交易所交易规则》及其实施细则和办法实行自律性管理,遵循公开、公平、公正和诚实信用的原则,为期货合约集中竞价交易提供场所、设施及相关服务,并对期货交易进行一线监管。

截至2009年底,郑商所共有会员215家,分布在全国27个省(市)、自治区,其中期货公司会员173家,占会员总数的80%;非期货公司会员42家,占会员总数的20%。

2. 组织结构

郑商所实行会员制,会员大会是郑商所的权力机构,由全体会员组成;理事会是会员大会的常设机构,下设战略发展、品种、监察、交易、交割、会员资格审查、调解、财务、技术等9个专门委员会。

郑商所总经理为法定代表人。根据工作需要,交易所内设办公室、党委办公室、理事会办公室、研究发展部、市场部、交割部、结算部、市场监察一部、市场监察二部、新闻信息部、法律事务部、技术一部、技术二部、财务部、人力资源部、行政部、纪检监察室(与党委办公室合并办公)、审计室等17个职能部门。

3. 交易时间

集合竞价:8:55—9:00;

撮合:8:59—9:00;

连续交易:9:00—10:15(第一小节);

10:30—11:30(第二小节);

13:30—15:00(第三小节)。

(每周一至周五,双休日和节假日除外)

四、中国金融交易所

1. 中国金融交易所简介

中国金融期货交易所是经国务院同意,中国证监会批准,由上海期货交易所、郑州商品交易所、大连商品交易所、上海证券交易所和深圳证券交易所共同发起设立的金融期货交易所。中国金融期货交易所于2006年9月8日在上海成立,注册资本为5亿元人民币。中国金融期货交易所的成立,对于深化金融市场改革,完善金融市场体系,发挥金融市场功能,具有重要的战略意义。

中国金融期货交易所的主要职能是:组织安排金融期货等金融衍生品上市交易、结算和交割;制订业务管理规则;实施自律管理;发布市场交易信息;提供技术、场所、设施服务;中国证监会许可的其他职能。

2. 组织结构

股东大会是公司的权力机构。公司设董事会,对股东大会负责,并行使股东大会授予的权力。董事会设执行委员会,作为董事会日常决策、管理、执行机构。董事会下设交易、结算、薪酬、风险控制、监察调解等专门委员会。

公司目前设总经理1人,副总经理2人。设有市场部、交易部、结算部、监察部、技术部、信息部、研发部、财务部、人力资源部、总经理办公室、行政部等11个部门。

3. 交易时间:

交易日交易时间为9:15—11:30(第一节);
13:00—15:15(第二节);
最后交易日交易时间为9:15—11:30(第一节);
13:00—15:00(第二节)。
(每周一至周五,双休日和节假日除外)

五、上海黄金交易所

1. 上海黄金交易所简介

上海黄金交易所是经国务院批准,由中国人民银行组建,在国家工商行政管理局登记注册的,不以营利为目的,实行自律性管理的法人。遵循公开、公平、公正和诚信的原则组织黄金、白银、铂等贵金属交易。交易所于2002年10月30日正式开业。

交易所实行会员制组织形式,会员由在中华人民共和国境内注册登记,从事黄金业务的金融机构、从事黄金、白银、铂等贵金属及其制品的生产、冶炼、加工、批发、进出口贸易的企业法人,并具有良好资信的单位组成。现有会员162家,分散在全国26个省、市、自治区;交易所会员依其业务范围分为金融类会员、综合类会员和自营会员。金融类会员可进行自营和代理业务及批准的其它业务,综合类会员可进行自营和代理业务,自营会员可进行自营业务。目前会员单位中年产金量约占全国的80%;用金量占全国的90%;冶炼能力占全国的90%。

2. 组织结构

会员大会是交易所的权力机构,由全体会员组成。理事会是会员大会的常设机构,对会员大会负责。理事会由9人至15人理事组成。其中非会员理事不超过理事会总数的三分之一。理事每届任期3年,理事连续任职不得超过两届。会员理事由理事会或者五分之一以上会员联名提议,由会员大会选举产生。非会员理事由中国人民银行委派。交易所总经理是理事。理事会设理事长1人、副理事长1至2人。理事长、副理事长由中国人民银行提名,理事会选举产生,理事长不得兼任总经理。

公司目前设有总经理、副总经理,设有交易部、信息部、交割储运部、技术保障部、清算部、财务部、综合部、研究发展部、会员管理部等9个部门。

3. 交易时间

交易时间为每周一至五(节假日除外)
上午9:00—11:30,
下午13:30—15:30,
晚上21:00—次日凌晨2:30。
每周五最后交易时段为
13:30—15:30。

第五章 贵金属价格分析

第一节 基本面分析

基本面分析是指通过分析与研究宏观经济,贵金属供求关系等因素与贵金属市场价格之间的关系,以期找出影响贵金属价格变化的各种因素及其影响程度,进而可以对于贵金属价格的未来合理价格进行预判。

当前我国贵金属市场大多与国际市场保持相当高的相关性,而国际贵金属市场是一个接近于强势有效的市场。相对于我国证券市场的弱势有效,贵金属市场受市场操纵、内幕交易及虚假信息的影响非常小,故而相较于我国证券市场,基本面分析对于我国贵金属市场来说是相当有价值的。

影响贵金属市场价格的因素有很多,以黄金为例,目前被广泛接受的主要影响因素有:全球政治经济形势、各国政府及央行的黄金政策、货币汇率、黄金供求关系、投资者心理因素变化及黄金ETF持仓量变化等。

一、政治经济形势

黄金的价格与全球的政治和经济形势密切相关。通常它与政治经济形势的好坏呈一种接近于负相关的关系。也就是说,越是在战争、动乱、灾害、通货膨胀的情况下,其价格越是上涨。近几十年来,每次大的事件往往都会使金价上涨,不过因其影响深度不同而使金价上涨维持的时间和幅度各不相同。

经济对于金价有双重影响,一方面经济衰退会使人的购买力下降,造成黄金首饰的消费量减少,其他工业用金如电子工业用金量的萎缩等,致使黄金需求下降。但是另一方面当经济衰退,其他投资难以取得收益,或者人们预期有可能发生通货膨胀时,会买入黄金以求保值,于是黄金需求增加。

美国的政治、经济形势对国际金价的影响更大,在20世纪70年代,美国的经济由于越南战争的拖累陷入了泥潭,再加上世界能源危机,而被迫取消了美元和黄金挂钩的政策,金价大幅上涨。而在20世纪80年代和90年代,美国的经济发展迅速,金价长期陷入低迷,步步下跌。美国股市对美元金价往往产生直接影响,因为当股市上涨时,人们纷纷抛出手中的其他资产包括黄金而买入股票,企图在股市中获利。所以美元金价往往和美国股市的走势呈相反关系。而且美国股市往往和美元走势方向一致,这样就增强了对金价影响的力量。

为此,投资者常常关注美国经济的发展情况,直接产生影响的就是美国政府和一些咨询机构发布的经济指标等。例如,每月或每周公布的消费者信心指数、生产者价格指数、非农新增就业人数和失业率、国内生产总值(GDP)增长情况等,都会直接影响到美国股市和美元的景气程度,也会对金价产生影响。

世界其他各国的政治经济发展状况则往往影响到黄金的需求和供给,也会对金价产生间接的影响。例如亚洲经济危机时,东南亚各国都减少了黄金的消费,欧洲国家还出现大量黄金作为再生金返回市场的现象,这自然也影响到金价走高。再如世界最大的黄金消费国印度每年的黄金消费是和气候紧密相关的,因为农民是购买黄金的重要力量,而影响收成的最主要因素就是每年的季风,所以当季风好时候黄金消费就多,反之消费就下降。

二、各国政府及中央银行的黄金政策

由于各国中央银行持有大量的黄金,而他们对持有黄金的态度不尽相同,有的银行在增加黄金储备,而有的银行则采取减少黄金储备的政策,伺机出售黄金,所以对国际市场的金价也有很大的影响。

除了出售黄金以外,还有不少国家采取出借黄金的政策。一般是由国家央行把黄金出借给商业银行,商业银行再把黄金出借给产金商或者投机商等,借以来获得利息。而这些黄金在市场上出借以后,就加大了黄金的供应,促使金价走低。但是由于黄金价格下跌,损害了持有大量黄金储备的国家的利益,因为他们库存中的黄金实际发生了贬值。而且金价不断走低,对于生产黄金的国家来说也很不利。南非的黄金生产商当时就联合起来在欧洲举行抗议。所以在1999年9月,欧洲15个国家的中央银行联合签署了一个关于限制售金贷金的协议,其主要内容如下。

《华盛顿协议》(Washington Agreement),1999年9月26日,欧盟组织成员(不包括丹麦和希腊)以及瑞士宣布了下列条款。

1. 黄金依然是全球货币储备的重要组成部分。
2. 协议的签字国决定未来五年按每年大约400吨,合计不超过2000吨的计划限定黄金销售。五年后协议将重新修订。
3. 协议的签字国将把其贷金规模限制在已有的贷金数量之内,不再增加新的黄金用于借贷和黄金衍生物。

没有在协议上签字的包括加拿大、美国、日本、澳大利亚,国际结算银行以及国际货币基金组织等。协议签署之后,美国声明它既不买也不卖。日本声明不出售黄金,国际结算银行以及国际货币基金组织声称他们将遵守协议精神。

各个国家对黄金采取不同的政策,对黄金消费进而对金价也会产生巨大的影响。以我国为例,在新中国成立后很长一段时间里,由于国家需要外汇,对黄金采取统购政策,私人不得持有和买卖黄金,所以也谈不上黄金消费。而随着发展,对黄金的政策也逐步走向开放,首先是允许个人购买黄金首饰,其次是允许个人购买金条,最后是开放各类黄金投资业务,是我国在人均收入不断增长的情况下,黄金消费也逐步增长。中国的黄金消费有可能从当前的每年200多吨增加到400~500吨,这将对国际市场的金价产生一定的影响。印度就是在国家对黄金采取开放政策以后上升为全世界第一大黄金消费国的,2005年消费达近700吨。

三、国际金融市场的变化

最近二三十年来,国际金融市场出现了引人注目的巨大变化。最明显的是由于电子技术的发展,涌现出了各种各样的金融工具,而外汇市场的发达,使得黄金需求量降低。因为持有外汇,可以通过市场交易获得收益,而持有黄金不但不能从中获益,而且还需要为之付出保管费。金融市场的变化,包括各个国家的货币政策等都给黄金市场带来了巨大的影响。而银行利率,特别是美国银行的利率对金价的影响很大,其原因就在于国际黄金借贷市场。

自20世纪80年代以来,国际黄金市场呈现出了单边下跌的走势。从1980年的800多美元/盎司一直下跌到1999年时的接近250美元/盎司。因为各个国家的央行把黄金借给商业银行,商业银行又把黄金借给产金商和投机商。他们拿到黄金后就在市场上卖掉,然后把所得的资金存到银行里获利。贷金利率很低,通常一年期的只有1%左右,而银行的利率高得多,像美国银行的利率就长期保持在5%以上,加上黄金的价格又在持续下跌之中,这样产金商已经把5年甚至10年以后的黄金产量都拿出来做空。

直到1999年金价已经迫近了黄金生产商的生产成本,以致南非的黄金生产商到国际上举行抗议,要求控制金价。但是金价在1999年出现猛烈上涨之后,并没有保持住,反而在2001年再次跌到了250美元左右。而这一次金价却真正站稳了脚跟,出现触底反弹,并从此走出上扬的行情。而根本的原因就是美国的低利率。因为美国的利率在一年的时间里13次下调,一直下跌到银行间拆借利率只有1%,是近45年来的最低点。在这样的价位上,产金商和投机商已经无法做空,因为银行利率和贷金利率之间的差价很小,他们做空几乎没有利润可赚,甚至还赔钱。于是投机商开始买入黄金做多,而生产商则把以前做空的部位冲销掉,这种行为称作对冲减持。

四、各主要贵金属生产商的套期保值策略对金价的影响

全球拥有众多贵金属生产商及贸易商,但是一些大公司在其中占据着举足轻重的地位,例如美国的纽蒙特公司2005年产金近200吨,接近世界第五大黄金生产国——秘鲁一年的产金量。而这些公司每年销售的黄金并不和生产出来的黄金数量一致,有的时候多,有的时候少。重要的原因在于产金商并非都是在生产出来黄金以后才销售,而是往往通过出售黄金期货、期权提前或推迟销售。有时一些公司甚至在黄金被生产出来以前一年、两年甚至五年、十年就出售掉。这是在过去金价下跌时产金商为了保护自己所采取的一种策略。而在当前金价上涨的时候他们就改变策略了,因为过去定下的金价往往比较保守,当金价上涨时他们还按原来的价格出售就吃亏了。所以自2000年特别时2001年以来,各产金商纷纷减少对冲,也就是在过去签下的销售合同到期的时候,不再像以前那样又签订新的销售合同,而是将生产出来的黄金交给经纪银行,而银行又会把这些黄金还给中央银行,回归到国库了。这样市场上供应的黄金就减少了。2004年生产商对冲减持达到400多吨,2005年数量虽有所减少,但对金价有一定支持作用。

五、贵金属价格与汇率的关系

各国货币之间的汇率,特别是美元和各黄金主要生产国货币,如南非的兰特、澳大利亚的澳元以及黄金主要消费国货币,如欧洲的欧元、日本的日元等货币之间的汇率关系变化,往往对金价有很大的影响。因为黄金是用美元标价的商品,我们通常所说的金价都是美元汇率下跌时,使用其他货币,如欧元和日元的消费者和投资者,就会发现他们使用当地货币购买黄金时金价变得便宜了。这样就刺激了他们的消费,黄金需求增加,使金价走高。而反过来,当美元汇率上涨时,对使用欧元和日元购买黄金的消费者和投资者来说,金价变高了,这样就抑制了他们的消费,黄金需求减少,使金价走低。

汇率对黄金生产国的影响也产生着同样的效果。这是因为当美元汇率上升时,对于出售黄金的国家,如南非和澳大利亚的黄金生产商,会发现他们出售黄金时得到的收入增加了。因为矿山的生产成本是按当地货币计算的,销售黄金后有利可图。这样就会刺激他们出售黄金,甚至把还没有生产出来的黄金提前在市场上做期货销售掉,结果就是市场上的供应增加了,使得金价走低。而在美元汇率下跌时,黄金生产商出售黄金时得到的收入就会减少,这样就会使其推迟出售黄金,把生产出来的黄金尽量地囤积起来,等待市场转好。结果使生产商的供应减少了,金价随之走高。

美元汇率还直接影响到黄金生产商获利。例如,南非的货币兰特在前几年大幅升值,这样生产成本换算成美元时大幅上升,而黄金在出口时换回的兰特数量减少,利润下降,这样生产商的积极性就受到打击而不愿增产,导致产量下降。从黄金的保值角度来看,黄金也是一种商品,而且是保值性好、价格最稳定的商品。所以美元和它的比价直接反映出美元的价值。这样当美元汇率下跌,也就是美元贬值时,金价便会上涨。

六、供应情况

黄金供应主要来自矿产金、再生金、央行售金、生产商对冲减持和逆向投资。再生金指的是回收后再做成金锭投入黄金市场,而非以旧换新。逆向投资是指以前进行的黄金投资反向进行,如把金条卖掉换成货币。

目前每年全球矿山生产的黄金为2000多吨,约占总供应量的70%。从产金分布的地区看,南非、北美和澳洲依然是最主要的产区,但是中国、俄罗斯、印尼、秘鲁等国家的黄金产量也在迅速提高。

黄金生产成本的提高并非是影响产量的主要因素,在最近两年金价虽然上涨了不少,但南非等国家的黄金产量仍在减少。这是因为其老矿区资源已经趋于枯竭,由于前几年金价低迷,勘探和开发工作跟不上,致使可供开采的黄金储量不断减少,因而世界黄金产量的增长有减缓的趋势,除非金价的上涨足以吸引对黄金开采业增加投资。

黄金产量上升会增加市场上黄金总的供应量,因而抑制金价的上涨;反过来金价上涨则会刺激对黄金开采业的投资,使黄金产量增加。

再生金和各个国家地区的经济状况以及金价高低都有密切关系。自1997年开始的东南亚经济危机造成该地区大量黄金回收,是1998年再生金数量突破1000吨的主要原因。而近几年的金价上涨也使2002年以来世界再生金的数量一直保持在每年800吨的水平以上。

逆向投资是黄金投资的方向行为,在金价低迷时,投资黄金的人少,逆向投资的就多;金价上涨,黄金投资增加,逆向投资就少。

七、需求情况

黄金需求主要包括黄金消费和黄金投资两大部分。黄金消费包括首饰业,其他用金业如电子、装饰、医疗等。黄金投资则是指用于储备(指政府、央行、国际组织等的行为)、储备(指企业、机构或者个人行)或投机(既有投资商也有个人)用的金条、金币等。黄金生产商的回购也包括在内。其中首饰是黄金消费中最重要的方面,2005年全球用于首饰的黄金2700吨,占了消费总量的2/3。但是近年来黄金用量由于受到铂金和钻戒等其他材料首饰销量增加,以及用K金首饰代替足金首饰倾向的影响,消费有所下降。

黄金投资受世界政治、经济形势影响,同时也和各个国家、地区的形势有关。除了近两年因为全球地缘政治形势紧张、恐怖主义威胁加大、经济复苏缓慢等造成黄金投资增加之外,我们也看到有其他的因素影响。如在2000年之前,因为"千禧年"的到来造成恐惧,特别是传说计算机系统可能发生问题,许多人纷纷买入金币,造成黄金投资增加。又如2002年初,因为日本银行取消对大额存款的保险,导致日本人大量买入黄金,使黄金投资剧增。

八、影响贵金属走势的其他因素

1. 时间因素

例如节假日是一个影响价格短期波动的重要因素。大的节日如西方的圣诞节,中国、东南亚等国的春节,印度的新年(排灯节)等都是黄金首饰的旺销季节,由于对贵金属的需求增加而使价格上涨。而在节假日前夕,特别是当双休日碰上节假日连休时(国外称之为长周末)由于休息的时间比平常要长,如果在此期间因为其他因素造成价格发生变化,手中持有大量贵金属或者贵金属衍生物的投资者就会有较大的风险,所以在这时职业投资者往往要减少手中持有的仓位以防不测,这对短期价格往往也会有一定的影响。

2. 心理因素

人们的心理对金价也会产生一定的影响,职业投资者往往就利用这点从中牟利。

投资者普遍具有从众心理,往往是买涨不买落。这样当买的人多时价格就上涨,于是吸引更多的人来买,价格就涨得更多。而在金价下跌时,人们怕还会继续下跌,所以买的人就少,而此时先前买入的又会抛售,使得价格下跌不止。另一点是投资者普遍具有求稳心理。当价格快速上涨时,人们希望价格还能回到原来价位,所以很难持久;而在价格逐渐上涨时,人们看到价格难以回到原来价位,所以得以持续。

3. 比价影响

首先是贵金属之间的价格波动,其次是石油的价格影响等,以及外汇往往对所选择的品种产生价格影响。贵金属价格中首先是金银价格的关系,虽然说在更多的情况下使金价带动银价,但是在一定的条件下银价也能带动金价。白银虽然在工业上主要是在电子业和摄影业中需求很大,因而具有相当多的工业金属的属性,但是仍然属于贵金属的范畴。所以人们经常关注金银价格之比,当比值在50~70时被认为是正常的,而当比值过大或过小时就可能由一方需要调整了。

金价本身的高低对黄金需求也造成一定的影响。特别是在像印度这样一些实物贵金属需求国家,当金价上涨时购买黄金的人就减少;反过来,金价下跌时,购买黄金的人就增加。所以当金价上涨时,首饰消费等会下降,使得需求减少。而需求减少又会抑制金价上涨。金价变化的快慢有是对需求的影响更大,特别时当金价突然变化时,需求的变化也比较大,只有金价长期维持一个走势的时候,寻求的变化才会不那么明显。例如,在美国发生"9·11"事件之后金价迅速上涨了40美元,但是在不久之后又归于平静,因为需求跟不上价格的变化。一些消费者会认为金价太高而暂停消费。等到金价缓慢上升,消费者看到金价上涨成必然趋势时,也就不再因为金价高而减少消费了。

4. 资金因素

推进金价走高需要资金,所以当美国(或其他国家)股市走高时,有些投资者就会抛售黄金兑现以便把资金拿去买股票;另外,有时如期货市场出现大幅下跌,也会有投资者抛售黄金兑现用来在期货市场上追加保证金。总之,各个市场之间不是相互隔离,而是相互联系的,所以要注意他们之间的关系。

在以上诸多因素中,供求关系和全球特别是美国的政治、经济形势起主要作用,而且是长期起作用的因素。而各国央行和生产商的策略则对黄金的中期走势影响较大,往往会决定在一个时期内金价的变化。而美元汇率和油价等则经常直接对金价发生影响,所以往往有美元涨、金价跌或者油价涨、金价跌的说法。

第二节 技术分析

技术分析是指通过分析研究当前及历史的市场价格数据的变化规律,从而试图预测市场未来价格走势的一种方法。需要指出的是,技术分析并非建立在严密思维逻辑的基础之上,各种技术分析方法往往都缺乏足够的理论支持。因而往往具有不可重复、认定困难、无法验证和无法自我解释等问题。我们认为技术分析并非科学,而是由经验总结出的一套非严密思维方法,在某些条件下结合多种技术分析方法可能具有一定的实际作用。相关从业人员在运用技术分析时,应当注意相应的风险,切不可过分依赖。

一、技术分析的三个基本假定

1. 市场价格解释一切

技术分析者认为,能够影响某种商品价格的任何因素——基础的、政治的、心理的或任何其它方面的——实际上都反映在其价格之中。技术分析者只需要分析价格的变化即可,而不需要再行研究影响市场价格的各种相关因素。

2. 价格以趋势方式演变

技术分析者认为,"趋势"概念是技术分析的核心。研究价格图表的全部意义,就是要在一个趋势发生发展的早期,及时准确地把它揭示出来,从而达到顺着趋势交易的目的。事实上,技术分析在本质上就是顺应趋势,即以判定和追随既成趋势为目的。

3. 历史会重演

技术分析者认为,技术分析和市场行为学与人类心理学有着千丝万缕的联系。比如价格形态,它们通过一些特定的价格图表形状表现出来,而这些图形表示了人们对某市场看好或看淡的心理。既然它们在过去有效,就可以认为它们在未来同样有效。故而技术分析者认为未来市场的变化趋势可以通过对于历史市场价格变动的规律总结而得。

二、成交量、未平仓合约量与价格的关系

成交量和未平仓合约量的变化会对期货价格产生影响,期货价格变化也会引起成交量和未平仓量的变化。因此,分析三者的变化,有利于正确预测期货价格走势。

1. 成交量、未平仓合约量增加,价格上升。 表示新买方正在大量收购,近期内价格还可能继续上涨。

2. 成交量、未平仓合约量减少,价格上升。 表示卖空者大量补货平仓,价格短期内向上,但不久将可能回落。

3. 成交量增加,价格上升,但未平仓合约量减少。 说明卖空者和买空者都在大量平仓,价格马上会下跌。

4. 成交量、未平仓量增加,价格下跌。 表明卖空者大量出售合约,短期内价格还可能下跌,但如抛售过度,反可能使价格上升。

5. 成交量、未平仓量减少,价格下跌。 表明大量买空者急于卖货平仓,短期内价格将持续下降。

6. 成交量增加、未平仓量和价格下跌。 表明卖空者利用买空者卖货平仓导致价格下跌之际陆续补货平仓获利,价格可能转为回升。

从上分析可见,在一般情况下,如果成交量、未平仓量与价格同向,其价格趋势可继续维持一段时间;如两者与价格反向时,价格走势可能转向。当然,这还需结合不同的价格形态作进一步的具体分析。

三、图形分析

在技术分析中,图形分析是最主要、最普遍的分析方法,包括以下三种最基本的价格图

形。

1. K线图

K线图又可称为蜡烛图。在K线图中，纵轴代表价格，横轴代表时间。按时间单位不同，K线图可分为分时图、日图、周图、月图等。K线图绘制比较简单，以日线图为例，两个尖端，在上的是上影线，在下的是下影线，分别代表当日的最高价和最低价，中间类似蜡烛的长方形称为实体，则表明当日的开盘价和收盘价的范围。在下图左侧图线记录了低开高收的市场情况，即收盘价大于开盘价，称为阳线；实体部分以白色表示。在下图中间图线记录了高开低收的市况，即开盘价大于收盘价，称为阴线；在黑白图中，实体部分以黑色表示。由于每天价格的波动不一样，所以每天出现的阴线或阳线形状也不同。观察K线图，可以很明显地看出该日市况"低开高收"还是"高开低收"。

K 线构成要素

阳线　　　　阴线

同其他走势图一样，K线图的功能在于可以显示市场内买卖双方对目前价格的认同状况，以此来预测价格的未来走势。在K线理论中，不同形状的阴阳线，代表着不同的价格走势。

光头光脚阳线与阴线。以最低价开市，以最高价收市，形成光头光脚阳线。实体幅度越长，显示买气越强盛，后市将转向上升。以最高价开市，以最低价收市，则形成光头光脚阴线。实体幅度越长，显示卖气越强盛，后市将转向下跌。

无上影线的阳线与无上影线的阴线。价格在开市后下跌，然后又回升到比开市价更高处，最后以最高价收市，形成无上影线的阳线，显示市势买气强烈，后市将持续上升。当价位处于低价圈时，价格在最高价开市后持续下跌，收市时略有回升，但收市价仍低于开盘价，形成无上影线的阴线。这种形状属于下跌抵抗型，即在下跌过程中受到买方的抵抗，价位将出现反弹上升。

无下影线的阳线与无下影线的阴线。当价位处于高价圈时，出现以最低价开市后持续上升，收市时回落，但仍比开市价高，形成无下影线的阳线。这种形状属于上升抵抗型，显示上升买气虽大,但卖压沉重,后市将有下跌趋势。当价位处于高价圈时,如开盘后市价上升,但不久就一直下跌,最后以最低价收盘,形成无下影线的阴线。这显示市势卖气甚重,属于先涨后跌型,后市仍有下跌趋势。

十字星。当开市价与收市价处于相同价位的时候,会形成十字星。十字星显示市场内买家与卖家对于目前价格走势犹豫不决,非常谨慎。而随着时间变化,后市将出现重要转折。当高价圈出现十字星时,后市往往转跌;当低价圈出现十字星时,后市常常趋升。但十字星出现后是否转势,还要具体情况具体分析。

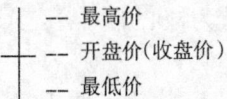

在分析K线图形态时,除了注意其基本形态外,还应注意以下几点:
(1)要注意上影线及下影线的长度关系。当上影线极长而下影线极短时,表明市场上卖方力量较强,对买方予以压制;当下影线极长而上影线极短时,表明市场上卖方受到买方的顽强抗击。
(2)要注意实体部分和上下影线相对长短的比例关系,以此来分析买卖双方的力量。
(3)还要注意K线图所处的价位区域。对于同一K线形态,当出现在不同的地方时,它们的意义与解释不同,甚至完全相反。比如,K线实体上下都带长影线,如果出现在上升行情末期,则一般意味着天价的形成;如果出现在下跌行情末期,则一般意味着底价的出现。又如上下影线的阳线锤子和阴线锤子,如出现在高价位时,一般预示后市转跌,若出现在低价位时,一般预示后市看涨。所以,进行K线图分析,就要观察阴线或阳线各部分之间的长度比例关系和阴阳线的组合情况,以此来判断买卖双方实力的消长,来判别价格走势。

2.条形图

条形图是价格图中最简单的一种。按时间不同,又可分为分时图、日图、周图、月图等。以日条形图为例,每个交易日由一条连接当日最高价和最低价的竖线表示,当日开盘价由一条与竖线相交、位于竖线左侧的短横线表示;当日收盘价由一条与竖线相交,位于竖线右侧的短横线表示(通常,开盘价省略)。

低开高走　　　　　　　　高开低走

3. 点数图

点数图,又称OX图,是以点数为单位记录价格变化的图形。

在点数图中,纵轴代表价格,每一小格代表价格的货币单位,俗称规格。每一小格代表多少货币价格单位,通常由制图者自行选择。其横轴不代表任何固定的时间单位,只是随时间推移,价格一栏一栏反复地变动。因此,点数图既不记录成交量,也不记录时间。在点数图中,用X表示价格上升,O表示价格下降。当价格连续上升或下降,就在同一纵列方格按垂直方向填上X或O符号;当价格出现相反趋势,就在相邻的纵列中填上新的活动方向。

```
                ⊗
        ⊗    0              0
        ⊗    0    ⊗         0
        ⊗    0    ⊗    ⊗  0  0
        ⊗    0    ⊗    ⊗  0  0
```

四、趋势分析

1. 趋势的定义

在技术分析这种市场研究方法中,趋势的概念是较为核心的内容。图表分析的目的是辅助我们估量市场趋势,从而顺应着趋势的方向做交易。

从一般意义上说,趋势就是市场何去何从的方向。不过,为了便于实际应用,我们需要更具体的定义。在通常情况下,市场不会朝任何方向直来直去,市场运动的特征就是曲折蜿蜒,具有相当明显的峰和谷。所谓市场趋势,正是由这些波峰和波谷依次上升或下降的方向所构成的。无论这些峰和谷是依次递升,还是依次递降,或者横向延伸,其方向就构成了市场的趋势。所以,我们把上升趋势定义为一系列依次上升的峰和谷;把下降趋势定义为一系列依次下降的峰和谷;把横向延伸趋势定义为一系列依次横向伸展的峰和谷。

2. 趋势的方向

市场具有三个运动方向——上升、下降以及横向延伸。且根据道氏理论,趋势通常还可以划分为三种类型。亦即主要趋势、次要趋势和短暂趋势。实际上在市场上,从覆盖几分钟或数小时的非常短暂的趋势开始,到延续50年乃至100年的极长期趋势为止,随时都有无数个大大小小的趋势同时并存、共同作用。

五、形态分析

1. 价格形态

价格形态是股票或期货价格图上的特定图样,它们具有预测性价值,我们可以把它们分门别类。

2. 形态具有两个类别反转型和持续型

价格形态有两种最主要的分类——反转型形态和持续型形态。反转形态名符其实,意味着趋势正在发生重要反转;相反的,持续形态显示市场很可能仅仅是暂时作一段时间的休整,把近期的超买或超卖状况调整一番,过后,现存趋势仍将继续发展。关键是,必须在形态形成的过程中尽早判别出其所属类型。

五种最常用的主要反转形态是:头肩形、三重顶(底)、双重顶(底)、V字顶(底)以及圆形(盆形)顶(底)等形态。

交易量在所有价格形态中,都起到重要的验证作用。在形势不明时,研究一下与价格数据伴生的交易量形态,是判断当前价格形态是否可靠的决定性办法。

绝大多数价格形态各有其具体的测算技术,可以确定出最小价格目标。虽然这些目标仅仅是对下一步市场运动的大致估算,但仍有助于交易商确定其报偿—风险比。持续型形态,包括三角形、旗形和三角旗形、楔形以及矩形。这类形态通常反映出现行趋势正处于休整状态,而不是趋势的反转,因此,通常被归纳为中等的或次要的形态,算不上主要形态。

(1)反转形态所共有的基本要素 所有反转形态共有的6个基本要素有以下几点。

①在市场上事先确有趋势存在,是所有反转形态存在的前提。

②现行趋势即将反转的第一个信号,经常是重要的趋势线被突破。

③形态的规模越大,则随之而来的市场动作越大。

④顶部形态所经历的时间通常短于底部形态,但其波动性较强。

⑤底部形态的价格范围通常较小,但其酝酿时间较长。

⑥交易量在验证向上突破信号的可靠性方面,更具参考价值。

(2)事先存在趋势的必要性 市场上确有趋势存在是所有反转形态存在的先决条件。市场必须先有明确的目标,然后才谈得上反转。在图表上,偶尔会出现一些与反转形态相像的图形,但是如果事前并无趋势存在,那么它便无物可反,因而意义有限,在我们辨识形态的过程中,正确把握趋势的总体结构,有的放矢地对最可能出现一定形态的阶段提高警惕,是成功的关键。

正因为反转形态事先必须有趋势可反,所以它才具备了测算意义。绝大多数测算技术仅仅给出最小价格目标,那么,最大图标就是事前趋势的起点。如果市场发生过一轮主要的牛市,并且主要反转形态已经完成,就预示着价格向下运动的最大余地便是100%地回撤整个牛市,从它的终点回到它的起点。

(3)重要趋势线的突破 即将降临的反转过程,经常以突破重要的趋势线为其前兆。不过要记住,主要趋势线被突破,并不一定意味着趋势的反转。这个信号本身的意义是,原趋势正有所改变。主要向上趋势线被突破后,或许表示横向延伸的价格形态开始出场,以后,随着事态的进一步发展,我们才能够把该形态确认为反转型或连续型。在有些情况下,主要趋势线被突破同价格形态的完成恰好同步实现。

(4)形态的规模越大,则随之而来的市场动作越大 这里所谓规模大小,是就价格形态的高度和宽度而言的。高度标志着形态的波动性的强弱,而宽度则代表着该形态从发展到完成所花费的时间的多寡。形态的规模越大——即价格在形态内摆动的范围(高度)越大、经历的时间(宽度)越长——那么该形态就越重要,随之而来的价格运动的余地就越大。

(5)顶和底的差别 顶部形态与底部形态相比,"顶"的持续时间短但波动性更强。在顶部形态中,价格波动不但幅度更大,而且更剧烈,它的形成时间也较短。底部形态通常具有较小的价格波动幅度,但耗费的时间较长。正因如此,辨别和捕捉市场底部比捕捉其顶部,通常来得容易些,损失也相应少些。不过对喜欢"压顶"的朋友来说,尚有一点可资安慰,即价格通常倾向于跌快而升慢,因而顶部形态尽管难于对付,却也自有其引人之处。通常,交易商在捕捉住熊市的卖出机会的时候比抓住牛市的买入机会的时候,盈利快得多。事实上,一切都是风险与回报之间的平衡。较高的风险从较高的回报中获得补偿,反之亦然。顶部形态虽然更难捕捉,却也更具盈利的潜力。

(6)交易量在验证向上突破信号时更具重要性 交易量一般应该顺着市场趋势的方向相应的增长,这是验证所有价格形态完成与否的重要线索。任何形态在完成时,均应伴随着交易量的显著增加。但是,在趋势的顶部反转过程的早期,交易量并不如此重要。一旦熊市潜入,市场惯于"因自重而下降"。图表分析者当然希望看到,在价格下跌的同时,交易活动也更为活跃,不过,在顶部反转过程中,这不是关键。然而,在底部反转过程中,交易量的相应扩张,却是绝对必需的。如果当价格向上突破的时候，交易量形态并未呈现出显著增长的态势，那么，整个价格形态的可靠性，就值得怀疑。

六、移动平均线分析

1. 移动平均线(MA)

移动平均是统计学中的一种有限脉冲响应滤波器量化分析的方法。是指将起始一定时间区间内的市场价格作为一个子价格组并取平均值，然后通过在此子价格组中去掉最早的一个市场价格并加入原子价格组后面一个市场价格使得第二个子价格组前移一位并取平均值，以此规律类推，一直将所有市场价格覆盖为止。将所有子价格组的平均值在图线上标出并连接后便可得一条移动平均线。根据数据处理方法的差异，移动平均可以分为算数移动平均(SMA)、累计平均移动(CMA)、加权移动平均(WMA)、及指数平均移动(EMA)等。

2. 移动平均线：具有滞后特点的平滑工具

移动平均线实质上是一种追踪趋势的工具。目的在于识别和显示旧趋势已经终结或反转、新趋势正在萌生的关键契机。它以跟踪趋势的进程为己任。我们也可以把它看成弯曲的趋势线。这里必须明确，正统的图表分析从不企图领先于市场。移动平均线也不例外，它也不超前于市场行为，它追随着市场。仅当事实发生之后，它才能告诉我们，新的趋势已经启动了。

移动平均线是一种平滑工具。通过计算价格数据的平均值，我们求得一条起伏较为平缓的曲线。从这条较平滑的曲线上，我们大大地简化了探究潜在趋势的工作。不过，就其本质来说，移动平均线滞后于市场变化。较短期的移动平均线，比如5天或10天的平均线，比40天的平均线更贴近价格变化。可是，尽管较短期的平均线能减少时滞的程度。但绝不能彻底地消除之。短期平均线对价格变化更加敏感，而长期移动平均线则迟钝些。在某些市场上，采用短期移动平均线更有利。而在另外的场合，长期平均线虽然迟钝，也能发挥所长。

3. 移动平均线的使用

大部分分析者使用双移动平均线或三移动平均线的组合。其中，各种平均值均由收市价算得。最常用的移动平均值天数为5天、10天、20天和40天，或者是这些数字的某种变通(例如4天、9天、18天)。一个期货品种必定会有一组最佳的移动平均线，选择最佳的移动平均线组合，需要计算机进行复杂的运算，目前一般的投资者很难做到。但是，投资者可以对某一期货品种的移动平均线组合进行比较，选择适合自己的、比较好的移动平均线组合。

利用移动平均线买卖的方法大致上有以下几点。

(1)收市价高于平均线时买入；收市价低于平均线时卖出。

(2)当市价由下而上，上涨超越平均线时买入；当市价由上而下，跌破平均线时卖出。

(3)利用两条时间长短不同的移动平均线买卖。当短期移动平均线由下而上，涨过长期移动平均线时买入；如果短期移动平均线由上而下，跌穿长期移动平均线时卖出。

(4)当收市价高于短期、长期两条移动平均线时买入，当价位低于其中一条平均线时马上平仓；当收市价低于短期、长期两条移动平均线时卖出，当价位高于其中一条平均线时立刻平仓等。

七、随机指标分析

1. 随机指标的种类

随机指标有动力指数(MTM)、变化速度指数(ROC)、摆动指数(OSC)、相对强弱指数(RSI)、随机指数(KDJ)、威廉指标(WMS)等。现在介绍一些主要的随机指标。

(1)相对强弱指数(RSI)　相对强弱指数(Relative Strength Index)是反映市场气势强弱的指标,它通过计算某一段时间内价格上涨时的合约买进量占整个市场中买进与卖出合约总量的份额,来分析市场超买和超卖情况及市场多空力量对抗态势,从而判断买卖时机。

相对强弱指数的计算分两步

第一,计算价格变动之和。使用的价格为收盘价。选定若干天作为计算的基础,若其中数日市场收盘价较前日收盘价上升,以较高的收盘价减去较低的收盘价,并逐一相加得出若干天中价格的升幅之和;同理可以计算出若干天中价格的跌幅之和。

第二,计算RSI值,公式为如下。

RSI=100-100×(价格跌幅之和)/(价格跌幅之和+价格升幅之和)

即RSI=100-100×(价格跌幅之和)/(价格升跌幅之总和)

根据采样的天数可以计算多种RSI,如6日RSI、12日RSI、24日RSI。一般大多采用6日RSI。RSI的值在0到100之间。值越大,表明市场上卖气越弱、买气越强;值越小,说明市场上买气越弱,卖气越强。一般说,RSI值超过75或80为超买区,低于20或25为超卖区。

通常将RSI值和移动平均线、K线图等画在一起,以移动平均线或K线图观测市场趋势,以RSI值图分析市场买卖双方力量对比的变动,相互补充。使用RSI值图的技术分析者最看重的是与RSI值图的背离。当新的RSI值低于前高点而价格线却创新高点时,表明上升趋势可能逆转,当RSI降低到以前的低点时逆转便成定局。跌势逆转的判断相反。

但是,运用相对强弱指数测市时,除了应注意背离走势外,还应注意切不可因为相对强弱指数已进入超买超卖区便盲目入市。因为,在超买超卖区内,有时即使相对强弱指数的微幅波动,价位也可能持续大涨或大跌。也就是说,在"一边倒"的行情中,相对强弱指数可能失真。

(2)随机指标(KDJ)　随机指标,又称KD线,是指以K线和D线的组合变化来说明市场价格变化的技术指标。K值是当前收盘价处于当期极点高价与低价差额的相对比例。比例高显示当前市价偏向靠近极点高价,比例低显示当前市价偏向靠近极点低价,通过水平变动的数值,可以说明市场内部动力的增减情况。D值是累积极点高低价差额,比较当前市价处于当期极点高低价差额的总和,然后再求出相对比例。将K、D值画在坐标图中,连点成线,就可得到K线、D线。

同相对强弱指数一样,随机指标的值介于0~100,它们的变动同样可以反映市场买卖双方的力量对比。K、D值越高,买气越盛,卖气越弱;相反则买气越弱,卖气越盛。K、D值达到70或75以上时,市场处于超买状态,低于25或30时,市场处于超卖状态。

如果市场处于明显的涨势,它会先带动K线上升,然后带动D线;如果市场处于显著的跌势,同样是先带动K线下跌,其次才是D线。当K线从下穿过D线时,特别是两线相交且上升时,证明市场走势向上,应买入合约;当K线从上向下穿过D线时,特别是两线相交且下跌时,证明市场走势向下,应卖出合约。

(3)指数平滑异同移动平均线(MACD)

指数平滑异同移动平均线(Moving Average Convergence/Diveregence Trading Method),是运用快速与慢速的移动平均线聚合与分离的特点,加以双重平滑运算,用以研判买卖时机。是对中期行情趋势进行分析研判的一种常用辅助工具。

在应用上应先算出短期移动平均线与长期移动平均线,再测量出这两个数值的差离值,即:短期移动平均线之值-长期移动平均线之值。在持续涨势中,短期移动平均线会在长期移动平均线之上,其间的正差离值(+DIF)会越来越大;反之在跌势中,负差离值(-DIF)亦会增大。在行情开始回转时,正或负差离值会缩小。计算公式如下。

MACD=DIF-DEM 其中,DIF为快速移动平均线-慢速移动平均线之差;DEM为DIF的移动平均线,即DEM=Σ(DIF)/N,N通常以9天计算。在一般使用上,短期均线以12天及25天较普遍,长期均线以26天或50天较普遍,即MACD(12,26,9)或MACD(25,50,9)。

通常情况下,①当DIF与DEM在0轴线之上,是为多头市场;反之则为空头市场;②当DIF向上突破DEM与0轴线,为买进信号。但若仍在0轴线以下,仅适宜空头平仓;③当DIF向下跌破DEM与0轴线,为卖出信号。但若仍在0轴线以上,仅适宜多头平仓;④当K线图上,期价一头比一头高,MACD图形却一头比一头低,或者反之,则称之为"背离讯号",通常有较强的测市意义。

2. 随机指标的局限性

背离现象分析是随机指标最大的长处。但是,绝不可过分依赖背离现象分析,随机指标的买入信号处在上升趋势中较为可靠,而随机指标的卖出信号处在下降趋势中才更有效。当我们分析市场的时候,首要的是确认市场的一般趋势。如果趋势向上,则应采取买入的策略。然后,我们才利用随机指标来帮助我们寻求入市时机。当市场在上升趋势过程中处于超卖状态时,我们买入。而当市场在下降趋势中处于超买状态时,我们卖出。或者举例来说,在主要上升趋势的条件下,当指示线向上穿越零线时,我们买入;在下降趋势的条件下,当指示线向下穿越零线时,我们卖出。顺着主要趋势的方向交易这一点很关键,如果我们过于迷信随机指标很容易会遭受损失。

八、三大经典理论简介

1. 道氏理论(基本原则)

(1)平均价格包容消化一切因素。

(2)市场具有三种趋势 道氏把趋势分成三类——主要趋势、次要趋势和短暂趋势。主要趋势如同海潮,次要趋势(或称中趋势)是潮汐中的浪涛,而短暂趋势则是浪涛上泛着的波纹。次要趋势(或中趋势)代表主要趋势中的调整,通常持续三个星期到三个月。短暂趋势(或小趋势)通常持续不到三个星期,是中趋势中较短线的波动。

(3)交易量必须验证趋势 道氏认为交易量分析是第二位的,但作为验证价格图表信号的旁证却具有重要价值。当价格在顺着大趋势发展的时候,交易量也应该相应递增。如果大趋势向上,那么在价格上涨的同时,交易量应该日益增加,而当价格下跌时,交易量应该日益减少。在一个下降趋势中,情况正好相反,当价格下跌时,交易量扩大,而当价格上涨时交易量则萎缩。

(4)唯有发生了确凿无疑的反转信号之后,才能判断一个既定的趋势已经终结 对信奉道氏理论者或者"因势导利"者来说,最困难之处就在于要有能力把大趋势中常见的次要调整,同掉头反转的新趋势的第一轮冲锋区分清楚。关于什么样的情形才是真正的反转信号,这一点在顺应趋势派中还有争议。

2. 波浪理论

(1)艾略特波浪理论的基本原理 拉尔夫·纳尔逊·艾略特(Ralph Nelson Elliott),是波浪理论的创始人。波浪理论具有三个重要方面——形态、比例和时间,其重要性依上述次序递减。所谓形态,指波浪的形态或构造,这是波浪理论最重要的部分。而比例分析的意思是,通过测算各个波浪之间的相互关系,来确定回撤点和价格目标。最后一方面是时间,各波浪之间在时间上也相互关联,我们可以利用这种关系来验证波浪形态和比例。有些分析人士认为,时间关系在进行市场预测时较不可靠。

艾略特理论主要应用在股价指数,特别是道琼斯工业股票指数的分析上的。在波浪理论最基本的形式是,股票市场遵循着一种周而复始的节律,先是5浪上涨,随之有3浪下跌,是一个完整的周期。数一数其中波浪的数目,那么,一个完整的周期包含8浪——5浪上升,3浪下降。在周期的上升阶段,每一浪均以数字编号。1浪、3浪和5浪是上升浪,称为主浪,而2浪和4浪的方向与上升趋势的方向相反,因为2浪和4浪分别是对1浪和3浪的调整,故称之为调整浪。上述五浪完成后,出现了一个三浪形式的调整。这三个波浪分别用字母a,b,c来表示。

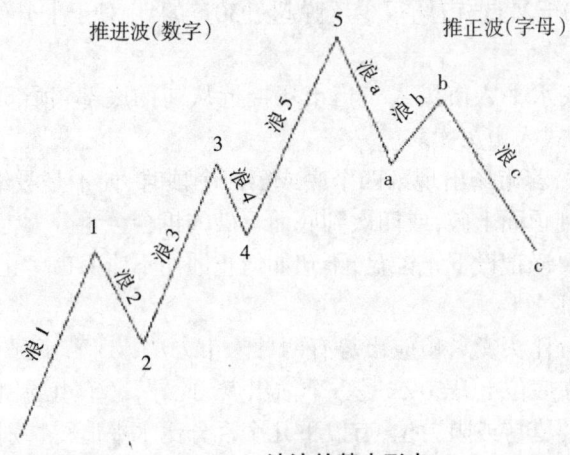

波浪的基本形态

关于各个波浪本身的结构问题,很重要一点就是要考察清楚它们的规模。我们知道,趋势具有很多的规模层次。艾略特把趋势的规模划分成9个层次,上达覆盖200年的超长周期,下至仅仅延续数小时的微小尺度。关键的是我们要记住,不管我们所研究的趋势处于何等规模,其基本的八浪周期总是不变的。

这样,每一浪都可以向下一层次划分成小浪,而小浪同样可以进一步向更下一层次划分出更小的浪。反之亦然,每一浪本身也是上一层次波浪的一个组成部分。最大规模的二浪——浪①和浪②——可以划分成8个小浪,然后,这8个小浪再细分,共得到34个更小的浪。而最大的浪——浪①和浪②——只是更高一层次的五浪上升结构中的二个浪而已。在图中最右侧,高一层次的③浪呼之欲出。把34个小浪再细分到其下一层次,就得144个小浪。

(2)波浪理论的应用 如果波浪理论是可靠的,则在我们了解当前所处在浪的位置,便可对于大势进行预测。

例如:如果我们发现了3浪的调整波且认为当前正处于调整波的末尾,则我们可以预测一个5浪的推进波将会到来。

(3)波浪理论的问题 波浪理论的根本问题在于波浪位置识别的困难以及对于同一形态可以有多种解释。由于波形的复杂,同一个波可以被认为是一个推进波,也可以被认为是一个大浪中的调整波,且很难找到准确的答案。这就极大地制约了波浪理论的可行性。事实上,这也是技术分析所共有的缺陷之一。

3.江恩法则

江恩总结45年在华尔街投资买卖的经验,写成以下十二条买卖规则:

(1)决定趋势　江恩认为,决定趋势是最为重要的一点,对于股票而言,其平均综合指数最为重要,以决定大市的趋势。此外,分类指数对于市场的趋势亦有相当启示性。所选择的股票,应以根据大市的趋势者为主。

在应用上,他建议使用三天图及九点平均波动图。三天图的意思是,将市场的波动,以三天的活动为记录的基础。这三天包括周六及周日。三天图表的规则是,当三天的最低水平下破,则表示市场会向下,当三天的最高水平上破,则表示市场会出现新高。

"九点平均波动图"的规则是:若市场在下跌的市道中,市场反弹低于9点,表示反弹乏力。超过9点,则表示市场可能转势,在10点之上,则市势可能反弹至20点,超过20点的反弹出现,市场则可能进一步反弹至30至31点,市场很少反弹超过30点的。对于上升的市道中,规则亦一样。

(2)在单底,双底或三底水平入市买入　当市场接近从前的底部,顶部或重要阻力水平时,根据单底,双底或三底形式入市买卖。

不过投资者要特别留意,若市场出现第四个底或第四个顶时,便不是吸纳或沽空的时机,根据江恩的经验,市场四次到顶而上破,或四次到底而下破的机会会十分大。

在入市买卖时,投资者要谨记设下止蚀盘,不知如何止蚀便不应入市。止蚀盘一般根据双顶、三顶幅度而设于这些顶部之上。

(3)根据市场波动的百分比买卖　顺应市势有两种入市方法:1)若市况在高位回吐50%,是一个买入点。2)若市况在底位上升50%,是一个沽出点。此外,一个市场顶部或底部的百分比水平,往往成为市场的重要支持或阻力位,有以下几个百分比水平值得特别留意。

①3%~5%
②10%~12%
③20%~25%
④33%~37%
⑤45%~50%
⑥62%~67%
⑦72%~78%
⑧85%~87%

其中,50%,100%以及100%的倍数皆为市场重要的支持或阻力水平。

(4)根据三个星期上升或下跌买卖

①当趋势向上时,若市价出现三周的调整,是一个买入的时机。
②当趋势向下时,若市价出现三周的反弹,是一个沽出的时机。
③当市场上升或下跌超过30天时,下一个留意市势见顶或见底的时间应为42至29天。
④若市场反弹或调整超过45天至49天时,下一个需要留意的时间应为60至65天。

(5)市场分段波动　在一个升市之中,市场通常会分为三段甚至四段上升的。在一个下跌趋势中,市场亦会分三段,甚至四段浪下跌的。

(6)根据五或七点上落买卖

①若趋势是上升的话,则当市场出现5至7点的调整时,可作趁低吸纳,通常情况下,市场调整不会超过9至10点。

②若趋势是向下的话,则当市场出现5至7点的反弹时,可趁高沽空。
③在某些情况下,10至12点的反弹或调整,亦是入市的机会。
④若市场由顶部或底部反弹或调整18至21点水平时,投资者要小心市场可能出现短期市势逆转。

(7)成交量　江恩认为,利用成交量的纪录决定市场的走势,有以下几条规则。
①大成交量经常伴着市场顶部出现。
②市场下跌,成交量续渐缩减的时候,市场底部随即出现。
③成交量的分析必须配合市场的时间周期,否则收效减弱。
④当市场到达重要支持或阻力位,而成交量的表现配合见顶或见底的状态时,市势逆转的机会便会增加。

(8)时间因素　江恩认为在一切决定市场趋势的因素之中,时间因素是最重要的一环。原因有以下几点。
①时间超越价位平衡
a.当市场在上升的趋势中,其调整的时间较之前的一次调整的时间要长,表示这次市场下跌乃是转势。此外,若价位下跌的幅度较之前一次价位上升的幅度为大的话,表示市场已经进入转势阶段;
b.当时间到达,成交量将增加而推动价位升跌。
c.在市场分三至四段浪上升或下跌时,通常末段升浪无论价位及时间的幅度上都会较前几段浪为短,这现象表示市场的时间循环已近尾声,转势随时出现。
②转势时间
江恩特别列出,一年之中每月重要的转势时间如下,
1月7日至10日及1月19日至24日,2月3日至10日及2月20日至25日,3月20日至27日,4月7日至12日及4月20日至25日,5月3日至10日及5月21日至28日,6月10日至15日及6月21日至27日,7月7日至10日及7月21日至27日,8月5日至8日及8月14日至20日,9月3日至10日及9月21日至28日,10月7日至14日及10月21日至30日,11月5日至10日及11月20日至30日,12月3日至10日及12月16日至24日。

在上面所列出的日子中,相对于中国历法中的24个节气时间。从天文学角度,乃是以地球为中心来说,太阳行走相隔15度的时间。

(9)市场趋势所运行的日数　除了留意一年里面,多个可能出现转势的时间外,留意一个市场趋势所运行的日数,是异常重要的。由市场的重要底部或顶部起计,以下是江恩认为有机会出现转势的日数。
7至12天,18至21天,28至31天,42至49天,57至65天,85至92天,112至120天,150至157天,175至185天,周年纪念日。

江恩认为,将市场数十年来的走势作一统计,研究市场重要的顶部及底部出现的月份,投资者便可以知道市场的顶部及底部会常在哪一个月出现。要留意的包括以下几点。
①市场的重要顶部及底部周年纪念日　纪念日的意义是,市场经过重要顶部或底部后的一年、两年、甚至十年,都是重要的时间周期。
②重要消息的日子,当某些市场消息入市而引致市场大幅波动　此外,消息入市时的价位水平,这些水平经常是市场的重要支持或阻力位水平。

(10)当出现新底或新高时买入或卖出

①当市价开创新高,表示市势向上,可以追市买入。

②当市价下破新底,表示市势向下,可以追沽。

在应用上面的简单规则前,江恩认为必须特别留意时间的因素,特别要注意以下几点。

a.由从前顶部到底部的时间;

b.由从前底部到底部的时间;

c.由重要顶部到重要底部时间;

d.由重要底部到重要顶部的时间。

江恩在这里的规则,言下之意是,如果市场上创新高或新低,表示趋势未完。若所预测者为顶部,则可从顶与顶之间的日数或底与顶之间的日数配合分析;相反,若所预期者为底部,则可从底与底之间及顶与底之间的日数配合分析,若两者都到达第三的日数,则转势的机会便会大增。

除此之外,市场顶与顶及底与顶之间的时间比,例如:1倍、1.5倍、2倍等,亦为计算市场下一个重要转势点的依据。

(11)决定大市趋势的转向 根据江恩对市场趋势的研究,一个趋势逆转之前,在图表形态上及时间周期上都是有迹可循的。

在时间周期方面,江恩认为有以下几点值得特别留意。

①市场假期 市场的趋势逆转,通常会刚刚发生在假期的前后。

②周年纪念日 投资者要留意市场重要顶部及底部的1、2、3、4或5周年之后的日子,市场在这些日子经常会出现转势。

③趋势运行时间 由市场重要顶部或底部之后的15、22、34、42、48或49个月的时间,这些时间可能会出现市势逆转。

在价位形态方面,江恩则建议以下几点。

①升市 当市场处于升市时,可参考江恩的九点图及三天图。若九点图或三天力下破对上一个低位,表示市势逆转的第一个信号。

②跌市 当市场处于跌市时,若九点图或三天图上破对上一个高位,表示市势见底回升的机会十分大。

(12)最安全的买卖点 出入市的策略亦是极为重要的,江恩对于跟随趋势买卖,有以下的忠告。

①当市势向上的时候,追买的价位永远不是太高。

②当市势向下的时候,追沽的价位永远不是太低。

③在投资时谨记使用止蚀盘以免招巨损。

④在顺势买卖,切忌逆势。

⑤在投资组合中,使用去弱留强的方法维持获利能力。

至于入市点如何决定,江恩的方法非常传统:在趋势确认后入市是最为安全的。在市势向上时,市价见底回升,出现第一个反弹,之后会有调整,当市价无力破底而转头向上,上破第一次反弹的高点的时候,便是最安全的买入点。止蚀位方面,则可设于调整浪底之下。在市势向下时,市价见顶回落,出现第一次下跌,之后市价反弹,成为第二个较低的顶,当市价再下破第一次下跌的底部时,便是最安全的沽出点,止蚀位可设于第二个较低的顶部之上。

(13)快市时价位上升 市价上升或下跌的速度,为界定不同市势的准则。江恩认为,若市场是快速的话,则市价平均每天上升或下跌一点,若市场平均每天上升或下跌两点,则市场已超出正常的速度,市势不会维持过久。这类的市场速度通常发生于升市中的短暂调整,或者是跌市中的短暂时间反弹。 在应用上面要特别注意:江恩所指的每天上升或下跌一点,每天的意思是日历的天数,而非市场交易日,这点是江恩分析方法的特点。在图表上将每天上升或下跌10点连成直线,便成为江恩的1×1线,是界定市场行情好淡的分水岭。若市场出现升市中的调整或跌市中的反弹,速度通常以每天20点运行,亦即1×2线。

江恩其中一个重要的观察是:"短暂的时间调整价位"。江恩认为,当市场处于一个超买阶段,市场要进行调整。若调整幅度小的话,则调整所用的时间便会相对地长;相反,若市场调整的幅度大的话,则所需要的时间便会相对地短。

第三节 资金管理与交易策略

一、资金管理及交易策略制定的原则
1.投资适合原则

金融领域中,没有任何一个投资产品组合是适合所有投资者的。每个投资者都有其特有的投资目标、风险承受能力、投资知识及经验。作为一个合格的从业人员,需要在与投资者签订任何协议之前,通过面对面访谈、书面问卷、背景调查等方式客观了解该客户的资金来源,维持目标生活标准所需资金、日常工作性质等信息,并据此定制该客户的投资策略及政策规范,并交由客户认可签字。而后根据规范与客户签订相符的金融产品投资协议。当投资环境发生明显变化时,从业人员可以与投资者协商对原先的规范进行修订。当客户与从业人员所属公司发生纠纷时,该规范可作为解决纠纷的一项依据。

2.投资分散化原则

现代金融理论认为,投资多种金融产品可以有效降低系统风险并增加收益。在贵金属投资中,投资者需要具备全局投资观念,而不应局限于某一投资产品的涨跌中。例如,投资者可能投资于黄金、白银、股票、基金、债券等金融产品,这些金融产品间可能具有弱或负相关性,例如:黄金价格的下跌可能伴随着股票价格的上涨,从而弥补了该投资者的损失。只要通过精密量化的分析,我们完全可以制定出一套适合投资者投资目标及风险承受能力的投资组合,从而使投资者的投资最优化。

3.风险管理

风险管理方式除了仓位控制外,更为精密的风险管理手段还包括VaR及由其衍生的CVaR、压力测试和Monte Carlo模拟等。从业人员可以根据与投资者的协议,无偿或有偿地向其提供相应的风险管理服务。

VaR(Value at Risk)风险价值又称在险价值。VaR是在一定的置信水平上的金融产品或产品组合在未来特定时间内的最大损失风险。JP.Morgan定义,VaR是在既定头寸被冲销(be neutraliged)或重估前可能发生的市场价值最大损失的估计值。

$VaR = E(W) - W^*$ 其中$E(W)$为资产组合的预期价值;W为资产组合的期末价值。W^*为投资组合的最低期末价值

二、影响资金管理及交易策略制定的三个要素

在资金管理及交易策略的制定过程中,我们必须考虑以下三个方面的重要因素:价格预测、时机抉择和资金管理。

1. 价格预测,所预期未来市场的趋势

在市场决策过程中,这是极关键的第一个步骤。通过预测,交易者决定到底是看涨,还是看跌,从而回答了我们的基本问题:我们应该以多头一边入市,还是以空头一边入市。如果价格预测是错误的,那么以下的一切工作均不能奏效。

2. 时机抉择

在交易中,时机抉择也是极为关键的。因为贵金属交易行业具有较低的保证金要求(高杠杆率)的特点,所以我们没有多大的回旋余地来挽回错误。尽管我们已经正确地判断出了市场的方向,但是如果把入市时机选择错了,那么依然可能蒙受损失。就其本质来看,时机抉择问题几乎完全是技术性的。因此,即使交易者是基础分析型的,在确定具体的入市、出市点这一时刻,仍然必须借助于技术工具。

3. 资金的配置问题

其中包括投资组合的设计,多样化的安排,在各个市场上应分配多少资金去投资或冒险,止损指令的用法,报偿——风险比的权衡,在经历了成功阶段或挫折阶段之后分别采取何种措施,以及选择保守稳健的交易方式还是大胆积极的方式等等方面。

可以用最简洁的语言把上述三要素归纳为:价格预测告诉交易者怎么做(买进还是卖出),时机抉择帮助他决定何时做,而资金管理则确定用多少钱做这笔交易。

三、资金管理

资金账户的大小、投资组合的搭配,以及在每笔交易中的金额配置等等诸如此类的问题,都能影响到的交易成绩。

1. 普遍性资金管理要领

(1)总投资额必须限制在全部资本的50%以内 余额可以投入短期政府债券。这就是说,在任何时候,交易者投入市场的资金都不应该超过其总资本的一半。剩下的一半是储备,用来保证在交易不顺手的时候或临时支用时有备而无患。比如说,如果账户的总金额是100000美元,那么其中只有50000可以动用,投入交易中。

(2)在任何单个的市场上所投入的总资金必须限制在总资本的10%到15%以内 因此,对于一个100000美元的账户来说,在任何单独的市场上,最多只能投入10000到15000美元作为保证金存款。这一措施可以防止投资者在一个市场上注入过多的本金,从而避免风险过度集中。

(3)在任何单个市场上的最大总亏损金额必须限制在总资本的5%以内 这个5%是指投资者在交易失败的情况下,将承受的最大亏损。在我们决定应该做多少张合约的交易,以及应该把止损指令设置在多远以外时,这一点是我们极为重要的出发点。因此,对于100000美元的账户来说,可以在单个市场上冒险的资金不超过5000美元。

(4)在任何一个市场群类上所投入的保证金总额必须限制在总资本的20%~25% 这一条禁忌的目的,是防止投资者在某一类市场中陷入过多的本金。同一群类的市场,往往步调一致。例如,金市和银市是贵金属市场群类中的两个成员,它们通常处于一致的趋势下。如果我们把全部资金头寸注入同一群类的各个市场,就违背了多样化的风险分散原则。因此,我们应当控制投入同一商品群类的资金总额。

上述要领在行业中是通行的,不过我们也可以对之加以修正,以适应不同投资者的具体需要。有些投资者更大胆进取,往往持有较大的头寸。也有的投资者较为保守稳健。这里的重点就在于,我们必须采取适当的多样化的投资形式,未雨绸缪,防备亏损阶段的降临,以保护资本。

2. 决定头寸的大小

一旦投资者决定在某市场开立头寸,并且选准了入市时机,下面就该决定买卖多少张合约了。我们这里采用10%的规定,即把总资本(如100000美元)乘以100,就得出在每笔交易中可以注入的金额。在上例中100000美元的10%是10000美元。我们假定每张黄金合约的保证金要求为2500美元,那么10000美元除以2500美元得4,即投资者可以持有四张黄金合约的头寸。如果每张长期国债合约的保证金是5000美元,那么我们只能持有2张长期国债合约。如果每张S&P500合约的保证金是6000美元,那么我们只能持有一张合约。在这种情况下,或者我们必须权衡一下,看看该不该持有2张合约(那就占到总资本的12%了)。

3. 分散投资与集中投资

虽然分散投资是限制风险的一个办法,但也可能过度分散。如果投资者在同一时刻把交易资金散布于太多市场的话,那么其中为数不多的几笔盈利,就会被大量的亏损交易冲抵掉。这里头也有个一半对一半的机会,因此我们必须找到一个合适的平衡点。有些成功的交易者把他们的资金集中于少数几个市场上。只要这些市场在当时处于趋势良好的状态,那就大功告成。在过于分散和过分集中这两个极端之间,我们两头为难,偏偏又没有绝对牢靠的解决办法。依经验来看,同时在四到六个不相干的市场上持有头寸,或许是一条中庸之道。关键的一点是"不相干"。我们所选择的市场之间的相关性越小,则越能取得分散投资的功效。如果我们只是同时在四种外汇市场上持有多头头寸,那么,算不得是优越的分散投资。

4. 设置保护性止损指令

止损指令的设置,交易者必须把价格图表上的技术性因素,与资金管理方面的要求进行综合的研究。交易者应当考虑市场的波动性。市场的波动性越大,那么,止损指令就应当比较远。一方面,交易者希望止损指令充分地接近,这样,即使交易失败,亏损也会尽可能地少。然而另一方面,如果止损指令过于接近,那么很可能当市场发生短暂的摇摆(或称"噪音")时,引发不必要的平仓止损的行为。总之,止损指令过远,虽然能够避开噪音干扰,但最终损失较大。

5. 复合头寸交易:跟势头寸与交易头寸

所谓复合头寸,是指我们把交易的单位分成交易头寸和跟势头寸两部分。跟势头寸部分图谋长期的有利之处。对于它们,我们设置较远的止损指令,为市场的巩固或调整留有充分的余地。从长期角度看,这些头寸能够带来最大的利润。

在我们的投资组合中,特地留出交易头寸部分来从事频繁地出市入市的短线交易。如果市场已经达到第一个目标,接近了某个阻挡区,同时摆动指数也显示出超买状态,那么,我们就可以针对交易头寸部分地平仓获利,或者安排较接近的止损指令。其目的是要锁定或确保利润。如果之后趋势又恢复了,那么我们就要把已平仓的头寸重新补回来。因此,我们最好在开始交易时,避免只做一张合约或一个单位头寸的情况。通过多单位头寸的交易,我们就拥有了更大的灵活性,从而可能提高总的交易成绩。

四、交易策略

投资者在完成了市场分析之后,就应当明确建仓方向,还是该卖出。下一步,根据资金管理方面的考虑,确定注入资金的规模。最后,我们进入市场,实际购进或抛出商品合约。在商品交易中,由于入市点和出市点的时机抉择必须极为精确,因此,最后这一步在上述过程中可能是最困难的,关于如何入市、在什么点位入市的问题,我们必须在通盘考虑各项技术性因素、资金管理的要求,以及我们所采用的交易指令的类型的基础上,才能作出最后决定。下面,我们依次对各个方面加以探讨。

1. 利用技术分析抉择时机

复合头寸的办法大大地化减了我们左右为难的程度。在突破前"预先"入市时,交易者不妨开立一点小头寸;然后,在突破时,再添一点头寸;最后,等突破后市场调整性地跌回时,再追加一点头寸。但是,如果交易者只有一点小头寸,那么他将难于摆布。在很大程度上,他的决定取决于他愿意在这笔交易上冒多少风险,以及他愿意采取什么样的交易风格。最保守的方式可能是在市场突破后出现反扑时"事后买进"。

2. 趋势线的突破

这是一种最有价值的早期入市或出市的信号。如果投资者正在寻求趋势变化的技术信号,以开立新头寸,或者正找机会平仓了结原有头寸的话,那么,紧凑趋势线的突破常常构成绝妙的下手信号。当然,我们始终也必须考虑其他技术信号。另外,在趋势线起支撑或阻挡作用的时候,也可以用作入市点。在主要的上升趋势线的上侧买入,或者在主要的下降趋势线的下侧卖出,均不失为有效的时机抉择的对策。

3. 支撑和阻挡水平的利用

在选择出、入市点这一方面,支撑和阻挡水平是最行之有效的图表工具。当阻挡被击破时,可能构成开立新的多头的信号。而这个新头寸的保护性止损指令就可以设置在最近的支撑点的下方。我们甚至还可以更接近地设置止损指令,把它安排在实际的突破点之下,因为这个水平现在应该起到支撑作用了。如果在下降趋势中市场上冲至阻挡水平,或者在上升趋势中价格下跌到支撑水平,那么我们均可以据此开立新头寸,或者把已有账面利润的原有头寸加以扩大。另外,在我们设置止损指令的时候,支撑和阻挡水平也是最有参考价值的。

4. 百分比回撤的利用

在上升趋势中,向下的调整常常回撤到前面的上涨进程40%~60%的位置。我们可以利用这一点来开立新的多头头寸。因为我们现在主要谈的是时机抉择问题,所以我们把百分比回撤也应用于非常短期的变化。比如说,在牛市突破之后的40%回撤,或许正是绝妙的买入点。而在下降趋势中40%~60%的向上反弹通常提供了优越的抛空机会。同时,在日内价格图上,我们也可以应用百分比回撤的概念。

5. 价格跳空的利用

我们还可以利用线图上出现的价格跳空来有效地抉择买卖时机。例如,在上升运动之后,其下方的价格跳空通常起到支撑作用。当价格跌回价格跳空的上边缘、或者回到价格跳空之内的时候,我们买入。然后,我们把止损指令放置在跳空之下。在下跌运作之后,当市场反弹到上面价格跳空的下边缘、或进入到跳空之内的时候,我们卖出。然后,再把其止损指令安排在跳空的上方。

6. 综合各项技术概念

利用各项技术概念的最有效的办法,是把它们综合起来。请记住,我们正在讨论的是时机抉择问题,关于买或者卖的基本决定早已经确定了。此处我们所做的一切,就是要对入市和出市点进行细致的调整。如果我们采纳了买入信号,那么,就会力求以最低的价格入市。假定价格跌回了40%~60%的买进区域,此处又存在一个显著的支撑水平,或者一个潜在的支撑性价格跳空,那就妙不可言。进一步,如果附近就有一条重要的上升趋势线,那就更好。

那么,所有这一切因素综合在一起,就能增加交易时机抉择的有效性。我们的建议是,在上升趋势中,在支撑区附近买进,但是如果该支被击溃,就尽快平仓出市。而在下降趋势中,我们尽可能在接近阻挡区之处卖出,但是如果该阻挡被冲破,也尽快平仓出市。在上升趋势的向下调整中,如果沿着调整阶段中的高点所连成的紧凑下降趋势线被向上突破了,也可用作买入信号。而在下降趋势的向上调整中,如果调整阶段的紧凑趋势线被向下突破了,也可能是做空头的机会。

7. 交易指令的类型

正确地选择交易指令的类型,是交易策略中的必要组成部分。不过,这里要讨论的,只限于一些较为常见的指令类型。

(1)市价指令 指示经纪人径直按照当前的市场价格买入或卖出商品合约。在市场急速动作的情况下,或者在投资者要求确保能够开立头寸的情况下,通常最好采用此类指令,以免贻失良机,错过潜力大的市场运动。

(2)限价指令 明确地指出交易者愿意接收的交易价格。买入限价指令一般设置在当前市场价格之下,表示交易者在买进时愿意支付的最高价格。而卖出限价指令一般放置在当前市场价格之上,表示交易者在卖出时愿意接受的最低价格。本指令属于伺机成交的指令类型。举例来说,如果买方在看涨突破发生后,试图乘市场随后向下反扑到支撑水平附近时再入市,则可以采用此类指令。

(3)止损指令 既可以用来开立新头寸,也可以用来限制已有头寸的亏损,或者保护已有头寸的帐面利润。止损指令指明了有关交易指令的执行价格。买入止损指令一般置于市场的上方,而卖出止损指令则设在市场的下方(这一点与限价指令正好相反)。只要市场触及止损指令的水平,该指令就转化为市价指令,经纪人必须立即以能够到手的最好价格执行。在多头头寸的情况下,其卖出保护指令设置在市场下方,以限制亏损。如果后来价格上涨了,我们也可以水涨船高,提高止损指令的水平以保护账面利润(这就是所谓跟踪止损)。我们也可以预先在阻挡水平上方安排好止损指令,从而当向上突破发生的时候,就能够及时地开立多头头寸了。同样道理,卖出止损指令也可以设立在支撑水平之下,等向下突破发生时,开立新的空头头寸。因为止损指令后来转化为市价指令了,所以其实际的执行价格或许比止损指令的原定水平要差一些,特别是当市场激烈变化时尤其如此。

(4)止损限价指令是止损指令和限价指令的复合形式 本类指令同时明确了止损价格和限价价格两个水平。一旦市场触及止损价格,则本指令转化为限价指令。当交易者既打算在突破发生时入市买卖,又力图控制交易价格的时候,可以采用这一类指令。

(5)触市指令(M.I.T.) 与限价指令类似,但区别在于,一旦市场触及本指令的价格水平,它就转化为市价指令了,买入触市指令也像买入限价指令那样,把水平设置在市场下方。当所限制的水平被市场触及后,经纪人必须立即入市交易。同限价指令比较,本类指令具有明显的优越性。虽然买入限价指令也位于市场下方,但是即使市场触及了它的水平,也不能确保该指令被执行。这里正是M.I.T.指令最有价值的地方。如果投资者既希望趁跌低价买入,又不想在万一市场只是对指令水平一触及返的情况下丧失入市良机的话,就可以选用本类指令。在下降趋势中,我们把M.I.T.指令设置在市场上方。

上述各种指令分别适用于不同的场合。每一类都是既有长处,也有短处。市价指令能够确保头寸的建立,但其代价是往往"尾追"市场。限价指令能够提供易于控制的好价格,但是我们冒着贻误良机的风险。对于止损限价指令,当市场在指令水平处发生价格跳空时,也有同样的风险。另外,如果我们采用买入或卖出止损指令来开立新头寸的话,也免不了发生执行价格恶劣的情况。触市指令虽然出奇的有效用,但是在有些交易所是不允许使用的。我们应当通晓上面各种指令,并明了其优缺点。在我们的交易方案中,每种指令均应拥有一席之地。我们还必须明了各交易所允许交易者采用的指令类型。

第四节 套期保值

一、套期保值的特点

套期保值(Hedging)是交易者将现货交易与期货交易结合起来,通过套做期货合约为现货市场上的商品经营进行保值的一种交易行为。这里所说的"套期",主要是指同一生产经营者在现货市场上买进或者卖出一定数量的现货商品的同时,在期货市场上卖出或者买进与现货品种相同,数量相当,但方向相反的期货商品合约,以期在现货市场发生不利的价格变动时,达到规避价格风险的目的。

套期保值是指把期货市场当作转移价格风险的场所,利用期货合约作为将来在现货市场上买卖商品的临时替代物,对其现在买进准备以后售出商品或对将来需要买进商品的价格进行保险的交易活动。

1. 期货交易过程中,期货价格与现货价格尽管变动幅度不会完全一致,但变动的趋势基本一致。即当某一特定商品的现货价格趋于上涨时,其期货价格也趋于上涨,反之亦然。这是因为期货市场与现货市场虽然是两个各自分开的不同市场,受到的主要影响因素是相同的。这样,引起现货市场价格的涨跌,就同样会影响到期货市场价格同向的涨跌。套期保值者就是利用这两个市场的价格关系,通过在期货市场上做与现货市场相反的交易来达到保值的功能,使价格稳定在一个目标水平上。

2. 现货价格与期货价格不仅变动的趋势相同,随着合约到期日的临近,两者将逐渐趋向一致。期货交易的交割制度,保证了现货市场与期货市场价格随期货合约到期日的临近,两者趋向一致。期货交易规定合约到期时,必须进行实物交割。到交割时,如果期货价格和现货价格不同,例如期货价格高于现货价格,就会有套利者买入低价现货,卖出高价期货,以低价买入的现货在期货市场上高价抛出,在无风险的情况下实现盈利,这种套利交易最终使得现货价格和期货价格趋向一致。

二、套期保值的本质与作用

近年来,国际黄金现货价格波动剧烈,市场风险加大。黄金期货的推出既是对我国黄金市场的丰富,又有利于黄金生产、经营、加工企业和投资者规避市场风险。但是要规避市场风险必须具备把握国际黄金价格走势和市场运作的能力。对黄金生产企业,为了保证已经生产或尚在生产过程中准备提供市场出售商品的经济利润,可采用套期保值的交易方式降低价格风险,即在期货市场以卖主的身份售出数量相等的期货作为保值手段。对黄金经营企业,所面临的市场风险是商品收购后在未转售时商品价格下跌,致使经营利润减少甚至亏损。为规避此类市场风险,经营者可采用套期保值方式进行价格保险。对黄金加工企业,市场风险来自买和卖两个方面。他既担心原材料价格上涨,又担心成品价格下跌,但只要将所需的材料及加工后的成品都进入期货市场进行交易,那么他就可以利用期货市场进行综合套期保值,解除后顾之忧,锁定加工利润,从而坦然进行加工生产。

黄金期货的推出,可以使黄金生产、经营、加工企业利用期货市场买卖合约,锁定成本,保全利润,规避因现货市场的黄金价格波动风险而可能造成的经济损失。

三、套期保值的原则与方式

1. 种类相同或相关原则

种类相同或相关原则,是指在做套期保值交易时,所选择的期货品种必须和套期保值者将在现货市场中买进或卖出的现货商品或资产在种类上相同或有较强的相关性。比如:黄金加工厂未来要购入黄金作为原材料,所以进行套期保值只能是黄金期货,不能购买铜期货作套期保值,这就是种类相同。若是假定期货市场没有黄金期货,只有铂金期货,由于黄金和铂金之间有很密切的联系,价格波动基本一致,所以若是没有黄金期货,企业也可以购买铂金期货进行套期保值,这就是种类相关。

2. 数量相等或相当原则

数量相等或相当原则,是指在做套期保值交易时,买卖期货合约的规模必须与套期保值者在现货市场上买卖的商品或资产的规模相等或相当。比如:黄金加工企业未来要购入100kg的黄金,进行套期保值的时候要购入数量相同的黄金期货。假定一手黄金期货是1000克,则黄金加工企业只需购入100手黄金期货进行套期保值即可,即数量相同。假定该黄金加工企业未来要在现货市场上购入185kg的黄金,期货市场上没有一个很确定的数量与现货交易完全一致,此时就要使用数量相当的原则。此种情况下,企业可以购入180手或者190手的黄金期货进行保值。

3. 交易方向相反原则

交易方向相反原则,是套期保值最核心的原则,是指在做套期保值交易时,套期保值者必须同时或相近时间内在现货市场上和期货市场上采取相反的买卖行动,即进行反向操作。若是现货市场和期货市场上交易方向相同,只能加大风险。比如油脂加工企业半年后准备在现货市场购入100kg黄金,进行套期保值时要购入100手半年期黄金期货。此时字面意思都是买入,然而进行套期保值交易的操作是半年后现货市场购入100手黄金,而出售这100手黄金期货,即交易方向相反。

四、实际运作

1. 风险的识别

企业套期保值过程中的风险种类有以下几点。

管理风险:人员配备、制度建设;

财务风险:追加保证金;

操作风险:错单、贻误时机;

规则风险:不了解交易所交易及交割规则;

政策风险:资格审批、证监会的有关精神;

市场风险:市场被操纵、价格扭曲;

2. 策略

选择性套期保值:实际操作中,套期保值者在期货市场操作的主要目的是增加他们的利润,而不仅是为了降低风险。如果他们认为对自己的存货进行套期保值是采取行动的最佳方式,那么他们就应该照此执行。如果他们认为仅进行部分套期保值就足够了,他们就可能仅仅针对其中一部分风险采取套期保值行动。在某种情况下,如果他们对自己关于价格未来走势的判断充满信心,那么,他们就可以暴露全部风险,而不采取任何的套期保值行动。

黄金企业从签订黄金现货购买合同开始,到黄金成品销售出去为止,在整个过程中,都拥有黄金。合同价格一旦确定下来,风险随之而来。这是因为,市场价格却在不断变化中,价格下跌,企业就遭受损失。采购经理签订了现货合同以后,担心价格下跌,心里发慌,但是,为了满足工厂生产的需要,必须要有部分存货,这时候怎么办?期货市场就可以帮助你,你可以在期货市场上做卖出套期保值来回避价格风险,对存货(现货购买合同)进行卖出保值。假如,一家黄金企业以300元/克的价格买入黄金,加工、销售期在3个月,这时,企业担心价格下跌,那么,就应该在期货市场上做卖出套期保值。

选择性套期保值另外一个作用是锁定投机利润。假定一家黄金企业在3月份以300元/克的价格预定了黄金现货,交货时间为3个月后。他确信这个价格比较低,而且预期1月后的黄金价格会上涨。到了4月份,黄金价格上涨到330元/克,该加工企业认为此价格太高了。他推测黄金价格会跌至320元/克。假定他的预测是完全准确的,如果他一直持有最初的现货合同,中间不发生任何变化,他最终会获得每克20元的净收益。实际上,他先赚了30元/克,然后亏损10元/克。在一个富有弹性的套保方案中,他可以在330元/克的价位上卖出黄金期货,为黄金的现货合同保值,从而赚取30元/克。该企业通过期货市场卖出黄金期货套期保值,在保留对黄金现货控制的前提下锁定利润。

对原料存货是否需要做卖出套期保值,什么时候做,做多少,都是基于采购经理对市场价格和价格走势的一个综合判断。相对于期货投机来讲,套期保值的确要复杂得多。首先,现货企业必须根据自身企业的生产经营需要来做套期保值,不能把套期保值与投机交易混为一谈;其次,要严格控制期货交易量,不能超过企业能够承受的范围;第三,要制订详细的套期保值计划和操作方案,计划书中要充分考虑基差、季节性、品种特性等因素。另外,在开始套期保值之前,你应该参加套期保值方面的培训班,或者找一些更深入的教材来阅读,深入了解套期保值的操作。

3. 计划的制订

(1)买入套期保值(买进套保) 买入套期保值就是指套期保值者先在期货市场上买入与其将在现货市场上买入的现货商品数量相等、交割日期相同或相近的该商品期货合约,即预先在期货市场上买入,持有多头头寸。然后,当该套期保值者在现货市场上买入现货商品的同时,在期货市场上进行对冲,卖出原先买进的该商品的期货合约,进而为其在现货市场上买进现货商品的交易进行保值。因为套期保值者首先在期货市场以买入方式建立多头的交易部位,故又称多头套期保值。

①适用对象及范围 对于在未来某一时间准备购进某种商品但担心价格上涨的交易者来说,为了避免价格上涨的风险,保证购买成本的稳定,可以采取买入套期保值的方式。买入套期保值一般可运用于如下一些领域。

第一,加工制造企业为了防止日后购进原料时价格上涨的情况;

第二,供货方已经跟需求方签订好现货供货合同,将来交货,但供货方此时尚未购进货源,担心日后购进货源时价格上涨的情形。

第三,需求方认为目前现货市场的价格很合适,但由于资金不足或缺少外汇或一时找不到符合规则的商品,或者仓库已满,不能立即买进现货,担心日后购进现货,价格上涨。稳妥的办法是进行买入套期保值。

②买入套期保值的利弊分析

买入套期保值的利

a.买入套期保值能够回避价格上涨所带来的风险;

b.提高了企业资金的使用效率;

c.对需要库存的商品来说,节省了一些仓储费用、保险费用和损耗费。

d.能够促使现货合同的早签订。

买入套期保值的弊端　失去了由于价格变动而可能得到的获利机会。

2. 卖出套期保值

卖出套期保值是指套期保值者先在期货市场上卖出与其将要在现货市场上卖出的现货商品数量相等,交割日期也相同或相近的该种商品的期货合约。然后,当该套期保值者在现货市场上实际卖出该种现货商品的同时或前后,又在期货市场上进行对冲,买进与原先所卖出的期货合约,结束所做的套期保值交易,进而实现为其在现货市场上卖出现货保值。因其在期货市场上首先建立空头的交易部位,又称为空头保值或卖空保值。

(1)适用对象与范围　那些准备在未来某一时间内在现货市场上售出实物商品的生产经营者,为了日后在现货市场售出实际商品时所得到的价格仍能维持在当前合适的价格水平上,他们最大的担心就是当他们实际在现货市场上卖出现货商品时价格下跌。为此,应当采取卖出套期保值方式来保护其日后售出实物的收益。卖期保值的目的在于为了回避日后因价格下跌而带来的亏损风险。具体说来,卖期保值主要用在下面几种情况中。

①直接生产商品期货实物的生产厂家、农场、工厂等仍有库存产品尚未销售或即将生产、收获某种商品期货实物,担心日后出售时价格下跌。

②储运商、贸易商手头有库存现货尚未出售或储运商、贸易商已签订将来以特定价格买进某一商品但未转售出去,担心日后出售时价格下跌。

③加工制造企业担心库存原料价格下跌。

(2)卖出套期保值的利弊分析

卖出套期保值的利:

①卖出套期保值能够回避未来现货价格下跌的风险。

②经营企业通过卖期保值,可以使保值者能够按照原先的经营计划,强化管理、认真组织货源,顺利的完成销售计划。

③有利于现货合同的顺利签订。

卖出套期保值的弊　放弃了日后出现价格有利对获得更高利润的机会。

与上述卖出套期保值可类似应用的有:用金商保证正常生产留有的库存黄金、加工企业(含精炼厂)未来即将加工出来先卖掉的流水线上合质金、进出口企业已经购进但按合同规定未来一定时期交货的预购金、工业用金商的库存金、商业银行借金还金的借出金、个人藏金、私人贩金者购金时进行定价、旧金回收者定价、首饰零售商柜台上的存量首饰、为防未来价格下跌所采取的措施。

具体的套期保值方案,要根据金商的实际生产和销售情况以及未来预计的黄金价格走势来定。

第五节 套利

一、定义和特点

套利（Arbitrage）是试图利用不同市场或不同形式的同类或相似金融产品的价格差异牟利。套利是指投资者或借贷者同时利用两地利息率的差价和货币汇率的差价，流动资本以赚取利润。套利分为抵补套利和非抵补套利两种。套利是同时买进和卖出两张不同种类的期货合约。交易者买进自认为是"便宜的"合约，同时卖出那些"高价的"合约，从两合约价格间的变动关系中获利。在进行套利时，交易者注意的是合约之间的相互价格关系，而不是绝对价格水平。

二、套利的本质与作用

投资者买进自认为价格被市场低估的合约，同时卖出自认为价格被市场高估的合约。如果价格的变动方向与当初的预测一致，即买进的合约价格走高，卖出的合约价格走低，那么投资者可从两合约价格间的关系变动中获利。反之，投资者就有损失。

套利交易在期货市场起到两方面的作用。

第一，套利方式为投资者提供了对冲机会；

第二，有助于将扭曲的市场价格重新拉回来至正常水平。

三、套利交易的优点和不足

1. 套利交易的优点

（1）更低的波动率　由于套利交易博取的是不同合约的价差收益，而价差的一个显著优点是通常具有更低的波动率，于是套利者面临的风险更小。一般而言，价差的波动比期货价格的波动小得多。例如，上海期货交易所交易的铜每天的价格变化一般为1.00~1.50元/克，但是相邻交割月份之间的价差每天变动约为0.20~0.50元/克。许多商品价格的波动性都很强，需要日常监控。而价差的日内波动往往很小，只需要每天监控几次甚至更少。如果一个账户的资金波动很厉害，投机者必须存入更多的钱来防止可能的损失。而利用套利交易很少有这样的担忧。

（2）有限的风险　套利交易是唯一的具有有限风险的期货交易方式。由于套利行为的存在以及套利者之间的竞争选择，期货合约之间的价格偏差会得到纠正。考虑到套利的交易成本，期货合约之间的价差会维持在一个合理范围内，所以价差超过该范围的情况是不多的。这意味着你可以根据价差的历史统计，在历史的高位或低位区域建立套利头寸，同时你可以估算出所要承担的风险水平。

（3）更低的风险　因为套利交易的对冲特性，它通常比单边交易具有更低的风险。这是我们在比较套利和单边交易时需要考虑的重要因素。为什么风险会更低？投资组合理论表明，由两个完全负相关的资产构成的投资组合最大限度地降低了组合风险。套利是同时买卖两个高度相关的期货合约，也就是构造了一个由两个几乎完全负相关的资产构成的投资组合，该组合的风险自然大大降低了。

（4）对涨跌停的保护　许多套利交易的对冲特性，可以对涨跌停提供保护。因为政治事件、天气和政府报告等等，期货价格可以暴涨暴跌，有时甚至引起涨跌停，价格封死在涨跌停板上而无法成交。一个做反了的单边交易者在能够平仓之前会损失惨重。这往往会造成交易者的账户亏空,而需要追加保证金。在同样的环境下,套利交易者基本上都受到保护。以跨期套利为例,由于套利交易者在同一种商品既做多又做空,在涨跌停日,他的账户通常不会发生大幅亏损。虽然在涨跌停打开后,价差可能不朝交易者预测的方向走,但由此所造成的损失往往比单边交易小得多。

(5) 更有吸引力的风险/收益比率　相对于给定的单边头寸,套利头寸可以提供一个更有吸引力的风险/收益比率。虽然每次套利交易收益不很高,但成功率高,这是由价差的有限的风险、更低的风险以及更低的波动率特性带来的好处。长期而言,做单边交易盈利的只占少数,往往10个人中不超过3个人是盈利的。而套利不一样,它有收益稳定、低风险的特点,所以它具有更吸引人的收益/风险比率,从而更适宜大资金的运作。在持有单边头寸的多空双方激烈争夺过程中,套利者往往可以择机介入,轻松获利。

(6) 价差比价格更容易预测　期货的价格由于其较大的波动率往往不容易预测。在牛市中,期货价格会涨得出乎意料得高,而在熊市中,期货价格会跌得出乎意料得低。套利交易不是直接预测未来期货合约的价格变化,而是预测未来供求关系变化引起的价差的变化。做后一种预测显然比前一种预测的难度大为降低。决定未来影响商品价格的供求关系是十分复杂的,虽然有规律可循,但仍然包含许多不确定性。而预测价差的变化,则不必考虑所有影响供求关系的因素。由于两种期货合约的关联性,许多不确定的供求关系只会造成两种合约价格的同涨同跌,对价差的影响不大,对这一类供求关系就可以忽略了。预测两种合约间价差的变化只需要关注各合约对相同的供求关系变化反应的差异性,这种差异性决定了价差变动的方向和幅度。

2. 套利交易的不足

任何事物都有两面性,套利交易也不例外。除了上述优点外,还有以下几处不足:

(1) 潜在收益受限制　在许多投资者看来,套利的最大缺点是潜在的收益受限制。这是很正常的,当你限制了交易中的风险,通常也会限制潜在收益。不过,最终是否选择套利交易,还得权衡套利的诸多优点和有限的潜在收益。

(2) 绝好的套利机会很少频繁出现　套利机会的多寡,与市场的有效程度密切相关。市场的效率越低,套利机会越多;市场的效率越高,套利机会越少。就目前国内的期市而言,有效程度还不高,各个期货品种每年都会存在几次较好的套利机会。不过,相对于单边大趋势,每年的套利机会也算多的了。

(3) 套利也有风险　套利虽然具有有限风险、更低风险的优点,但毕竟还是有风险的。这种风险来自于:价格偏差继续错下去。合约之间的强弱关系往往在短期内保持"强者恒强,弱者恒弱"的态势。假如这种价格偏差最终会被纠正,套利者在这种交易中也不得不遭受暂时的损失。如果投资者能承受这种亏损,最终就会扭亏为盈,但有时投资者无法熬过亏损期。况且,如果做空的合约遇到挤空现象且持续到该合约交割,那么价格偏差将无法纠正,套利交易必以失败告终。

3. 套利交易的优点和不足

套利交易风险小回报稳定,对于大资金而言,如果单边重仓介入,将面临持仓成本较高、风险较大的不足,反之,如果单边轻仓介入,虽然可能降低风险,但其机会成本、时间成本也较高。因此整体而言,大资金单边重仓抑或单边轻仓介入期市,均难以获得较为稳定和理想的回报。而大资金如以多空双向持仓介入期市,也就是进行套利交易,则既可回避单边持仓所面临的风险,又可能获取较为稳定的回报。

四、套利的原则与方式

1. 套利要制定严格的计划和目标,严格控制风险

根据目标利润控制好止损点,原则上将目标盈利和亏损比例控制在3:1的水平,根据具体套利具体设置合适的止损点,当出现反向运行达到止损点一定要果断平仓止损。交易上一定要同进同出,不能只平单边头寸,留下另外一半转为投机部位。

2. 不能将全部资金投入到一把套利或基于同一原理的几把套利

要分散投资于不同类型的多把套利,这样即使少数套利出现问题,在严格止损的前提下,也不会对你整体的投资计划构成大的影响。同时这样做可以提高你的资金利用率,因为套利有些短期内就会回归,有些会经历较长的时间,分散多把套利,保证你始终会有套利实现盈利,并且可以在获利后再投入到另一把套利,实现了资金的滚动良性操作;如果只投于一把套利,一旦出现反向或者较长时间没有回归,在操作上就比较被动。

3. 在制订投资计划后,要分批建立仓位

除非出现特别有利的情况,否则不鼓励一次性建仓。因为,这样可以保证在投资过程中始终处于有利形势。同样,盈利平仓时也要按计划分批平仓,这样做既可以保证你的既得利益,又可以争取高的回报率。

4. 进行套利时,要注意各个合约的持仓量和成交量,套利中也讲究顺势而为

遵循"强者恒强,弱者恒弱"规律,买入强势合约,卖出弱势合约,牛市中多选择牛市套利,熊市中多选择熊市套利。

5. 套利一般要在相关性较强的合约间进行,而不是所有的品种(或合约)之间都可以套利

合约的相关性较强,其价差才会出现回归,亦即差价扩大(或缩小)到一定的程度又会恢复到原有的平衡水平,这样,才有套利的基础。否则,在两个没有相关性的合约上进行的套利,与分别两个不同的合约上进行单向投机没有什么分别。

6. 套利要纵观全局

套利组合中要注意长、中、短期套利组合;注意跨期和跨品种套利的组合;充分研究同品种各月份合约之间和各品种合约之间的关系,发现多合约之间的价格联系,突破以往以两个至三个合约的套利模式,挖掘出更深层次的套利方案。

7. 套利的分析和研究是一个长期的工作

要对过去的价格关系有充分深入地了解,更要对现在价格关系所处的位置和形势有充分的认识,并对将来的走势有正确理性的判断。不能单纯的分析绝对的价差,更要分析各个时期的价差形成的背景、原因及所处位置,这样才能对将来价差的走势有更好的把握和信心。

五、套利手段的分类

1. 套利交易的形式

套利交易有跨期套利、跨市套利及跨品种套利三种形式。

其中,跨期套利是投资者对不同交割月份的商品价格间的变动关系的预测和买卖;跨市套利则是对不同交易所的同种商品价格间的变动关系的预测和买卖;跨品种套利是投资者对相同交割月份的不同但相关商品价格间的变动关系的预测和买卖。

2. 按在套利时是否还要做反方向交易轧平头寸,套利交易可分为两种形式。

不抵补套利(uncovered interest arbitrage)指把资金从利率低的货币转向利率高的货币,从而谋取利率的差额收入。这种交易不必同时进行反方向交易轧平头寸,但这种交易要承担高利率货币贬值的风险。

抵补套利(Covered Arbitrage),是指把资金调往高利率货币国家或地区的同时,在外汇市场上卖出远期高利率货币,即在进行套利的同时做掉期交易,以避免汇率风险。实际上这就是套期保值,一般的套利保值交易多为抵补套利。

六、套利与套期保值的区别

套利者和套期保值者都是建立了两个方向相反的交易部位。在对冲之后,用一个交易部位的盈利弥补另外一个交易部位的亏损。但是,套利交易和套期保值有着根本的区别,主要表现在以下几个方面。

1. 两者的目的不同

套利交易的主要目的是在承担较小风险的同时,获得较为稳定的利润。而套期保值的目的是转移市场风险,并不以盈利为目的。在很多套期保值的成功案例中,期货部位往往是亏损的,但只要期货与现货两个市场的盈亏基本相抵,就达到了套期保值锁定风险的目的。

2. 两者的基础不同

套期保值者一般是在现货市场上持有头寸,或者预期将持有现货头寸,因而在期货市场上建立反向的期货头寸以管理现货风险,也就是说,如果没有现货市场的交易需求,就不会持有期货部位。而套利则不同,其所持有的多头部位、空头部位以及现货部位都是套利交易的一部分,套利者从这些头寸的相对价格差异中获得利润。

3. 两者涉及的市场范围不同

套期保值只涉及现货和期货两个市场。而在套利交易中,交易者既可在期货和现货市场同时操作进行期现套利,也可仅在期货市场进行套利;或在同一品种不同交割月之间进行跨期套利,或在不同品种同一交割月之间进行跨品种套利,或在不同的期货市场之间进行跨市场套利。

4. 两者的依据不同

套期保值依据的是期货市场和现货市场价格变动的一致性,并且变动的趋势、幅度越一致,套期保值的效果越好;而套利交易者利用的期货与现货之间,或者期货合约之间的价格出现的不合理偏差来获取套利利润的,并且这种不合理的价差越大,套利交易的利润就越大。

套期保值交易与投机套利交易是两种性质差异很大的期货交易活动。交易性质的差异必然要求会计处理上有所差别。因此,在进行具体的会计处理之前,有必要认定交易的性质是投机还是套期保值。两种行为在会计处理上体现为以下几点。

套期保值与投机套利的显著区别在会计上表现为套期保值与被套期保值项目"息息相关",甚至可将其视为被套期保值项目的附属行为;而投机套利则是投资的一种特殊形式,是独立的、旨在牟利的行为。所以,从期货合约会计角度来看,套期保值与投机套利对于持有期货合约的结果,即损益的归属和处理有着本质的划分。

①由于市场价格或利率的变化。期货合约中标的物的市场价格(又称合约的公允价值)也在不断变动,并由此形成期货交易损益。平仓时,合约的结算价与开仓价之间的差额是企业实际上承担的损益;在持仓期间,合约公允价值的变化形成浮动盈亏,它属于未实现损益。无论是已实现损益还是未实现损益,套期保值会计都将其作为被套期保值项目账面价值的调整。

②投机套利期货合约的买卖不存在相联系、相配比的项目,因此,已实现损益应在市场价

格变动时予以确认;但在投机套利中,是否将未实现损益确认为当期损益仍存在争议。在国际上也存在不同的会计处理方法,一种是坚持市价原则,将期货合约的平仓盈亏和持仓盈亏一视同仁,都作为已经实现的损益对其予以确认。另一种方法是坚持历史成本原则,只对平仓盈亏作为已实现的损益予以确认,但对于持仓合约的浮动盈亏,仍作为未实现的损益不予确认,仅作表外披露。

套期保值作为一项会计处理业务,在经济发达国家的会计规范中对其均有明确的要求,以示同企业的期货投资(投机)业务相区别。通常,递延的盈亏同被套保项目的损益同时被确认,计入损益表。但套保业务应满足下列条件。被套保项目必须使企业有价格或利率风险的差额。首先,期货合约是为套保目的而建立的头寸;其次,期货合约必须能降低企业的风险暴露,即有高度的相关性。如果企业已知原因形成风险暴露的条件发生了变化,价格或利率风险的暴露不复存在,相关性已经失去,因此被套保项目的价值实质上已固定下来,而期货合约的价值还在不断变化。在这种情况下,期货合约就不应再作为套期保值进行会计处理。

由于市场经济发达国家的会计坚持市价原则,原来用套期保值合约的损益同被套保项目的损益相配比价(即递延处理)已失去意义。再加上期货交易中套期与投机的界定在客观上存在难度,因此,许多国家已开始淡化套期保值会计处理。需要说明的是,在我国期货市场发展的现阶段,特别是我国会计仍坚持历史成本原则的前提下,对期货投资企业的套期保值业务作递延处理,以利于同被套保项目相配比,还是非常符合中国国情的。

第六章 风险管理与风险控制

肇始于华尔街的金融危机,美国的自由资本主义危机,也是国际经济秩序的危机。由于危机发生在资本主义心脏地带,因此其产生的冲击波巨大而持久。中国国内的绝大多数投资者,无论是机构投资者还是个人投资者,都未能在此次危机中幸免于难。经过此次洗礼的投资者,开始清醒地意识到风险管理的重要性,"风险教育"被提到了最重要的位置。交易所作为市场中的一分子,承担着对会员、对投资者进行风险教育的义务,也承担着风险管理和风险防范的责任。本文从风险概念入手,着重阐述风险的基础理论,侧重于企业风险管理,目的是使会员单位提高风险意识,着眼于风险防范,立足于风险管理,以期更好规范贵金属市场,使其平稳安全运行。

第一节 对风险的认识

一、风险的界定

风险是一个与不确定性密切相关的概念。风险,目前尚无权威性的定义。对风险一词的解释,在理论上,比较有代表性的观点有以下三种。

首先遭受损失、伤害、不利或毁灭的可能性。是把风险视为机会,认为风险越大回报的可能性越大,相应损失的可能性也就越大。其次,导致或暗示着危害或相反机会的某事,是把风险视为危机,认为风险是消极的事件,可以产生损失,这常常是大多数人所理解的风险。再次,受损失的概率,介于两者之间,也更为学术,认为风险是一种不确定性。

在实务中,人们从不同角度对风险进行理解。

1.损失的可能性与不确定性

风险是客观存在的发生损失的可能性,损失发生的可能性越大,风险越大。在交易过程中,投资决策就是从这一角度出发,将交易中亏损的可能必定义为风险,认为交易结果亏损的可能性越大,风险越大。

风险是损失的不确定性,通常用概率作为风险衡量的指标。当概率在0到1/2之间时,随着概率增加,损失的不确定性也增加,风险也就越大。当概率为1/2时,损失的不确定性最大,风险最大。当概率在1/2至1之间,随着概率的增加,损失的不确定性减少,风险减少。当概率为0或1时,意味着事件肯定不发生或者肯定发生,损失的不确定性消失,风险无从可谈。

2.目标的不确定性

风险是实现某种目标的不确定性,这种不确定性既可能是风险,也可能是一种机遇或机会。这种观点较为普遍。

在COSO发布的《企业风险管理框架》(以下简称为ERM)中,对风险的定义的表述为:风险是一个事项将会发生并给目标实现带来负面影响的可能性。在我国国务院国有资产监督管理委员会颁布的《中央企业全面风险管理指引》中,认为风险的影响包括正面和负面两个方面,对风险的定义表述为:未来的不确定性对企业实现其目标的影响。

二、风险类别

对于风险分类的目的在于指导风险识别和评估工作,会员单位应集中精力关注那些重要的风险类型,在决策过程中对这些风险予以考虑。在COSO的ERM中提到了"事项分类"的概念,指出"归集类似的潜在事项能使管理层更好地辨别机会和风险及确保事项识别的完整性",但并没有制定一套标准的分类供采用。

在实务中,由于分类的标准不同,常见的风险有许多不同的分类。

1.按照风险的起源,风险可分为基本风险与特定风险

(1)基本风险 是由非个体或至少是个体不能阻止的因素所引起的、损失通常波及很大的范围的风险。例如与社会、政治有关的战争、失业、罢工等,以及地震、洪水等自然灾害。

(2)特定风险 是指由特定的个体所引起并由这些个体来承担损失的风险。例如,由火灾、爆炸、盗窃等引起财产损失的风险,对他人财产损失和身体伤害所负法律责任风险等。

2.按照风险所导致的后果,风险可分为纯粹风险与机会风险

(1)纯粹风险 指只有带来损失可能性而无获利机会的风险。纯粹风险导致的后果只有损失,没有获利的可能性。如火灾、疾病、死亡等。

(2)机会风险 指那些既存在损失可能性,也存在获利可能性的风险。它所导致的结果有三种可能:损失、无损失也无获利、获利。例如,当客户进行白银现货延期交易,并持有一笔多单时,假定在没有任何费用的情况下,则该笔交易所产生的盈亏是不确定的。当白银报价上涨时,此笔交易为获利;当白银报价下跌时,此笔交易为损失;当白银报价不变时,无损失也无获利。

3.从投资者的角度,风险可以分为系统性风险与非系统性风险

(1)系统性风险 指那些影响所有企业的因素引起的风险,包括战争、自然灾害、经济衰退、通货膨胀、利率上升或下降等引发的风险。

(2)非系统性风险 指由于企业特定的经营环境或条件变化而引起的风险,包括产品失败、投资决策失误、员工滋事、资金出现缺口等多方面因素引起的风险。

三、贵金属市场的风险类型

风险具有多样性和复杂性,对风险的分类也有不同的理解,结合贵金属市场的特点,我们从下面不同角度对风险进行划分、归类。

1.按风险来源划分

风险可分为市场风险、信用风险、流动性风险、操作风险与法律风险、存货风险和信息不对称风险。

(1)市场风险 是因价格变化使持有的头寸价值发生变化的风险。导致市场风险的因素一般可分为自然环境因素、社会环境因素、政治法律因素、技术因素、心理因素等。

(2)信用风险 是指由于交易对方未能履行相应的责任而造成经济损失的风险。对手方违约带来的损失包括按市价计算的损失和交易重置成本。

(3)流动性风险 是指在交易过程中,投资者面临投资标的物变现困难和不能在适当或期望的价格上变现的风险。市场的成交量不足,会导致交易无法顺利成交。

(4)操作风险 是指在交易过程中因操作不当或内部控制的缺陷或信息系统故障而导致意外损失的可能性。

操作风险包括以下几个方面,会员或投资者在交易过程中未能按照操作流程的规定进行操作所造成的风险;价格波动剧烈或连续单方向波动而会员或投资者未能及时追加保证金造成被强迫平仓的损失;工作责任不明确或工作程序不恰当导致的不能进行准确的交易或发生作弊行为的风险;因内控制度与处理步骤不完善,交易操作人员指令处理错误所造成的风险;储存交易数据的计算机因灾害或操作错误而引起损失的风险等。操作风险贯穿于交易的整个流程,会员单位和投资者必须时刻警惕。

(5)法律风险　是指由于相关行为(如签订的合同、交易的对象、税收的处理等)与相应的法规发生冲突致使无法获得当初所期待的经济效果甚至蒙受损失的风险。如有的机构不具有会员资格,投资与其签订代理协议就不受法律保护。

(6)存货风险　是指做市商在为市场提供连续报价的同时,必然会持有较大的基础头寸,由此带来的风险。

(7)信息不对称风险　是指因信息披露制度的不完善,信息未充分加以披露所导致的风险。

2.按风险是否可控的角度划分

可分为不可控风险和可控风险。

(1)不可控风险　是指风险的产生与形成是风险承担者所不可控制的风险。这类风险来自于交易市场之外,主要包括不可抗力的自然因素变动的风险。如由于政治因素、经济因素和社会因素等变化的风险,政策不合理、政策变动过频或者政策发布缺乏透明度引发的风险等。

(2)可控风险　指通过市场相关主体采取措施可以控制或管理的风险。主要由投资者心理因素、交易行为等主观因素所引起的风险,交易所、会员单位的管理风险和技术风险等。交易所的风险管理重点主要就放在可控风险上。

3.按市场风险的成因划分

可分为定价风险、价格波动风险、杠杆效应风险、非理性投机风险和市场机制不健全风险

(1)价格波动风险是指在市场经济条件下,商品价格受供求关系因素的影响而上下波动,从而产生投资风险。

(2)杠杆效应风险是指在贵金属期货及现货延期交易中,由于实行保证金制度,交易者只需支付一定比例的保证金即可进行于数倍交易。从而因为杠杆效应即使产生价格的小幅波动,也可能使交易者损失大量保证金的风险。

(3)非理性投资风险是指投资者在仓位管理中,以重仓高风险率交易或投资方向背离行情驱势情况下不理智交易行为等会产生的投资风险状况。

(4)市场机制不健全风险是指市场运作过程中由于管理法规和机制不健全等原因,可能产生的各类风险。

4.按照风险存在的业务环节

可分为入市风险、交易风险、交收风险。

(1)入市风险是指在投资者在选择投资开户机构签订协议时的风险。由于投资者选择投资渠道的合法性及其带来的资金安全性风险为主。例如,盲目选择非法投资平台导致资金丢失,选择非法代客理财导致资金亏损等。

(2)交易风险是指交易者在交易过程中产生的风险。包括由于市场流动性差,难以迅速、及时、方便地成交所产生的风险,以及由价格波动较大,保证金不能在规定时间内补足,面临的强平风险。

(3)交收风险是投资者在准备或进行交收时产生的风险。如,交收时资金不足无法完成实物交收,或交收后出现实物质量问题等。

第二节 风险管理的必要性

一、风险管理的发展历程

人类对风险问题的研究可追溯到公元14世纪中叶,当时欧洲地中海沿岸各港口的海上保险揭开了人类探索风险的序幕。19世纪,法国经营管理理论的创始人法约尔第一次把风险管理列为企业管理的重要职能之一。美国于1929~1932年陷入了经济危机,促使风险管理成为许多经济学家研究的重点。1931年,美国管理协会保险部首先倡导风险管理,1932年,美国纽约几家大公司成立纽约保险经纪协会,定期讨论有关风险管理的理论与实践问题,风险管理逐步兴起。

20世纪70年代,随着布雷顿森林体系的崩溃,国际金融局势动荡不安,加上全球范围内的放松管制以及日益激烈的竞争,使得机构进入了一个更具风险的时期。许多发达国家纷纷建立起全国性和地区性的风险管理协会,风险管理普及到大中小企业及机构,风险管理部门逐渐成为一个专职的职能部门。1986年10月,在新加坡召开了风险管理国际学术讨论会,风险管理由欧美向亚太地区发展。

20世纪90年代以后,随着衍生金融工具及交易的迅猛增长,风险管理的重要性日益突出,几起震惊世界的危机大案(如巴林银行事件)促使人们对风险管理愈加关注。1997年亚洲金融危机爆发,企业风险出现了新特点,即损失不再是单一风险所造成,而是由多项风险综合造成。金融危机促使人们更加重视对风险管理的综合研究,由此全面风险管理模式引起人们的重视。

二、风险管理的概念

风险管理需要做的是了解从投资交易活动中所产生的全部风险,同时能有效地管理这些风险。在投资活动中风险管理主要有以下几个方面。

(1)资金风险率管理,又称为保证金风险率。在实际操作中应时刻关注账户风险率当风险率较大时应及时追加保证金或减少持仓单,来降低账户风险率,避免强行平仓产生的资金亏损。

(2)价格波动风险,持有单据时应及时关注价格波动走势及相关信息。在长假及当日停盘前调整仓位,增加保证金,降价价格波动产生的风险。

(3)仓位管理风险,对于习惯重仓入场及非理智加叠客户,此类风险是多发且重复性的。在交易中养成良好的交易心态及交易习惯是投资者的首要功课。

(4)成本控制风险,在前一章节中讲解到投资任何产品前必须充份了解产品及交易制度。如选择长线或中长线投资应选择无延期费或少量延期费的期货投资,交易手续费可呼略不计。反之,如投资者习惯高频交易,应权衡产品的手续费率及可交易时间,交易延期费可忽略不计。在实务应用中,投资者应充分了解各产品。

三、实施风险管理所面临的挑战

风险管理对于机构来说并非新概念和新的管理工具。然而,对于大多数从事贵金属市场交易的机构来说,建立系统的、整体的风险管理框架仍将面临诸多困难和挑战。

风险管理究竟是什么？与现行的管理手段有什么不同？完整的风险管理框架能给机构带来什么？实施风险管理之后的机构管理水平能得到哪方面的提升？风险管理对我们的交易为有何影响？诸多的问题和疑惑，让风险管理活动很难得到决策层的认同。同时，机构内工作人员对风险及风险管理的认识不统一，容易出现各自为政的现象，认为处处有风险可风险与自身不相关。自觉主动的风险管理意识的缺失，将导致风险文化的建立需要一个较长的过程。

1. 业务与管理的复杂性

不同业务环节的成本运作模式和价值增值模式不同，潜在的风险也不同，所表现的风险内涵存在差异，市场开发部门、交易部门等成本的产生直接影响着交易利润的多少，而在此基础上风险控制所需时应的操作方式也存在着不同。

2. 缺乏可参考与借鉴的实践经验

尽管目前有不少关于风险管理方面的理论书籍，但是，这些尚需得到实践的检验及进一步细化。同时，尽管可参考其他一些资本市场，如证券市场、期货市场中类似公司风险管理的经验，但也需要结合企业实际情况合理地借鉴。贵金属市场目前尚属起步阶段，需要借鉴与参考同类市场的经验，结合现有的理论知识，从而探索与总结出切合本市场的风险管理体系。当然，在风险控制中也可进行产品投资组合来避免单一市场操作下的价格风险。

3. 与内部管控系统的结合

企业风险管理并非特立独行，"企业风险管理是一个过程，从风险管理机制的制定到公司董事会、经理层和其他人员的响应，其应用于战略设置并贯穿整个公司。有计划地识别可能影响公司的潜在事件，并在风险偏好范围内管理风险，为达到公司目标提供合理的保障。"因此，如何与公司管控系统相结合，是公司推行风险管理需要考虑的重点。因此，我们需通过结合类似风险管理项目的经验，为机构风险管理提供更多切实、可行的操作方案，以帮助机构识别机遇和风险，提高机构利用风险管理手段来创造价值的能力，为实现企业预定目标提供保障。

第三节 风险管理的建立

一、风险防范措施

贵金属市场是高风险市场，风险防范是市场永恒的主题。风险的防范是指风险出现之前，对风险因素采取必要的措施，防止风险的发生。

1. 提高风险意识

风险意识的增强不仅能够提高机构及投资者风险防范的能力，同时也是培养风险控制能力的关键环节。机构及投资者一方面为制定风险防范措施提供思路与判断依据；另一方面，应确保已经制定的风险防范措施得到切实的执行，建立正确的风险管理意识与良好的风险管理习惯。

2. 建立完善的风险管理流程

制订完善适合的模式不仅可以提高风险防范的能力，为投资降低机会成本、增加利润，还可以为机构提高交易效率。完善的模式一方面，要提高风险的识别与计量能力，建立风险指标预警体系机构提高交易效率，提高风险边界的执行力；另一方面，要优化业务操作流程，建立健全的内部公司治理机制。

二、风险管理的流程

风险管理就是通过有目的、有计划的管理活动，来阻止风险的发生或者尽可能减少风险发生后的损失，以获得最大的利益和稳定的发展。风险管理流程主要包括目标的设定、风险识别、风险评估、风险对策、风险控制和处理等几个环节。

1. 目标的设定

目标是机构渴望取得的成就和奋斗的方向，是风险识别、风险评估和风险应对的前提。在识别和评估实现目标的风险并采取行动来管理风险之前，首先必须有目标。

具体来说，目标包括四种类型。

（1）战略目标　是指机构的投资期望收益。机构在设置战略目标时，需要考虑实现战略目标的风险；而在考虑达到战略目标的替代战略时，也要鉴别和战略选择相关的风险，以及与这些风险相关的对策。

（2）报告目标　是指机构报告的可靠性，可靠的报告能力为机构资金委托人提供精确和完整的信息。机构报告包括内部报告和外部报告，以及财务报告和非财务报告等。

（3）合规性目标　是指机构遵循相关的法律和法规。机构目标的这种分类可以使得机构管理人者注意法律法规风险管理的不同方面直接影响投资活动是否可持续进行，及资金活动的最终收益。

2. 风险的识别

风险识别是具体分析要实现在某期间所制订的目标，需要通过哪些事项才能完成，并对这些事项中可能发生的风险做出分类，以认清风险的实质，从而便于机构采取正确的应对措施。

3. 风险的评估

在识别了影响目标实现的内部和外部事件之后，机构必须评估这些事件对目标的影响程度，这就是风险评估。也就是说，机构通过分析、评价和估计内部或外部潜在事件发生风险的可能，明确其对达成目标的影响程度。

4. 风险的控制

在对风险做了识别和评估之后，就要采取措施实施控制。风险控制，一方面是在风险发生前，采取措施，确保其影响程度与范围在容忍限度之内；另一方面是在风险发生后，对风险的深化进行主动控制和引导，将其逐步化解或使之不继续恶化。通过风险控制制度的完善和各种措施的运用，可以对各层面的风险实施有效地控制，风险控制归纳起来由以下几个控制措施组成：

（1）风险隔离　通过及时发现风险源，迅速切断风险与其他市场关联交易的活动，使风险停止扩大。

（2）风险转移　通过及时发现风险，将风险转移到其他市场或机构以外，避免对正常运作的干扰和破坏。

（3）损失控制　这是在风险已经不可避免的情况下，以最小的代价换取重新取得平衡的一种风险控制办法。

（4）风险回避　在保证金不足情况下的强制平仓制度是风险回避的代表。当投资者或者机构出现保证金不足的情况时，交易所对相应的持仓实施强制平仓，将风险部分彻底撤出市场，从根本上避免了风险的恶化。

三、风险管理体系建立

风险管理人员体系是风险管理体系的唯一主观能动的要素,是指风险管理人员的构成及风险管理人员所具有的风险意识、风险控制技能、业务管理技能及由此所形成的风险管理文化。它是以全员参与为目标、以专职风险管理人员为基础、以业务管理人员为主体、以外部专家为补充,注重风险管理意识及风险管理技能,具有风险管理文化的全员风险管理体系。

(1)机构内部风险管理人员与外部专家相结合的人员构成体系 即机构在内部风险管理人员进行日常风险管理的基础上,聘请一定数量的法律、财务、税务、分析师等专家,组成顾问团,或在机构风险管理委员会、审计委员会、战略委员会中设立若干个外部专家席位,在机构进行重大风险决策时,由外部专家独立提出意见和建议。

(2)专职风险管理人员与业务管理人员相结合的全员风险管理体系 即机构应建立以专职风险管理人员为基础、以业务管理人员为主体、以外部专家为补充的全员风险管理体系。

(3)风险管理技能与业务管理技能相结合的人员素质体系 即机构的专职风险管理人员应具备一定的业务管理技能,而业务人员应具备一定的风险管理技能,只有二者的完美结合,才能在业务管理中进行风险识别与控制,在风险管理中对业务管理进行协调和指导。

1. 风险管理权责体系

风险管理权责体系是机构通过对风险管理权力的科学配置,并赋予风险管理人员相应的责任,使之形成权责高效统一的管理体系。它在全面风险管理体系中处于核心地位,就像人体的"灵魂"一样主导着人的行为。它是以风险管理目标为导向,以合理配置风险管理职能为中心,以明确权利义务和建立岗位责任为手段,逐步形成权限清晰、责任分明的权责体系。

(1)风险管理目标体系 一般包括风险管理总体目标、职能部门目标及风险管理各岗位具体工作目标。机构应立足自身实际状况,逐人、逐岗、逐部门制定详细具体的工作标准,量化工作内容,确定工作目标,如确定首席风险管理官、风险管理委员会、审计委员会、风险管理部门、风险管理专职人员、业务部门及业务人员等详细的工作目标,形成全员风险管理的目标体系。

(2)风险管理职能体系 一般包括风险信息搜集、风险识别、风险评估、风险分析、风险决策、风险监控等各项职能,明确风险管理各岗位所具有的职能,并合理划分至每个风险管理岗位,做到职能配置不重不漏、相互协调一致。

(3)风险管理权利义务体系 风险管理权利主要有规章制度制订权、执行权、控制权、协调权、监督权、指导权等管理权限,风险管理义务主要有风险识别义务、风险分析义务、风险报告义务、风险控制义务等。机构应当明确风险管理各岗位具有哪些权利,能够行使哪些权限,负有哪些义务,并根据权利义务对等原则合理确定。

(4)风险管理岗位责任体系 包括一般岗位责任制和具体岗位责任制,一般岗位责任制是要求所有与风险管理相关的员工必须做到的基本要求,对所有风险管理人员都具有约束力;具体岗位责任制是在定岗定员的基础上分岗位制订的对不同岗位员工的不同要求,对相应岗位员工具有约束力。

2. 风险管理运行机制体系

运行机制体系是机构在全面风险管理过程中,有关风险管理权利在风险管理组织结构体系中的有效运行方式,是全面风险管理体系的活力体现。包括决策机制、执行机制、制约机制、沟通机制、监控机制、应急机制、反馈机制、改进机制等多种机制。

(1)决策机制 是风险管理工作的中枢系统,一般可分为战略决策、重大事项决策、日常管理决策等。

（2）执行机制　是确定执行权力的合理配置问题。要做到执行到位、不缺位、不重叠、不扯皮，注重时效。

（3）制约机制　为保证降低风险，制度上对其进行有效制约。以防止不正当决策、不适当执行所带来的危害。

（4）沟通机制　它主要解决风险管理信息的传递问题。风险管理是一个动态连续的过程，它需要全体人员的参与，必须做到信息共享、及时沟通，以达到整体联动效应。

（5）监控机制　如何对风险管理系统进行有效监控。谁来监控、以何种手段何种方式进行监控等。

（6）应急机制　它主要解决的是当重大风险将要出现时，如何进行预警，以及当重大风险发生时，如何进行风险处理等问题。机构应事先分析可能发生哪些重大风险，并事先制订应急预案，以便对重大风险做出快速反应和处理，把损失降为最低。

（7）反馈机制　如何对风险管理的过程和结果提供信息反馈，使决策者能够及时了解决策的实施情况，从而形成风险管理的闭环体系。只有不断地进行信息反馈，风险管理系统才能不断完善。

（8）改进机制　它主要是解决如何提高风险管理工作的效率和效果这一问题。如建立定期培训制度、定期进行风险管理工作研讨会，对风险管理先进单位进行学习考察等，以不断地提高风险管理水平。

通过上述风险管理的介绍，希望给予投资者了解投资归避风险的流程及意义，并从中找到适合自己的投资风险控制点，完善个人投资方式。个人投资流程较机构投资流程的简化，虽更具灵活性，但资讯来源、后续资金注入专业分析能力与机构相比，较为薄弱。所以，个人投资者更应在交易心理仓位控制中多加关注。

最后，希望本书的读者朋友们在收获交易心得的同时，盈得丰厚的利润。

附录1. 金融词汇解析

一、金融词汇

1.衍生品(Derivatives):是从一般商品和基础金融产品(如股票、债券、外汇)等基础资产衍生而来新型金融产品。具有代表性的衍生品包括远期、期货、现货、期权和互换等。

2.场内交易(Curb Trading):也称为交易所交易(Exchange Trading),是在交易所内进行集中竞价的交易。

3.场外交易(Off-Flool Trading, Over-the-Counter Trading):也称为柜台交易或店头交易,是在交易所外进行的交易。

4.价格发现功能:期货市场能够预期未来现货价格的变动,发现未来的现货价格。期货价格可以作为未来某时期现货价格变动趋势的"晴雨表"。

5.对冲基金(Hedge Fund):是一种私人投资基金,目标往往是从市场短暂快速的波动中获取高水平的回报,常进行高杠杆比率的操作,运用如卖空、互换、金融衍生工具、程序交易和套利等交易手段。

6.吊空:股票投资者做空头,卖出股票后,但股票价格当天并未下跌,反而有所上涨,只得高价赔钱买回,这就是吊空。

7.实多:投资者对股价前景看涨,利用自己的资金实力做多头,即使以后股价出现下跌现象,也不急于将购入的股票出手。

8.报价:是证券市场上交易者在某一时间内对某种证券报出的最高进价或最低出价,报价代表了买卖双方所愿意出的最高价格,进价为买者愿买进某种证券所出的价格,出价为卖者愿卖出的价格。报价的次序习惯上是报进价格在先,报出价格在后。在证券交易所中,报价有四种,一是口喊,二是手势表示,三是申报纪录表上填明,四是输入电子计算机显示屏。

9.除息:股票发行企业在发放股息或红利时,需要事先进行核对股东名册、召开股东会议等多种准备工作,于是规定以某日在册股东名单为准,并公告在此日以后一段时期为停止股东过户期。停止过户期内,股息红利仍发入给登记在册的旧股东,新买进股票的持有者因没有过户就不能享有领取股息红利的权利,这就称为除息。同时股票买卖价格就应扣除这段时期内应发放股息红利数,这就是除息交易。

10.除权:除权与除息一样,也是停止过户期内的一种规定,即新的股票持有人在停止过户期内不能享有该种股票的增资配股权利。

11.洗盘:投机者先把股价大幅度杀低,使大批小额股票投资者(散户)产生恐慌而抛售股票,然后再股价抬高,以便乘机渔利。

12.回档:在股市上,股价呈不断上涨趋势,终因股价上涨速度过快而反转回跌到某一价位,这一调整现象称为回档。

13.反弹:在股市上,股价呈不断下跌趋势,终因股价下跌速度过快而反转回升到某一价位的调整现象称为反弹。

14.拨档:投资者做多头时,若遇股价下跌,并预计股价还将继续下跌时,马上将其持有的股票卖出,等股票跌落一段差距后再买进,以减少做多头在股价下跌那段时间受到的损失,采用这种交易行为称为拨档。

15.整理:股市上的股价经过大幅度迅速上涨或下跌后,遇到阻力线或支撑线,原先上涨或下跌趋势明显放慢,开始出现价格上下跳动,并持续一段时间,这种现象称为整理。整理现象的出现通常表示多头和空头激烈互斗而产生了跳动价位,也是下一次股价大变动的前奏。

16.停板制度(Circuit Breakers):指一旦价格跌幅达某一百分比,按交易所规定暂停交易一段时间的制度,其目的在于限制恐慌性抛售。

17.初级产品(Commodity):指用作食品或制造用的天然原料。可分以下各大类,(1)石油和天然气;(2)金属;(3)谷物和油籽;(4)糖、可可、咖啡和茶等软性产品;(5)橡胶、棕榈油、棉花和羊毛等种植园作物。在交易所买卖的初级产品按合约指定的商品数量、质量及交割日期报价,通常也以远期、期货和期权合约形式交易。如果在交易所以外买卖,初级产品通常通过个别生产者与使用者之间的直接接触而成交,每一笔交易都是"量身定做"的合约,双方往往会签订长期供应合约。

18.券款对付(DVP,Delivery Versus Payment):指债券交易的结算方式,即买卖双方在约定的结算日,债券与资金同步进行交收。

19.加曼柯尔哈根模型(Garman Kohlhagen Model):外汇期权定价的公式,与布莱克—斯科尔斯模型相似。布莱克—斯科尔斯模型假定借款和放款的利率都是同一无风险利率,加曼柯尔哈根模型则允许两种货币的利率各有不同,并将此对期权价值的影响反映于公式内。

20.原油(Crude Oil):指去除相关气体后油田的产物,用于提炼其他石油产品如汽油和燃料油。

21.合成金融工具(Synthetic):指将两种或两种以上的金融工具组合在一起,创造出别具特色新资产的金融工具。例如,在购买一只股票的看涨期权的同时卖出相同股票的看跌期权,人为地创立一项与该股票具有相同特征、相同风险和潜在回报率的资产。

22.合格交割(Good Delivery):指证券已有必要的背书,所有相关文件齐备,符合全部交割要求,可在结算日将所有权过到买方名下。

23.合约细则(Term Sheet):由合约各方签署,列明投资或贷款条款细节的文件。

24.国际商品协定(Commodity Agreement):主要生产国与消费国就调节某种原料商品的产量及价格而达成的协定。生产国可能会协议以配额、囤积产出或减产等手段来限制出口。协议方的行动有时会由市场价格触及某一触发点(Trigger Price)所引发。此种协定通常只能取得有限的短期效果。

25.垂直价差(Vertical Spread):一种期权交易策略,买进一项期权的同时,卖出到期日相同但行使价不同的同类期权。

26.定点期权(Binary Option):一种特殊期权,在标的资产市价达到事先确定水准的情况下支付固定的金额,否则不会有任何回报。亦称全付或不付期权(All-or-Nothing Option)、数字期权(Digital Option)或一触即付期权(One-Touch Option)。

27. 定盘(Fix):为汇率或商品制定一个正式的价格,通常在每交易日进行。

28.小金属(Minor Metals):指诸如钴、钽、钨、锑、锆和钼等金属。

29.平价(At Par):指证券的售价与其面值相等。

30.平均价格期权(Average Price):平均价格期权是指期权的结算价值基于期权行使价格

与标的资产在期权期限内平均现货价的差值的期权。经合约各方同意,平均值可取自期权期限内的任何时点,数据的时间间隔和频率亦可任意确定,亦称Asian Option(亚洲式期权)。

31. 成交量加权平均价(Volume-weighted Average Price, VWAP): VWAP是将多笔交易的价格按各自的成交量加权而算出的平均价,若是计算某一证券在某交易日的VWAP,将当日成交总值除以总成交量即可。VWAP可作为交易定价的一种方法,亦可作为衡量机构投资者或交易商的交易表现的尺度。

32. 投标(Tender): 在不同的语境有不同的含义,差异相当大。在证券市场,该词可指所有证券以同一价格配售,也可指因应收购要约交出股票。在货币市场上,此词可指出价购买国库券。在商品和期货市场,该词指就商品期货合约提出实物交割的意向通知。

33. 拍卖(Auction): 也称标售,是公开出售证券的一种方式。发行人邀请获授权的交易商出价投标,直至拟出售的证券全部卖出。

34. 指令驱动(Order Driven): 就证券交易方式而言,指令驱动是指投资者将买卖委托(指令)提供给某一中心交易区以撮合交易,是一种连续性的拍卖方式。

35. 整批交易(Round Lot Trade): 指按证券和商品在市场最普遍的交易单位(例如100股为一单位)进行的交易。

36. 易货交易(Barter, Counter Trade): 指不采用货币作中介的商品或服务的交换。

37. 欧元银行同业拆息(Euro Interbank Offered Rate): 欧元的货币市场基准利率,期限从1周至12个月不等,是银行向同业拆放款的利率。

38. 波动性(Volatility): 指某项价值(如股票价格或利率)在一段时间内变动的程度。高波动性是指价值剧烈变动,通常是市场不确定性较高所致。交易商欢迎高波动性的市场,因为从中获利的机会较多。低波动性是指价值的变动轻微,有如市场已消化了所有相关的消息。专业投资者一般能从低波动性的市场中得益,因为他们能更好地锁定稳定的收益。在金融市场,历史波动性(historical volatility)不同于隐含波动性(implied volatility),前者是历史价格或收益率实际呈现的波动程度,后者则是期权价格所反映的预期波动性。

39. 结构性调整(Structural Adjustment): 指改革整个经济的结构。大多在国际货币基金组织和世界银行推动的结构性调整规划中使用,目的是要实现市场开放、贸易自由和削减预算赤字与经常账户逆差。

40. 结构性赤字(Structural Deficit): 指一国的预算赤字中不受经济周期性波动影响的部分。

41. 美国联邦能源监管委员会(FERC, Federal Energy Regulatory Commission): 是美国能源部下属机构,负责监管州与州之间的天然气管道及天然气的价格。

42. 联邦基金(Fed Funds): 指美国的商业银行存放在联邦储备银行(即中央银行体系)的准备金,包括法定准备金及超过准备金要求的资金。这些资金可以借给其他成员银行,以满足他们对短期准备金的需求,拆借的利率称为联邦基金利率。该利率是美国两大基准利率之一,另一基准利率是贴现率。联邦基金也可指联邦储备委员会用以支付其购买美国政府证券的资金。

43. 趋同(Convergence): 指期货价格随着到期日的逼近日益靠近标的金融工具的价格。也指希望加入某货币区的国家的利率向货币区利率的基准水平靠拢的过程,这是希望加入欧元区的国家市场交易上的一个新因素。

44.跌价抛售(Selloff):指当出现严重的市场压力压抑价格时,为了防止股票、债券、期权、期货或其他任何形式的商品或金融工具的价格进一步下跌而出现的大量抛售。

45.软性商品(Softs):指如糖、咖啡和可可等软性初级商品,这有别于金属、谷物和油菜籽等商品。

46.金本位制(Gold Standard):货币能以固定的比率兑换黄金的货币制度。在金本位制度下,中央银行必须有能力以黄金兑换已发行的全部本国货币。在采用金本位的国家之间,货币之间的兑换率是固定的,按各自兑换黄金的比率计算得出。绝大多数发达国家在第二次世界大战结束之前已放弃了金本位制。

47.银行与保险混合型产品(Banc Assurance):欧洲大陆一种结合银行及保险服务的金融产品。

48.额外的卖点(Bells and Whistles):证券附加的卖点,目的是吸引投资者或降低发行人的成本或两者兼得。

49.高点反转(Top Reversal):指价格在升势中创出新高,但当日收盘回落至较上一交易日(有时是上两个交易日)收盘水平更低的水准。

50.承兑行(Accepting House):承担信用担保商业汇票并从中收取一定费用的银行或者机构。

51.账目(Accounts):由财务记录系统提供的个人或机构财务报表。上市公司需要公开财务报表,其包括损益表和资产负载表。

52.实际国民生产总值(Actual Gross National Product,GNP):经济的即期实际产出水平。实际国民生产总值,可能与国家的潜在国民生产总值不等。实际国民生产总值的水平由总需求和潜在国民生产总值之间的相互作用所决定的。在任一时点上总需求都比潜在国民生产总值低,那么实际国民生产总值将与总需求相等。

53.对通过膨胀的适应性预期(Adaptive Expectations of Inflation):以近期的通货膨胀率为基准对未来通货膨胀率进行预期。人们以此方式进行预期,通货膨胀将恶性循环,导致更高的通货膨胀。

54.代理成本(Agency Cost):委托人与代理人之间契约关系的一种失灵表现。此表现由委托人无法完全监督代理人的活动而产生的结果。在实际案例中,代理人存在可能不会根据委托人利益行事的可能,所以委托人需要和代理人设计一种适合的奖励机制,使代理人的利益与委托人利益保证一致。

55.《1997年阿姆斯特丹条约》(Amsterdam Treaty 1997):欧盟(EU)法令,该法令对《1991年马斯特里赫特条约》(Maastricht Treaty 1991)中关于社会政策、欧盟机构管理的内部程序和欧盟共同外交与完全政策(包括防御)等方面进行补充规定。

56.可调整钉住汇率制度(Adjustable Peg Exchange-Rate System):国际货币基金组织最先实行的固定汇率制度的一种形式。该制度中,两种货币之间的汇率固定在特定值上,但随着经济环境改变的需要,也可调整到一个新的固定价格。

57.安第斯条约(Andean Pact):1969年成立的地区性联盟,主要目的为建立共同市场、《安第斯条约》的最初成员国为秘鲁、智利、厄瓜多尔、哥伦比亚及玻利维亚。然而,由于各种经济和政治的不稳定因素,该联盟在20世纪80年代中期瓦解;在1990年该组织又被重新发起,但智利退出该联盟,委内瑞拉成为新的成员国。各成员国为最终引入共同市场而重新履行义务。

58.年度股东大会(Annual General Meeting, AGM):股份公司根据法律规定召集的年度股东会议,会议目的为股东通过该会议上讨论公司年报及财务报表,选举董事会成员,通过董事会提议的股利支付方案等。在实践中,年度股东大会参与情况往往不佳,代理人投票通常倾向董事,因此董事连任很少会失败。

59.年金(Annuity):初始投资一次性付清之后每隔定期支付的等额款项。年金的时间间隔固定时,称为固定年金,其定期收入包括阶段性的本金还款和利息。

60.年报及财务报表(Annual Report and Accounts):由股份公司董事会向股东提交的年度报告,其中包括公司资产负债表副本、损益表摘要及法律要求董事会向股东披露的其他信息。在召开年度股东大会之前,股份公司应向每一位股东递交一份年报及财务报表的附件。

61.资产(Asset):由个人或企业拥有的具有货币价值的物品或财产。资产基本分为三类:金融资产,如货币、股票、股份及银行存款;实物资产,如厂房设备、地上建筑物等;无形资产,如品牌价值、专利技术等。

62.汇率决定机制的资产价值理论(Asset-Value Theory of Exchange Rate Determination)该理论为对浮动汇率制度下对汇率变动的解释。虽然购买力评价理论认为投资与国际收支均衡是保持一致的,资产价值理论则强调情况并非如此。其理论中,汇率为资产价格,是国外与国内资产持有者意愿持有某国(货币、票据债券及其他)金融资产的相对价格。汇率实际变动和对未来汇率的预期变动会影响资产持有者对资产组合的改变。

63.平均实物产出(Average Physical Product):在短期供给理论中,每一单位额外的可变要素投入(与一定数量的固定要素投入相结合)的平均产出,这一平均产出是通过总产出量除以要素投入量计算得出的,在短期供给理论中,企业可结合平均实物产出与单位产出的平均收入理解为去的最大利润需要多少要素投入。

64.平均储蓄倾向(Average Propensity to Save, APS):一定水平的国民收入中用于储蓄的比例:平均储蓄倾向=储蓄/收入

另外,储蓄也可表示为可支配收入的一定比例。

65.后门(Back Door):一种非官方机制,英格兰银行通过此机制在贴现市场以现价回购已发行国库券,以帮助贴现银行克服暂时的流动性补足。

66.坏账(Bad Debt):会计学术语,指可能无法归还的账款。坏账在营业期间作为一项企业成本可递减企业利润。

67.资产负债表(Balance Sheet):表明某公司在营业期间结束日时的资产与负债状况的会计报表。资产负债表列出了公司拥有的资产,并在旁边一栏列出了与资产总额相等的公司债务和公司出资方的权益。资产分为固定资产和流动资产,债务包括股东已用资本、长期贷款和流动负债。

68.银行(Bank):接受存款的机构,由当国货币当局批准,存放个人、企业及机构的现金,并具有在经常账户或存款账户立即还款的义务。银行为其客户提供各种服务,将其存放的货币以贷款的形式出借,并透支或使用其资金来购买金融证券以获得利润。银行的种类繁多,包括商业银行、商人银行、储蓄银行和投资银行。

69.银行存款(Bank Deposit):在商业银行或储蓄银行中存放的一笔现金。银行存款有两种主要形式:在有需求时可提取的活期存款;通常在给出特定通知后可提取的定期存款。活期存款具有即时流动性;通过提取货币和支票转账的方式,它们被用来为日常交易和定期支付活

动提供资金。作为储蓄的一种形式,定期存款通常被长期持有,以满足不定期支付的需要。银行存款时货币供给的一个重要组成部分。

70. 平均税收倾向(Average Propensity to Tax, APT):一定水平的国民收入中政府规定征收的税收比例

平均税收倾向=税收/收入

71. 平均税率(Average Rate of Taxation):个人支付的税款总额除以作为税基的收入总额。例如,如果某人年收入为10 000英镑且年纳税额为2 500英镑,则平均税率为25%。

72. 平均收入产出(Average Revenue Product):使用一定数量的可变要素投入所获得的收入总额除以投入单位的数量。某要素的平均收入产出等于要素的平均实物产出乘以平均收入或产品的价格。公司可结合平均收入产出和平均成本了解到,为了在短期内取得最大利润需要有多少要素投入。

73. 奖金方案(Bonus Scheme):奖励津贴方案的一种形式,个人或团体的工资以其产出目标的实际情况为基础而制订的方案。奖金方案通常由雇主提供有保障的基本工资外,所设立的奖励机制。

74. 繁荣(Boom):经济周期中达到充分就业水平时产出的一个阶段,总体价格水平有某种上扬的压力。繁荣的条件取决于是否存在高水平的总需求,而高水平的总需求可能会由扩张性的财政政策和货币政策自动产生而引致。

75. 借款人(Borrower):获得贷款以获取消费或者投资资金的个人、机构或企业。借款行为常规需要向贷款方提供抵押担保品或相应证明具有偿还能力的依据。

76. 有限合理性(Bounded Rationality):人们处理复杂事物、信息和追求理性目标的能力限制。有限合理性使合同的当事人无法预期或举例一项交易中可能发生的所有偶然事件,因此他们无法起草完备的合约。

77. 抵制(Boycott):国家与国家之间的抵制,一国禁止进口或出口某些商品或完全禁止与某国进行国际贸易;行业内抵制,某行业自发或有组织的禁止供应或销售某项产品或某机构商品。

78. 品牌忠诚度(Brand Loyalty):相对其他的竞争产品,消费者始终愿意选择再次消费的某一供应商或品牌。供应商通过强调竞争品牌间实际差异和虚构差异的产品差异化战略培养市场品牌忠诚度。

79. 品牌激增(Brand Proliferation):某一特定产品的品牌数量增加,且每一个新品牌与已有品牌极为相似。品牌激增主要发生在寡头市场。在该市场中,竞争争夺主要围绕产品差异化战略,这是市场细分的一种手段。市场理论通常认为过多的品牌激增会减少消费者福利,因为它会提高广告活动和销售促销的总支出,从而使价格趋于上升。

80. 出生率(Birth Rate):每年每1000人口中的新生人口数。

81. 黑色经济(Black Economy):由于未通过市场或因不合法而没纳入计算中的国民收入账户中的非市场经济活动。非法行为不等同于非市场行为。非法经济行为可由供给与需求决定的价格体系中高效运作。

82. 董事会(Board of Directors):对股东负责,经营股份公司的团体。常规下董事会由带薪的公司全职高级管理人员和兼职非执行董事组成。董事会在公司董事长的主持下定期举行会议,决定公司的主要策略和关键经理人的认命。董事由公司的年度股东大会进行换届选举。

83.品牌转换(Brand Switching):消费者选择其他品牌来替代惯用品牌,品牌转换可能由旨在打破客户对现有品牌的品牌忠诚度的广告活动所引发。

84.过渡性贷款(Bridging Loan):短期贷款的一种形式,借款人将该贷款作为过度某一时期的持续资金来源,直到借款人货的可以替代该款项的中期或长期贷款为止。过渡性贷款尤其适用于住房市场,在处理长期抵押融资和等待现有财产出售以获得收益时来为购买新房融资。

85.政府预算(Budget Government):政府某个财政年度计划中,对收入及支出的财务结算。政府预算有两个用途:政府预算构成了对政府的经济和社会义务进行长期财务规划的基础;政府预算是调节经济活动总需求水平的一种财政政策工具,预算盈余会降低总需求,相反预算赤字会提高总需求。

86.预算赤字(Budget Deficit):在某个财政年度内,政府支出高于政府税收和其他收入的部分。

87.预算盈余(Budget Surplus):税收收入高于政府公共支出的盈余部分。预算盈余是财政政策的一种工具,用以降低经济活动中的总需求水平。

88.商业策略(Business Strategy):厂商制订的长期计划及政策,将不同的生产与营销活动相见结合,以实现其经营目标。

89.买方集中度(Buyer Concentration):市场结构的一个因素,描述市场中购买者的数量和分布规模。在大多数市场中,购买者众多,每位购买者只购买总供应量中的一小部分。

90.资本(Capital):投资于实物资本和人力资源而给生产活动带来的贡献。资本是三大主要生产要素之一,另外两个是劳动力和自然资源。实物资本对经济增长有显著贡献。

91.资本市场(Capital Market):交易长期的公司借贷资本、股本以及政府债券的市场。资本市场与货币市场是产业和政府进行外部融资的主要来源。资本市场上的金融机构包括中央银行、商业银行、储蓄投资机构和证券发行机构以及私人银行等。

92.现金流:从销售收入或其他收入流入企业的货币。以现金形式支付结款等流出企业的货币。

93.现金限制:通过设定最高支出总额,来控制支出的一种方法。对于国家而言,目的在于限制通货膨胀;对于机构而言,目的在于抑制资金风险。

94.集中集权:经济决策的制定权集中到中央,而不是下放给许多不同的决策制定者。国家通过采用中央计划经济来实现集权化。在该经济体中,国家自有、控制并分派资源的特定用途。对公司而言,集权是指总经理对所有重大问题做出决定,然后把具体指示告知相关部门。

95.古典经济学(Classical Economics):建立在斯密、李嘉图、穆勒等人著作基础上的一种思想流派或称为一套经济学理论。其主导了经济学思想一直到1870年左右发生的"边际主义革命"。古典经济学家把经济学问题的实质看成是由土地所有者、劳动力以及资本家创造的经济财富的生产与分配问题,注重解释工人与资本家各自决策的相互影响是如何通过市场系统协调起来产生经济财富的。其崇尚市场力量、支持市场为导向,也支持国家间自由贸易的主张。约在1870年后,古典主义逐渐被后来新古典主义经济分析所代替,后者包含了边际主义的概念。古典经济学家否认任何由总需求不足导致失业的可能性。(萨伊定律)市场力将使总需求与潜在国民生产总值保持一致。

96.封闭经济(Closed Economy):不受任何形式的国际贸易影响的经济,即该经济体没有任何形式的出口或进口品。通过集中研究封闭经济可简化国民收入循环流动模型,并集中研究一个经济体中的收入与支出情况。在循环流动前提下,封闭经济总需求表示为Y=C+I+G。(C=消费支出,I=投资支出,G=政府支出)

97.共同市场(Common Market):国家间贸易一体化的一种形式,共同市场的成员就相互间的产品和服务取消所有贸易壁垒,对成员国以外的国家建立统一壁垒,特别是制定统一的对外关税。共同市场还为其成员国之间资本与劳动的自由流动提供了便利。共同市场的目的是确保获得国际利益,并由此提高成员国的实际生活水平。共同市场形成的短期和中期影响主要反映于成员国之间贸易的增加。贸易创造通常与资源重新配置有关,市场总是偏好能以最低成本供应产品的地区,消除关税后生产成本进而价格就会下降。

98.耐用消费品(Consumer Durables):如房屋、汽车等可以使用较长时间,而不是被立即消耗的快销品。

99.消费者均衡(Consumer Equilibrium):消费者花费有限的(固定)收入,最大化其总效用或者满意程度的点。x的边际效用/x的价格=y的边际效用/y的价格。

100.消费(Consumption):消费者由于使用某项产品或服务而获得的满意程度。对某项产品的需求曲线反映了消费者在消费该产品时所获得的满意程度。

101.互补产品(Complementary Products):需求相关的产品或者服务,其中一项价格上涨会导致另一项需求的下降。

102.复利(Compound Interest):一笔贷款所产生的利息,其数额大小不仅依赖于该笔贷款的最初数额,还应计算累计利息。利息随着时间呈指数级增长。复利终值=本金×(1+利率)时期数

103.联合债券(Consols):无期有息公债的缩写形式;没有写明到期日的一种无限期政府债券。虽然这种证券可以买卖,该债券不偿还用于购买的本金。由于政府不赎回这种债券,其市场价值就可能发生很大变化,使其实际利率与名义利率一致。

104.炫耀性消费(Conspicuous Consumption):消费产品或者服务所获得的效果不是从使用该产品或服务中获得,而是从对该产品的炫耀性展示中获得的。炫耀性消费产品有一个向上倾斜的需求曲线,因此对该产品的需求量与其价格成正比。

105.消费支出(Consumption Expenditure):国民收入或者可支配收入中被家庭花费在最终产品和服务中的那部分。消费支出是总需求以及花费在国民收入循环流动中最大的组成部分。它是总需求中最稳定的部分之一,在不同时间内的波动很小。

106.消费函数(Consumption Function):描述因消费支出与各种决定消费的自变量之间关系的一种函数,决定消费的因变量有当期可支配收入、上期收入以及财富。

107.成本中心(Cost Centre):企业内部的一个组织单位,负责使成本最小化,但无法控制产品定价和收益。成本中心通过帮助确定每单位运营成本来促进管理控制。

108.成本驱动要素(Cost Drivers):造成组织内部与不同组织之间成本差别的因素。成本驱动可能会与组织内部的各种价值创造活动相关。主要的成本驱动要素有企业规模或经营范围;累积的经验;业务的组织形式以及其他因素。

109.成本效率(Cost Effectiveness):给定投入资源的数量,达到提供产品或服务的最大化。当组织拥有给定水平的可用支出并寻求提供最大化的服务数量,而且当服务产出不能被用货币项计价时,成本效率通常作为一个目标。当可以估计产出与投入货币价值时,则可以采用成

本收益法。

110.对销贸易(Countertrade):国际贸易中直接或者间接的以货易货交易。通常当某种外汇短缺或者当某些国家采取外汇管制时会采用对销贸易的方式。对销贸易有许多不同的形式,包括:实物交易、补偿贸易、回购贸易及互购贸易。

111.息票(Coupon):一种证明合法拥有某种金融证券并有权从中获得收益的文书。

112.票面利率(Coupon Interest Rate):依照债券面值支付的利率。

113.盟约(Covenant):法定协议或者合同的一种特殊情况。

114.抛补利息套利(Covered Interest Arbitrage):利用国与国之间的利率差而借贷或者投资外币。

115.信贷(Credit):一种金融工具,借助这种金融工具,个人或者企业可以通过借贷资金来购买商品、原材料以及生产资料等物品,并可以延期还款。

116.因变量(Dependent Variable):模型中受到其他变量影响的变量。例如,某种产品的需求量(因变量)会受到它的价格(自变量)的影响。一般都将因变量写在方程式的左边。

117.取消管制(Deregulation):取消原来由政府或者其他管理机构(例如,产业贸易协会)颁布的对经济活动的控制。如果管制不再被视为是必需的(例如,停止用价格控制来抑制通货膨胀),或者这些管制过于严厉以至于企业无法利用商业机会,这时就可以实施取消管制;例如,1979年英国取消大部分的外汇管制就是为了使海外实物投资和证券组合投资自由化。取消管制在近来英国政府采取的激励更广泛竞争的一系列政策中起到了极其重要的作用,例如,允许私人企业在原先吸有中央政府或者地方权力机构才能经营的领域(如当地的公共汽车和包裹服务)进行商业竞争。相反,政府的这些举措也可以看作在一定范围内促进了规则的制定(例如,国有产业的私有化),在一定程度上通过创建新的管理机构[例如,煤气产业的英国燃气管制办公室(Ofgas)以及电信产业的英国电信办公室(Oftel)加强了对其活动的管理,以保证消费者的利益得到保护。

118.衍生需求(Derived Demand):对某种一特定要素投入或者产品的需求,其取决于对其他产品的需求。例如,对生产汽车的劳动力需求首先取决于对汽车有需求;对茶杯的需求取决于对茶的需求。

119.债务(Debt):个人、企业或者政府(借款人)欠贷款人的货币金额。当借款人的支出大于他们目前的收入,或者当他们特意计划好借钱来购买特定的商品、服务或资产(房产、金融证券等)的时候,债务就会上升。债务合同规定了借款的最终偿还金额,还包括了贷款期内应付的利息额。个人债务可能包括抵押、分期付款信贷、银行贷款以及透支;企业债务可能包括固定利率公司债券、货款、汇票、银行货款以及透支;政府债务的形式有长期债券和(短期)国库券。

120.债务融资(Debt Financing):通过发放金融证券来为企业和政府的赤字融资,包括短期公司汇票、政府国库券以及政府发放的长期债券。

121.信贷(Credit):一种金融工具,借助这种金融工具,个人或者企业可以通过借贷资金来购买商品、原材料以及生产资料等物品,并可以延期还款。信贷工具有多种形式,包括银行贷款和透支分期付款信贷、信用卡以及贸易信贷。信贷的利率可能是固定的或者是可变的,根据采用的信贷工具而定,在某种情况下甚至会有无息信贷作为刺激商业的一种方式。

122.信用卡(Credit Card):通过获得销售点的信贷,用于购买商品支出的一种塑料卡或者代价券。

123.信贷管制(Credit Controls):作为货币政策的一部分,信贷管制指对向金融系统借款行为的管理。公开市场操作是限制信贷扩张的一种常用方法。更为常用的一种管制形式是规制消费者分期付款信贷(分期付款购买)。在这种情况下,购买某种物品将受到该金融当局对最小定金额以及最大偿还期限的管制。企业对其购货债务人所实施的一种管制,以确保消费者会尽快偿还债务,并把发生坏账的风险降至最低。企业采取信贷管制的目的是把债务人所占用的资金到最低,以提高利润率和流动性。

124.债权国(Creditor Nation):向国外投资超过外国向其投资的国家。债权国收到其在国外投资的利息和红利超过其必须支付的外国向其投资的利息和红利,因此其国际收支平衡表上就会有盈余。许多发达国家都是债权国。

125.信贷紧缩(Credit Squeeze):货币当局采取的降低由商业银行、金融商行等金融机构发放的信贷总额的行动。这些行动构成了政府货币政策的一部分,这种货币政策通过减少可用信贷的数量以及提高利率来降低总需求。

126.需求交叉弹性(Cross-elasticity of Demand):测度某种物品的需求对其他商品价格变化的反应程度。

(i)需求交叉弹性=商品A需求量的变化百分比/商品B价格的变化百分比

消费者可能把某种商品当作另一种商品的替代品。在这种情况下,商品B(例如,茶叶)价格的上涨会使得商品A(例如,咖啡)的需求量增加,因为消费者现在会买更多的商品A来替代更贵的商品B,因此,需求交叉弹性为正。

(ii)需求交叉弹性=商品C需求量的变化百分比/商品B价格的变化百分比

同样地,消费者可能会把某种商品当作另一种商品的互补品,商品B(例如,茶叶)价格的上涨不仅会降低商品B的需求量,而且会降低另外一种商品C(例如,糖)的需求量。由于商品B价格的上涨降低了商品C的需求量,因此在这种情况下,需求交叉弹性为负。

需求交叉弹性的数值反映了商品之间的替代程度。如果商品B价格的小幅上涨导致了商品A需求量增加很多(即交叉弹性很大),则说明商品A与商品B有很大的替代性。类似地,需求交叉弹性的数值反映了商品之间的互补各项。如果商品B价格的小幅上涨导致了商品C需求量下降很多(即交叉弹性很大),则说明商品C与商品B有很强的互补性。在商品替代性方面,交叉弹性提供一个很好的指标,并因此对确定市场边界有很大的帮助。一组有很高的需求交叉弹性的商品就构成了一个明显的市场,不管它们是否具有相同的技术特征。

127.交叉补贴(Cross-subsidization):企业在内部利用其化部门或产品产生的利润,对某个部门或产品提供内部补助的行为。交叉补贴经常被 多元化经营和垂直一体化的企业用来资助新产品开发;进入新领域实行多样化策略;或者帮助企业在某些市场上进行降价以应付激烈的竞争。

128.挤出效应(Crowding-out Effect):政府(公共)支出的增加有降低私人部门支出水平的效应。只有当货币供给是固定的时候才会发生。因此,额外的可贷资金就不会流向政府部门成为额外支出。如果货币供给是固定的,那么伴随着政府额外支出的公共部门借款要求的增加会使利率上升——这是政府借款增加所致,而这会抑制私人部门的投资。另一方面,如果额外的可贷资金可以从其他地方获得,譬如说国外,那么政府额外借款就不会使利率有很大的上涨,故而对私人部门投资的影响也比较小。"挤出效应"一词还用于更广泛的意义上,指更多的政府支出会先行耗费国民资源,而给私人消费支出、私人部门投资以及出口留下较少的资源。只有当一国的总资源量是固定的并且行到了充分利用,公共部门对资源时,这种真实的挤出效应才会发生。如果有闲置资源可供使用,那么公共部门和私人部门的额外需求都将得到满足。

129.货币(Currency):由货币当局发行的纸币和硬币,这些货币形成了一国货币供给的一部分。在经济分析和货币政策中,"货币"一词经常与"现金"一词交换使用。

130.流动资产(Current Assets):企业内诸如股票、债务人的欠款以及现金之类用于短期支付的资产,以购买原材料,制造产品,并出售最终产品以得到付款。

131.流动负债(Current Liabilities):近期必须以现金支付的所有债务,包括企业所欠贸易债权人的债务以及银行贷款/透支等款项。

132.海关与消费局(Customs and Excise):按照适当的税率、规则以及规定征收间接税的一个政府代理处。英国的海关与消费局一般负责征收增值税以及酒类、烟草和赌场的营业税。该机构还执行有关某些物品进行出口的法律规定,征收进口税并阻止试图通过走私而逃避进口税的行为。

133.关税(Customs Duty):对进口产品所征的税收。与关税不同的是,进口税主要是作为提高政府税收的手段而非作为保护国内厂商免受外竞争的手段。

134.关税同盟(Customs Union):一些国家贸易一体化的一种形式,在关税同盟中,成员国之间消除所有商品和服务的贸易壁垒(关税等),并对世界上其他国家建立一个统一的贸易壁垒,特别是共同外部关税。关税同盟确保成员国获得国际贸易以及专业化分工的利益,从而提高成员国的实际生活水平。

135.周期性失业(Cyclical Unemployment):处于经济周期的衰退和萧条阶段时,总需求水平和商业活动下降,由此带来的因需求不足而导致的失业。

136.破晓袭击(Dawn Raid):某公司潜在的接管竞标者以当前的市场价格购买目标公司很大一部分股权,通常是通过中介实现(用以隐藏竞标者的身份)。这部分股权可以为全部股份接管出价(按照谈好的价格进行)提供一个平台。

137.差别关税(Discriminatory Tariff):对进口商品征收的一种关税,税率依据进口商品的原产地的不同而不同。差别关税扭曲了国际贸易模式,通常被世界贸易组织所禁止,除非在同一个关税同盟中实行。

138.抽回投资(Disinvestment):当没有足够的新投资来弥补资本消费时,资本存量将下降。

139.可支配收入(Disposable Income):支付个人所得税和保险后,可供家庭使用的现有收入的数量。如果家庭有长期债务需求偿还,那么可支配收入会进一步降低。可支配收入的经济中消费支出水平和储蓄的一个重要决定因素。

140.动用储蓄(Dissaving):当前的消费支出超过当前的可支配收入,超出部分由家庭动用以前的储蓄来弥补。

141.贴现率(Discount R):将与某个投资项目相关的现金流入和现金流出进行贴现的利率水平。对于私人部门项目,贴现率通常以该企业的加权平均资本成本为基础,即每种融资形式的利息成本以该种融资形式对公司总资金的贡献比例作为权重。

142.股利(Dividend):股份公司支付给股东的作为其提供股本的回报。股利是对公司利润的一种分配。

143.股息生息率(Dividend Yield):股份公司在一定的会计期间所支付的股利占其股票当前市场价格的比例。

144.国内信用扩张(Domestic Credit Expansion,DCE):国际货币基金组织时常使用的货币流通额,要求其有国际收支赤字的成员国采取货币紧缩政策,以此作为获得基金组织资源的一个条件。国内信用扩张的主要因素大致包括:国内货币供给量的年变化率以及私人部门和公共部门举借外债的年变化率。在固定汇率制度下,无论是货币供给增加还会海外融资所带来的过度货币扩张都会导致国内价格水平比贸易伙伴国上升得更快,从而带来国际收支赤字。因此,要恢复国际收支均衡,就必须实行货币紧缩。在浮动汇率制度下,对货币扩张的紧缩控制就不太迫切,一般认为各国国内价格水平的差异会被汇率的变动所抵消。

145.倾销(Dumping):商品的出口价格低于该商品在国内市场的售价。倾销的产生可能是对国内衰退的一种短期反应,也可能是渗透出口市场的一种长期战略手段。不管是哪种途径,倾销都被视为不公平贸易,也是世界贸易组织的贸易法则所禁止的。

146.每股收益(Earnings Per Share):股份公司普通股股东获得的税后净利润除以普通股的数量。

147.经济理论:构建关于经济变量间相互关系的经济模型,以从这些经济模型中得到可以检验的假设。当假设同现实世界数据冲突时,假设就要被修正或舍弃,以获得更好的假设;当假设被实际数据证实时,它就可以对制定具体的经济政策提供有价值的指导。经济理论的目标,是构建关于现实世界经济现象的简化经济模型,从一系列关于消费者行为、生产商等基本假设中进行逻辑推理。在经济模型的基础上确定一个假设,用证实数据来检验假设。

148.范围经济:随着企业销售额的增加,平均成本将下降。通过在不同的经营中投入相同的要素或者通过组合销售或分销产品,企业可以实现范围经济。范围经济通常是企业采取"集中"多样化的重要动机。

149.有效市场假设:其指出,有效市场的存在是基于可能影响商品价格或金融市场价格的所有信息都在价格中反映。在市场中存在完全竞争,所以商品和金融市场价格的变化只会受到新信息的影响。这种假设表明,由于市场吸收该新信息的速度非常快,对未来价格变化的期望会根据商品或金融市场价格的内在价值而随机调整。在统计学中,这种情况称之为随机游走。

150.欧洲自由贸易联盟(EFTA):根据1959年《斯德哥尔摩条约》成立的一个地区联盟,其明确为保护成员国自由贸易的权益。在20世纪50年代后期,建立欧洲关税同盟的失败尝试后,创建了欧洲自由贸易联盟。赞成关税同盟方案的国家在1958年成立了欧盟(EU),并对长期经济一体化做出了详细承诺。其他国家由于各种各样的原因选择了自由贸易区并建立了欧洲自由贸易联盟。欧洲自由贸易联盟初始成员为7个国家:英国、丹麦、挪威、葡萄牙、奥地利、瑞典和瑞士。1961年芬兰加入、1970年冰岛也加入欧洲自由贸易联盟。但随后1973年英国与丹麦退出欧洲自由贸易联盟加入欧盟,1995年芬兰、瑞典与奥地利也加入欧盟。其成员国之间严格的贸易限制在1960年后6年间逐步取消,但每个成员国仍对非成员国保留独立的关税等限制。

151.绿讹诈(Greenmail):又译讹诈赎金,直译为绿讹诈函又称溢价回购,由Green(美元的俚称)和Blackmail(讹诈函)两个词演绎而来,指的是单个或一组投资者大量购买目标公司的股票。其主要目的是迫使目标公司溢价回购上述股票(进行讹诈)。出于防止被收购的考虑,目标公司以较高的溢价实施回购(给付赎金),以促使上述股东将股票出售给公司,放弃进一步收购的打算。这种回购对象特定,不适用于其他股东。在欧美等国家,绿票讹诈是指投机者购买公司大量股票,企图加价出售给公司收购者,或者是以更高的价格把股票卖给公司以避免这部分股份落入公司收购者之手。

152. 格雷欣法则(Gresham's Law):指在实行金银复本位制条件下,金银有一定的兑换比率,当金银的市场比价与法定比价不一致时,市场比价比法定比价高的金属货币(良币)将逐渐减少,而市场比价比法定比价低的金属货币(劣币)将逐渐增加,形成良币退藏,劣币充斥的现象。格雷欣法则是一条经济法则,也称劣币驱逐良币法则,意为在双本位货币制度的情况下,两种货币同时流通时,如果其中之一发生贬值,其实际价值相对低于另一种货币的价值,实际价值高于法定价值的"良币"将被普遍收藏起来,逐步从市场上消失,最终被驱逐出流通领域,实际价值低于法定价值的"劣币"将在市场上泛滥成灾。

153. 灰色市场:简称灰市。是指透过未经商标拥有者授权,而销售该品牌商品的市场渠道。灰色市场的商品就是有品牌的真品,只不过其销售的渠道未经该商标拥有者授权与同意,是一种"非正式"的渠道。灰色市场表明其介乎于正当的白色市场与非法的黑色市场之间。

154. 控股公司是指通过持有某一公司一定数量的股份,而对该公司进行控制的公司。控股公司按控股方式,分为纯粹控股公司和混合控股公司。纯粹控股公司不直接从事生产经营业务,只是凭借持有其他公司的股份,进行资本营运。混合控股公司除通过控股进行资本营运外,也从事一些生产经营业务。

155. 东道国:跨国公司经营国外业务的所在国。经济学中又称"HostState"跨国公司与东道国的关系有自由主义、新帝国主义、新重商主义3种传统形式。

156. 游资:又称热钱(Hot Money),或叫投机性短期资金。目的在于用尽量少的时间以钱生钱,是只为追求高回报而在市场上迅速流动的短期投机性资金。其目的是纯粹投机盈利,而不是制造就业、商品或服务。

157. 周转率:也称换手率。在一定时间内市场中股票转手买卖的频率,是反映股票流通性强弱的指标之一。其计算公式为:

周转率(换手率)=(某一段时期内的成交量)/(发行总股数)×100%

158. 拉夫尔曲线定律:上世纪70年代,年轻的经济学家亚瑟·拉夫尔提出了这一创造性的定律。在某些情况下,随着收取税金比率的降低,您可以得到的税金总额却相反会增加。这条定律表明,税率的降低可以使得业务或者工作人员变得更有生产力,进而商务规模将会进一步扩大。拉夫尔定律很好地解释了上世纪80年代到90年代美国经济的飞速增长,以及如今印度的繁荣,东欧表现超越西欧等现象。

159. 垃圾债券(Junk Bond):也称为高风险债券。评信级别在标准普尔公司BB级或穆迪公司Ba级以下的公司发行的债券。垃圾债券向投资者提供高于其他债务工具的利息收益,因此垃圾债券也被称为高收益债券(High Yield Bonds),但投资垃圾债券的风险也高于投资其他债券。

160. 康德拉季耶夫周期:长周期或长波是1926年俄国经济学家康德拉季耶夫提出的一种为期50~60年的经济周期。该周期理论认为,从18世纪末期以后,经历了三个长周期。第一个长周期从1789年到1849 年,上升部分为25年,下降部分35 年,共60年。第二个长周期从1849年到1896 年,上升部分为24年,下降部分为23 年,共47年。第三个长周期从1896年起,上升部分为24年,1920年以后进入下降期。强调用资本主义经济的内在原因而非外来得偶发因素解释长波起因,将经济长波归因于主要固定资本产品的更新换代引起得经济平衡的破坏与恢复。

161. 可变比例规律:即报酬递减规律,是指在技术条件一定的情况下,如果一种可变要素的数量不断地增加到另一个数量固定的生产要素上,则达到某一点之后,该可变要素的边际报酬和平均报酬先后出现递减。

162. 震荡指标:是这个指标值在设定的水平值之间或围绕一个中心线的上下波动的指标。震荡致能够长期保持在一个极端水平上(超卖、超买),但是它们不会保持趋势而方向不变。与此相对照的,一只股票的价格或累积指标如OBV(On-Balance-Volume)能够在一定时间内方向保持不变,而不断增加。

163. 现金漏损率:也称提现率,指客户从银行提取或多或少的现金,从而使一部分现金流出银行系统,出现所谓的现金漏损。现金漏损与存款总额之比称为现金漏损率。出现现金漏损会减小银行创造派生存款的能力。

164. 法定货币(Fiat Money):是指不代表实质商品或货物,发行者亦没有将货币兑现为实物义务;只依靠政府的法令使其成为合法通货的货币。法定货币的价值来自拥有者相信货币将来能维持其购买力。货币本身并无内在价值(Intrinsic Value),也就是说,当纸币产生之后,法定货币实质上就是法律规定的可以流通的纸币。部分发行法定货币的国家或银行,会将其法定货币与一种或数种外币挂钩,并以政府外汇储备维持其汇价在一定的水平。亦有法定货币是没有任何锚,其价值是自由浮动,倚靠发行者控制发行量来维持。

165. 贷款人:是指在贷款活动中运用信贷资金或自由资金向借款人发放贷款的人或金融机构。贷款人的权利:要求借款人提供与借款有关的资料;根据借款人的条件,决定贷与不贷、贷款金额、期限和利率等;了解借款人的生产经营活动和财务活动;依合同约定从借款。

166. 欠发达国家:全世界经联合国批准的欠发展国家总共有50个。
亚洲国家共10个:马尔代夫、尼泊尔、孟加拉国、缅甸、柬埔寨、也门、不丹、老挝、阿富汗、东帝汶;非洲国家共33个:安哥拉、贝宁、布基纳法索、布隆迪、中非共和国、乍得、科摩罗、刚果民主共和国、吉布提、赤道几内亚、厄立特里亚、埃塞俄比亚、冈比亚、几内亚、几内亚比绍、莱索托、利比里亚、马达加斯加、马拉维、马里、毛里塔尼亚、莫桑比克、尼日尔、卢旺达、圣多美和普林西比、塞内加尔、塞拉利昂、索马里、苏丹、多哥、坦桑尼亚、乌干达、赞比亚;大洋洲国家共5个:所罗门群岛、萨摩亚、瓦努阿图、吐瓦鲁、基里巴斯;美洲国家共1个:海地。

167. 做市商(Market Maker):是指在证券市场上,由具备一定实力和信誉的证券经营法人作为特许交易商,不断地向公众投资者报出某些特定证券的买卖价格(即双向报价),并在该价位上接受公众投资者的买卖要求,以其自有资金和证券与投资者进行证券交易。做市商通过这种不断买卖来维持市场的流动性,满足公众投资者的投资需求。

168. 边际税率(Marginal Tax Rate MRT):就是征税对象数额的增量中税额所占的比率。以超额累进的个人所得,举例:免征额为2000元,那么2000元以下的收入免税,边际税率就为0。当一个人月收入达到2200元的时候时,相比起2000元增量为200元,按照适用税率应缴纳10元的税,当然这是在没有住房公积金、养老保险等可以免税的情况下计算的。此时边际税率就是10元÷200元=5%。当所得额为3000时,增量变为1000元,税率为10%,就要缴纳100元的税,边际税率变成10%。

169. 边际效用:在一定时间内消费者增加一个单位商品或服务所带来的新增效用,也就是总效用的增量。在经济学中,效用是指商品满足人的欲望的能力。或者说,效用是指消费者在消费商品时所感受到的满足程度。

170. 市场结构:某一市场中各种要素之间的内在联系及其特征,包括市场供给者之间、需求者之间、供给和需求者之间以及市场上现有的供给者、需求者与正在进入该市场的供给者、需求者之间的关系。

171. 市场体系:在社会化大生产充分发展的基础上,由各类市场组成的有机联系的整体。它包括生活资料市场、生产资料市场、劳动力市场、金融市场、技术市场、信息市场、产权市场、房地产市场等,它们相互联系、相互制约,推动整个社会经济的发展。培育和发展统一、开放、竞争、有序的市场体系,是建立社会主义市场经济体制的必要条件。简言之,市场体系就是相互联系的各类市场的有机统一体。

172. 市场集中度(Market Concentration Rate):对整个行业的市场结构集中程度的测量指标,它用来衡量企业的数目和相对规模的差异,是市场势力的重要量化指标。市场集中度是决定市场结构最基本、最重要的因素,集中体现了市场的竞争和垄断程度,经常使用的集中度计量指标有:行业集中率(CRn)、赫尔芬达尔—赫希曼指数(HHI,Herfindahl-HirschmanIndex,以下简称赫希曼指数)、洛伦兹曲线、基尼系数、逆指数和熵指数等,其中集中率(CRn)与赫希曼指数(HHI)两个指标被经常运用在反垄断经济分析之中。

173. 市场行为:企业在充分考虑市场的供求条件和其他企业关系的基础上,所采取的各种决策行为;或者说是企业为实现其既定目标而采取的适应市场要求的调整行为。

174. 市场经济:又称为自由市场经济,或自由企业经济。在这种体系下产品和服务的生产及销售完全由自由市场的自由价格机制所引导,而不是像计划经济一般由国家所引导。市场经济也被用作资本主义的同义词。在市场经济里并没有一个中央协调的体制来指引其运作,但是在理论上,市场将会透过产品和服务的供给和需求产生复杂的相互作用,进而达成自我组织的效果。市场经济的支持者通常主张,人们所追求的私利其实是一个社会最好的利益。

175. 卡尔·马克思:全世界无产阶级的伟大导师、科学社会主义的创始人。伟大的政治家、哲学家、经济学家、革命理论家。主要著作有《资本论》、《共产党宣言》等。他是无产阶级的精神领袖,是近代共产主义运动的弄潮儿。支持他理论的人被视为马克思主义者。马克思最广为人知的哲学理论是他对于人类历史进程中阶级斗争的分析。他认为这几千年来,人类发展史上最大矛盾与问题就在于不同阶级的利益掠夺与斗争。依据历史唯物论,马克思大胆地假设,资本主义终将被共产主义取代。

176. 大规模生产(Mass Production):20世纪最流行的资本主义生产方式。以泰勒的科学管理方法为基础,以生产过程的分解、流水线组装、标准化零部件、大批量生产和机械式重复劳动等为主要特征。

177. 公司章程:指公司依法制定的、规定公司名称、住所、经营范围、经营管理制度等重大事项的基本文件。或是指公司必备的规定公司组织及活动的基本规则的书面文件,是以书面形式固定下来的股东在共同一致的意思表示。公司章程是公司组织和活动的基本准则,是公司的宪章。公司章程的基本特征是要具备法定性、真实性、自治性和公开性。作为公司组织与行为的基本准则,公司章程对公司的成立及运营具有十分重要的意义,它既是公司成立的基础,也是公司赖以生存的灵魂。

178. 商人银行(Merchant Bank):经营部分银行业务的金融机构,主要办理承兑和经营一般业务,对国外的工程项目提供长期信贷和发放国外贷款。

179. 南方共同市场：简称南共市，是南美地区最大的经济一体化组织，也是世界上第一个完全由发展中国家组成的共同市场。1991年3月26日，阿根廷、巴西、乌拉圭和巴拉圭4国总统在巴拉圭首都亚松森签署《亚松森条约》（条约于同年11月29日生效），宣布建立南方共同市场。此后，南共市先后接纳智利（1996年10月）、玻利维亚（1997年）、秘鲁（2003年）、厄瓜多尔（2004年12月）和哥伦比亚（2004年12月）等国为其联系国。该组织宗旨是通过有效利用资源、保护环境、协调宏观经济政策、加强经济互补，促进成员国科技进步，最终实现经济政治一体化。

180. 微观经济学（Microeconomics）：也称为价格理论（Price Theory）主要研究个体消费者，企业，或者产业的经济行为，及其生产和收入分配。

181. 中间价（Middle Rate）：即买入价与卖出价的平均价。常见于报纸杂志或经济分析之中。

182. 工资率：指单位时间内的劳动价格。工资率=单位劳动的产出，即$w=Y/L$，因为劳动的投入一般只用时间来度量，所以也就是单位时间的报酬。根据单位时间的不同，可以分为小时工资率、日工资率等。在均衡时，真实工资率=劳动的边际产品，即$w=MP \times P$，或者$MP=w/P$。

183. 货币学派：二十世纪50至60年代，在美国出现的一个经济学流派，亦称货币主义，其创始人为美国芝加哥大学教授弗里德曼。货币学派在理论上和政策主张方面，强调货币供应量的变动是引起经济活动和物价水平发生变动的根本的和起支配作用的原因，布伦纳于1968年使用"货币主义"一词来表达这一流派的基本特点，此后被广泛沿用于西方经济学文献之中。

184. 货币基数（Monetary Base）：也称基础货币、强力货币、始初货币，因其具有使货币供应总量成倍放大或收缩的能力，又被称为高能货币（High-Powered Money），它是中央银行发行的债务凭证，表现为商业银行的存款准备金（R）和公众持有的通货（C）。

185. 货币幻觉：是美国经济学家欧文·费雪（Irving Fisher）于1928年提出来的，是货币政策的通货膨胀效应。它是指人们只是对货币的名义价值做出反应，而忽视其实际购买力变化的一种心理错觉。他告诉人们，理财的时候不应该只盯在哪种商品价格降或升，花的钱多了还是少了，而应把大脑用在研究"钱"的购买力、"钱"的潜在价值还有哪些等方面，只有这样，才能真正做到精打细算，花多少钱办多少事。否则，在"货币幻觉"的影响下，"如意算盘"打到最后却发现自己其实是吃亏了。

186. 货币乘数：又称货币扩张系数或货币扩张乘数。是指在基础货币（高能货币）基础上货币供给量通过商业银行的创造存款货币功能产生派生存款的作用产生的信用扩张倍数，是货币供给扩张的倍数。

187. 多边贸易（Multilateral Trade）：三个或三个以上的国家为使相互间的贸易在整体上获得平衡，通过议定协议，在多边结算的基础上进行的贸易。

188. 自然垄断：经济学中一个传统概念。早期的自然垄断概念与资源条件的集中有关，主要是指由于资源条件的分布集中而无法竞争或不适宜竞争所形成的垄断。在现代这种情况引起的垄断已不多见。而传统意义上的自然垄断则与规模经济紧密相连，指一个企业能以低于两个或者更多的企业的成本为整个市场供给一种物品或者劳务，如果相关产量范围存在规模经济时自然垄断就产生了。

189. 自然失业率（Natural Unemployment Rate）：在没有货币因素干扰下，劳动力市场和商品市场供求力量自发发挥作用情况下应有的并处于均衡状态的失业率。

190.自然资源(Natural Resources):凡是自然物质经过人类的发现,被输入生产过程,或直接进入消耗过程,变成有用途的,或能给人以舒适感,从而产生有价值的东西。

191.准货币(Quasi-Money),又叫亚货币或近似货币,是一种以货币计值,虽不能直接用于流通但可以随时转换成通货的资产。准货币虽不是真正意义上的货币,但因可随时转化为现实的货币,故对货币流通有很大影响,是一种潜在货币。

192.新产品:指采用新技术原理、新设计构思研制、生产的全新产品,或在结构、材质、工艺等某一方面比原有产品有明显改进,从而显著提高了产品性能或扩大了使用功能的产品。从市场营销的角度看,凡是企业向市场提供的过去没有生产过的产品都叫新产品。具体地说,只要是产品整体概念中的任何一部分的变革或创新,并且给消费者带来新的利益、新的满足的产品,都可以认为是一种新产品。

193资本净值:资本减去负债的总额,是影响公司价值的重要的决定性因素。其公式为:资本净值=资本-负债资本净值是公司的实在价值。累积的盈余都会使资本净值增加,而亏损使资本净值减少。股票为出资的凭证,资产净值为决定股价的重要因素之一。净值增,股价涨;净值减,股价跌;不过,有时会与净值脱节甚至差距很大,然而在长期趋势中,股价还是随净值变动的。

194.净利润(收益):在利润总额中按规定交纳了所得税后公司的利润留成,一般也称为税后利润或净收入。净利润的计算公式为:净利润=利润总额×(1-所得税率),净利润是一个企业经营的最终成果,净利润多,企业的经营效益就好;净利润少,企业的经营效益就差,它是衡量一个企业经营效益的主要指标。

195. 净现值(Net Present Worth):一个工程在经济分析期中的历年效益的现值之和减去历年费用的现值之和后,所得的差值。

196. 开放经济(Open Economy):国与国外有着经济往来,如存在国际贸易、国际金融往来,也就是对外有进出口和货币、资本的往来,本国经济与外国经济之间存在着密切的关系,即为开放经济。

197.机会主义(Opportunism):也称投机主义,就是为了达到自己的目标就可以不择手段,突出的表现是不按规则办事,视规则为腐儒之论,其最高追求是实现自己的目标,以结果来衡量一切,而不重视过程,如果它有原则的话,那么它的最高原则就是成者王、败者寇这一条。机会主义也可指工人运动或无产阶级政党内部出现的违背马克思主义根本原则的思潮、路线。它是资产阶级或小资产阶级思想的反映。机会主义有两种表现形式:一是右倾机会主义,另一种是"左"倾机会主义。

198. 经济成本:由于课税而使纳税人被迫改变经济行为所造成的效率损失,又叫税收无谓损失、税收超额负担或者税收扭曲成本。

199. 组织理论:人类在社会组织活动中按一定形式安排事务的理论。组织是由两个以上的人组成的,为实现共同目标,以一定形式加以编制的集合体。人类社会的组织活动,随着社会分工日益复杂,组织种类愈加繁多,如行政组织、工商企业组织、文化教育组织等。其中行政组织在社会中处于重要地位。

200. 产出:指生产过程中创造的各种有用的物品或劳务,它们可以用于消费或用于进一步生产。产出主要用于消费或进一步加工生产的各种有用的物品和服务。我们来看看一块比萨饼的"生产"。可口的比萨饼就是其产出。在教育中,有教养、有知识的公民则是产出。产出是生产者向社会提供有形的物资产出和无形的服务产出,有形的物资产出包括食品、机器设备、日常用品等;无形的服务产出包括医疗、信息服务、金融服务、旅游服务等。产出是企业获得销售收入的基础。

201. 组织理论:人类在社会组织活动中按一定形式安排事务的理论。组织是由两个以上的人组成的,为实现共同目标,以一定形式加以编制的集合体。人类社会的组织活动,随着社会分工日益复杂,组织种类愈加繁多,如行政组织、工商企业组织、文化教育组织等。其中行政组织在社会中处于重要地位。

二、现货专业术语

1. 现货(Actuals):亦称实物(Physicals),指可供出货、储存和制造业使用的实物商品。可供交割的现货可在即期或远期基础上换成现金。

2. 现货商品(Cash Commodity):指买卖完成后即须交割的商品,与约定一段时间后交割的期货不同。

3. 现货市场(Cash Markets):对与期货、期权和互换等衍生工具市场相对的市场的一个统称。现货市场交易的货币、债券或股票是衍生工具的标的资产(Underlying Instruments)。

4. 保证金制度:交易者在买卖合约时,按合约价值的一定比率缴纳保证金(一般为5%~15%)作为履约保证,即可进行数倍于保证金的交易。

5. 当日无负债结算:也称为"逐日盯市"(Marking-To-Market),是指结算部门在每日交易结束后,按当日结算价对交易者结算所有合约的盈亏、交易保证金及手续费、税金等费用,对应收应付的款项实行净额一次划转,相应增加或减少保证金。如果交易者的保证金余额低于规定的标准,则须追加保证金,从而做到"当日无负债"。

6. 商品投资基金(Commodity Pool):投资者将资金集中委托给专业的投资机构,并进行现货、期货和期权交易,投资者承担风险并享受投资收益的一种集合投资方式。

7. 交易单位:也称为合约规模(Contract Size),是指在交易所交易的每手合约代表的标的物的数量。

8. 交割等级(Deliverable Grade):是指由交易所统一规定的、准许在交易所上市交易的合约标的物的质量等级。

9. 交易手续费:是交易所按成交合约金额的一定比例或按成交合约手数收取费用。

10. 持仓限额制度(Position Limits):是指交易所规定会员或客户按单边计算可以持有的某一合约的最大数额。

11. 下单(Place an Order):是指客户在进行每笔交易前下达的交易指令,说明拟买卖合约的种类、数量、价格等的行为。

12. 开仓:也称为建仓,是指交易者新建头寸的行为,包括买入开仓和卖出开仓。

13. 持仓:是指交易者开仓之后手中持有头寸的情况。若交易者买入开仓,则构成了买入(多头)持仓;反之,则形成卖出(空头)持仓。

14. 平仓(Offset,Close Out):是指交易者了结持仓的交易行为,了结的方式是针对持仓方向作相反的对冲买卖。

15. 市价指令(Market Order):是指按当时市场价格即刻成交的指令。

16. 限价指令(Limit Order):是指执行时必须按限定价格或更好的价格成交的指令。下达限价指令时,客户必须指明具体的价位。

17.停止限价指令(Stop Limit Order):当市场价格达到客户预先设定的触发价格时,即变为限价指令予以执行的一种命令。

18.止损指令(Stop Order):当市场价格达到客户预先设定的触发价格时,即变为市价指令予以执行的一种命令。客户利用止损指令,即可以有效地锁定利润,又可以将可能的损失降至最低限度,还可以以相对较小的风险建立新的头寸。

19.实物交割结算价:是指在实物交割时商品交收所依据的基准价格。交割商品计价以交割结算价为基础,再加上不同等级商品质量升贴水及异地交割仓库与基准交割仓库的升贴水。

20.标准仓单:是指由交易所统一制定的,交易所指定交割仓库在完成入库商品验收、确认合格后签发给货主的实物提货凭证。

21.现金交割(Cash Delivery):是指合约到期时,交易双方按照交易所的规则、程序及其公布的交割结算价进行现金差价结算,了解到期未平仓合约的过程。

22. 止损(Stop-Loss):当某一投资出现的亏损达到预定数额时,及时斩仓出局,以避免形成更大的亏损。

23.程序化交易(Program Trading):是指所有利用计算机软件程序制定交易策略并实行自动下单的交易行为。

24.开盘价(Opening Price):开盘价,又称开市价,是指某一期货合约每个交易日开市后的第一笔买卖成交价格。

25.收盘价(Closing Price):是指某一期货合约在当日交易中的最后一笔成交价格。

26.成交量(Volume):是开盘后到目前为止某一期货合约的买卖双方达成交易的合约数量。

27.持仓量(Open Interest):持仓量是到目前为止某一期货合约交易中未平仓合约的数量。

28.双开:表明买卖双方都是入市开仓,一方买入开仓,另一方卖出开仓。

29.双平:表明买卖双方都持有未平仓合约,一方卖出平仓,另一方买入平仓。

30.多换:多头换手的简称,表明在买卖双方中,一方为买入开仓,另一方为卖出平仓,意味着"新的多头换出久的多头"。

31.空换:空头换手的简称,表明在买卖双方中,一方为卖出开仓,另一方为买入平仓,意味着"新的空头换出旧的空头"。

32.基本分析(Fundamental Analysis):基于供求决定价格的理论,从供求关系出发分析和预测期货价格变动趋势。

33.技术分析(Technical Analysis):通过分析技术数据来对期货价格走势作出预测的分析方法。技术数据的表现形式主要是各种图形和指标,其实质内容主要是价格和数量。

34支撑线(Surport Line):价格在波动过程中的某一阶段,往往会出现两个或两个以上的最高点和最低点,用一条直线把这些价格最低点连接起来,就形成支撑线。支撑线对价格有一定的支撑作用,组织价格下降。

35.阻力线(Resistance Line):价格在波动过程中的某一阶段,往往会出现两个或两个以上的最高点和最低点,用一条直线把这些价格最高点连接起来,就形成阻力线。阻力线对价格上升有一定的抑制作用,阻碍价格上升。

36.整理形态:表示市场暂时休整,下一步市场运动将与此前趋势的原方向一致,而不是反转。主要的整理形态包括三角形、旗形和矩形等。

37.反转形态:表示价格趋势将与此前趋势的原方向相反。主要的反转形态包括头肩顶、头肩底、双重顶和双重底。

38.空换:空头换手的简称,表明在买卖双方中,一方为卖出开仓,另一方为买入平仓,意味着"新的空头换出旧的空头"。

39.竹线图:行情图类型之一,又称条形图,与K线图的表示方法不同,但内容构成完全一样。

40.风险识别:风险管理的第一步,也是风险管理的基础。可通过对各种客观资料和风险事故的记录来分析、归纳和整理,从而找出各种明显和潜在的风险及其损失规律。

41.风险度量:是对风险影响范围的评价和估量以及对项目风险发生时间的评价和估量等方面,包括对项目风险发生可能性大小(概率大小)的评价和估量。风险度量的主要作用是根据这种度量去制定风险的应对措施以及开展风险控制。

42. 轧平头寸(Square Position):使多头与空头头寸均衡。

43.追加保证金通知(Maintenance Call):英文亦称为指结算所或经纪行在客户的保证金水平低于最低保证金要求时,通知客户增加保证金。

44.仲裁(Arbitration):解决争议的程序,尤其常见在行业争议。中立的第三方组织或仲裁人在争议双方陈述后,宣布双方必须服从的判决。仲裁通常只是正常谈判无法达成共识时,所选择的最后手段。在中国针对不同行业及申请人的仲裁机构不同,在英国ACAS行使仲裁权利。

45. 贸易差额(Balance of Trade):该国在某一特定时期与其他所有国家的有形贸易情况。贸易差额不包括无形贸易,主要集中在与工业产成品、中间产品和原材料贸易相关的外汇收入和支出。当这些商品经过该国边界时海关能够观测到这些商品,并对它们进行记录。

46.现付自运(Cash and Carry):批量发售的一种方式,该方式要求零售商在购买产品时支付现金,自行将货物运送到零售商仓储地。

47.清算制度(Clearing House System):对参与货币往来的金融机构同商品、金融证券交易所之间债务的一个中央机构。商品及金融证券市场也会执行类似的结算功能,并多通过银行及第三方进行执行清算。

48.商品市场(Commodity Market):商品市场为建立市场价格以及买卖双方进行交易提供了一个组织机构。商品交易商和经纪人在买卖双方间充当中介角色,以方便他们达成即期交易或者是远期交易。

49.消费信贷(Consumer Credit):在买方购买产品时,向他们提供的贷款,以帮助他们购买。消费信贷方式包含:分期付款购买、分期付款信贷、银行贷款和信用卡。

50.成本最小化(Cost Minimization):通过对要素投入与其相对价格进行组合,从而可以用最小成本生产给定产出。

51.卖空补进(Covering):一种保护国际贸易未来收益的本国货币价值的方法,通常通过在外汇期货市场上买卖交易的收益来达到目的。

52.到货价(Delivered Pricing):一种产品索要的价格,其中包括将产品从制造商处运输到消费者手中的成本。制造商报出的到货价准确地反映了到达不同地区的真实运输成本;或者,对交叉补贴地区还可以采用差别定价以在全国获得最大销售额。

53. 需求或有效需求(Demand or Effective Demand)：由购买货币支撑的对某种产品的需求、需要或愿望。在经济分析中，需求的基础通常是对某种产品"有意愿并有支付能力"，并非仅仅是对产品的需求或需要。我们用需求曲线来反映消费者对某种产品的总需求。

54. 需求拉动型通货膨胀(Demand-Pull Inflation)：总需求水平超过经济潜在供给能力而导致的价格总体上升。当产出处于充分就业水平下（潜在国民生产总值），过剩的需求就会哄抬固定实际产出的价格水平。根据货币主义，过剩的需求来源于货币供给的过快增长。

55. 债务人(Debtor)：购买其他个人或企业的商品、服务或者原材料却还没有付钱的个人或企业（贸易债务人），或者由于借款而欠别人钱的个人或企业。债务人也被称作"应收账款"。

56. 债务国(Debtor Nation)：本国吸收的投资大于其在国外投资的国家。债务国对其接受的投资必须要支付的利息和红利要大于其所得，进而会导致其国际收支赤字。许多发展中国家都是债务国。

57. 债务还本付息(Debt Servicing)：由借款人承担的涉及偿付贷款的利息支付、定期的合同本金偿还额以及任何行政收费的成本。

58. 权力下放(Decentralization)：将经济决定权分散给许多不同的决策者，而不是集中决定。在一个经济体中，可以通过采用价格体系实现权力下放，即将决定权分散给各个消费者和生产者。在企业中，权力下放包括将权力"完全"委托给特定的分支和总部。

59. 递延补偿(Deferred Compensation)：一种报酬支付方案，组织对雇员在受雇的最初几年支付较低的工资而在随后的年份支付较高的工资。通过递延补偿方案，工人的报酬会随着资历和经验的增加而增加，而资历和经验会提高工人们在组织内的效率。这种补偿方案可以降低人工周转率并减少逃避责任。

60. 通货紧缩(Deflation)：国民收入水平和产出水平的降低，通常还伴有总体物价水平的下降（反通货膨胀）。权力当局通常会故意采取通货紧缩以降低通货膨胀，或通过削弱进口需求来改善收支。通货紧缩政策工具包括财政措施（例如，增税）和货币措施（例如，高利率）。

61. 现金流贴现(Discounted Cash Flow)：与经济项目相关的现金流，依据现金流的时间选择及其资金的潜在收益进行调整。这种调整对时间的考虑十分重要，因为大多数投资项目在大约第一年都有主要成本或现金流出，而收入或现金流入则会延续到以后很多年。

62. 贴现银行(Discount House)：（英国金融体系独有的）金融机构，专门在贴现市场上购买和出售短期商业汇票以及政府国库券。它们通过从商业银行借入短期资金（活期借款），再以较长的期限（最多3个月）将资金贷出来赚取利润；短期借款和长期贷款之间利率的微小差异便构成它们的利润。

63. 贴现市场(Discount Market)：从事短期汇票和国库券的购买及出售的市场。这些交易是由许多贴现银行完成的，它们主要使用从商业银行借入的资金（通常是每日循环的活期借款）来购买国库券（即对它们"贴现"），然后持有至到期日或将它们出售给对方（"再贴现"），或者更一般的是，将它们折价出售给商业银行。如果贴现银行发现它们暂时无法通过从商业银行借款以实现其购买承诺，它们还可以从最后贷款人——英格兰银行那里获得额外的资金。

64. 反通货膨胀(Disinflation)：总体物价水平下跌，通常伴随着国民收入水平的下降。反通货膨胀通常是由当局特意实施的，旨在抑制通货膨胀并消除国际收支赤字。反通货膨胀的政策工具包括财政政策、货币政策，以及价格和收入控制。

65. 分销(Distribution)：将产品存储并运送给消费者的过程，通常通过中介进行，诸如批发商和零售商。

66.经销成本(Distribution Costs):产品实物分销过程中所涉及的成本,包括包装和运输成本、仓储和库存本身。

67.分销效率(Distributive Efficiency):市场表现的一个方面,表示一个市场将其产出从供应商分销至消费者的效率。分销成本包括运输、仓储和库存费用,以及经销商的利润率。此外,供应商为了创造和维持产品的需求量,还需承担销售成本。只有当实物分销成本达到最小、销售成本维持在最低水平以保证总体市场需求时,才能达到最优分销效率。

68.撤资(Divestment):企业关闭或者出售其名下一个或多个经营单位或者整个业务部门。在前一种情况下,企业通常为了使生产合理化产出集中到一家更加现代化的工厂才会撤资。

69.需求弹性:衡量某种商品的需求量对于影响该商品需求的一个自变量的既定变化而做出反应的程度。需求量对价格变化做出的反映称为需求价格弹性;需求量对于收入变化做出反映成为需求收入弹性;该商品的需求量对于其他相关商品的价格变化做出的反映则称为需求交叉弹性。

70.供给弹性:某种商品的供给量对于该商品价格变化做出的反应程度。

71.内生变量(Endogenous Variable):在经济模型内,既影响模型关系又被模型关系影响的变量。

72.恩格尔定律:对于任何收入增长,消费者会将其中更多的部分用于购买奢侈品,而将其中更少的部分用于购买低价格商品。故而收入的增长会将消费者购买低价商品的消费支出总体比例下降,而是他们在奢侈品上的消费支出比例增加。

73.转口贸易:商业运作模式之一,商品进口到某国后再次被出口到第三国,而该商品并不在进口国内进行分销。转口贸易主要限于日用商品及快速消费品。

74. 欧洲中央银行(European Central Bank,ECB):欧盟于1998年7月设立的中央银行,为1999年1月成立经济与货币联盟(EMU)做准备。在经济与货币联盟下,欧中中央银行具有设定利率的中央集权力,并承担在经济与货币联盟区域内决策货币政策的责任。欧洲中央银行监管欧元的运行情况,到2002年欧元纸币及硬币替代经济与货币联盟各成员国的国内货币后,欧洲中央银行成为欧元纸币和硬币的唯一发行机构。欧洲中央银行的主要目标是在经济与货币联盟区维持低通货膨胀率。利率的设定和调整都以目标通胀率为准。欧洲中央银行在2000年6次提高经济与货币联盟区利率,把官方利率从2000年2月的3%提高到该年10月的4.75%。2001年和2002年又数次降低利率。目前,欧洲中央银行监督各成员国的货币供给量变动,使用M3货币供应量计算方法。

75.超额供给:均衡状态下供给等于需求。假如供给大于需求,市场处于非出清(非均衡)状态,此时供给比需求多的部分叫超额供给。

76.显性成本(Explicit Cost)是指厂商在生产要素市场上购买或租用所需要的生产要素的实际支出,即企业支付给企业以外的经济资源所有者的货币额。例如支付的生产费用、工资费用、市场营销费用等,因而它是有形的成本。一般成本会计计算出来的成本都是显性成本,销售收入减去显性成本以后的余额称为账面利润。从某种角度讲,显性成本反映的是实际应用成本,可以在产品价值中得到反映并具有可直接计算的特点。也可以说是企业从事一项经济活动时所需要花费的货币支出,包括雇员工资、购买原材料、燃料及添置或租用设备的费用,利息,保险费、广告费以及税金等。企业生产的显成本在是指厂商在生产要素市场上购买或租用他人所拥有的生产要素的实际支出。

77. 金融创新(Financial Innovation)：变更现有的金融体制和增加新的金融工具，以获取现有的金融体制和金融工具所无法取得的潜在的利润，这就是金融创新，它是一个为盈利动机推动、缓慢进行、持续不断的发展过程。

78. 定汇率制度 (Fixed Exchange Rate System)：货币当局把本国国币兑换其他货币的汇率加以固定，并把两国货币比价的波动幅度控制在一定的范围之内。固定汇率制度可以分为1880~1914年金本位体系下的固定汇率制和1944~1973年布雷顿森林体系下的固定汇率制(也称为以美元为中心的固定汇率制)两个阶段。

79. 实际收益率(Real Rate of Return)：当一个人把他的积蓄投资于股票、债券、房地产或其他资产时，他总是希望能够得到高出通货膨胀率的资产收益率，这样才能使他以延迟消费的方式在将来得到更多的消费。有时候也叫实际利率。实际收益率就是扣除了通货膨胀因素以后的收益率概念，具体是指资产收益率(名义收益率)与通货膨胀率之差。它是指剔除物价上涨因素后的，大致的计算可以用名义收益率减去通货膨胀率得到实际收益率。

实际收益率=[(1+名义收益率)/(1+通货膨胀率)]-1

80. 外汇管制(Foreign Exchange Control)：一国政府为平衡国际收支和维持本国货币汇率而对外汇进出实行的限制性措施。在中国又称外汇管理。一国政府通过法令对国际结算和外汇买卖进行限制的一种限制进口的国际贸易政策。外汇管制分为数量管制和成本管制。前者是指国家外汇管理机构对外汇买卖的数量直接进行限制和分配，通过控制外汇总量达到限制出口的目的；后者是指，国家外汇管理机构对外汇买卖实行复汇率制，利用外汇买卖成本的差异，调节进口商品结构。

81. 外汇储备(Foreign Exchange Reserve)：又称为外汇存底，指一国政府所持有的国际储备资产中的外汇部分，即一国政府保有的以外币表示的债权。是一个国家货币当局持有并可以随时兑换外国货币的资产。狭义而言，外汇储备是一个国家经济实力的重要组成部分，是一国用于平衡国际收支，稳定汇率，偿还对外债务的外汇积累。广义而言，外汇储备是指以外汇计价的资产，包括现钞、国外银行存款、国外有价证券等。外汇储备是一个国家国际清偿力的重要组成部分，同时对于平衡国际收支、稳定汇率有重要的影响。

82. 金本位制(Gold Standard)：是以黄金为本位币的货币制度。在金本位制下，每单位的货币价值等同于若干重量的黄金(即货币含金量)；当不同国家使用金本位时，国家之间的汇率由它们各自货币的含金量之比——铸币平价(Mint Parity)来决定。金本位制于19世纪中期开始盛行。在历史上，曾有过三种形式的金本位制：金币本位制、金块本位制、金汇兑本位制。其中金币本位制是最典型的形式，就狭义来说，金本位制即指该种货币制度。

83. 水平一体化(Horizontal Integration)：也称水平结合、横向结合、同业结合。指在同一生产过程的同阶段上的企业扩展。在国际经济合作方面，水平一体化又称横向一体化。它是由经济发展水平相同或相近的国家所形成的经济一体化组织。目前世界上存在的经济一体化，大多属于此种形式的一体化。它往往是通过建立同原有企业相同性质的新企业或兼并同行老企业来扩大生产规模，占有市场份额，从而获取更大的利润。《市场营销学》中定义：争取同类企业的所有权或者控制权，或者实行各种形式的联合经营。这样可以扩大规模和实力，或取长补短，共同开发某些机会。

84. 历史成本：亦称原始成本。资产在其取得时为它所支付的现金或现金等价物的金额。

负债在正常经营活动中为交换而收到的或为偿付将要支付的现金或现金等价物的金额。资产开始都是根据取得时的交换价格入账的,所以资产的原始成本一般指取得成本,就是取得一项资产并使其适合于它的预期用途所支付的交换价格的总额。这项总额或其未摊销额列示在财务报表中。

85.进口配额(Import Quotas System):又称进口限额。它是一国政府在一定时间内,对于某些商品一定时期内的进口数量或金额,事先加以规定的限额。超过规定限额的不准进口。进口配额的形式有:全球配额,适用于世界范围内任何国家或地区的配额,按进口商的申请先后批给一不定期额度,直至额满为止;国别配额,即按国家和地区进行分配的固定配额,有的由单方面强制规定,有的由双方谈判达成协议确定;进口商配额,即按不同进口商分配给一定配额。有的国家还将进口配额与片收关税结合起来,在配额以内给予低税、减税或免税待遇,超过配额则应收较高关税或附加税,称为关税配额。

86.收入效应:由商品的价格变动所引起的实际收入水平变动,进而由实际收入水平变动所引起的商品需求量的变动。它表示消费者的效用水平发生变化。

87. 所得税:各地政府在不同时期对个人应纳税收入的定义和征收的百分比不尽相同,有时还分稿费收入、工资收入以及偶然所得(例如彩票中奖)等等情况分别纳税。所得税又称所得课税、收益税,指国家对法人、自然人和其他经济组织在一定时期内的各种所得征收的一类税收。

88. 信息不对称(Asymmetric Information):交易中的各人拥有的信息不同。在社会政治、经济等活动中,一些成员拥有其他成员无法拥有的信息,由此造成信息的不对称。在市场经济活动中,各类人员对有关信息的了解是有差异的;掌握信息比较充分的人员,往往处于比较有利的地位,而信息贫乏的人员,则处于比较不利的地位。不对称信息可能导致逆向选择(Adverse Selection)。一般而言,卖家比买家拥有更多关于交易物品的信息,但反例也可能存在。

89. 投资周期:从资金投入至全部收回所经历的时间。先就直接投资来看,它不同于一般工业部门的产品生产。由于固定资产形成的技术经济特点,项目投资的规模一般都较大、技术也较复杂,这首先就决定了建设的周期较长。这样由投资所取得收益的时间也就拉长了,从而也使投资回收的时间拉长。

90.投资需求曲线(Investment Demand Curve)投资需求曲线表示投资的总数量与额外1美元投资的收益率之间的关系。

91.信托公司:以信任委托为基础、以货币资金和实物财产的经营管理为形式,融资和融物相结合的多边信用行为。它是随着商品经济的发展而出现的。信托业务18世纪出现于英国。信托业务主要包括委托和代理两个方面的内容。前者是指财产的所有者为自己或其指定人的利益,将其财产委托给他人,要求按照一定的目的,代为妥善的管理和有利的经营;后者是指一方授权另一方,代为办理的一定经济事项。

92. 产业投资:又称为实业投资,是指为获取预期收益,以货币购买生产要素,从而将货币收入转化为产业资本,形成固定资产、流动资产和无形资产的经济活动。

93. 贸易差额(Balance of Trade):是一国在一定时期内(如一年、半年、一季、一月)出口总值与进口总值之间的差额。当出口总值与进口总值相等时,称为"贸易平衡"。当出口总值大于进口总值时,出现贸易盈余,称"贸易顺差"或"出超"。当进口总值大于出口总值时,出现贸易赤字,称"贸易逆差"或"入超"。通常,贸易顺差以正数表示,贸易逆差以负数表示。一国的进出口贸易收支是其国际收支中经常项目的重要组成部分,是影响一个国家国际收支的重要因素。

94. 需求曲线(Demand Curve):是在消费者的收入、偏好及其他商品的价格不变情况下,商品需求量与价格之间的数量关系。

95. 滞后变量模型:在经济运行过程中,广泛存在时间滞后效应。某些经济变量不仅受到同期各种因素的影响,而且也受到过去某些时期的各种因素甚至自身的过去值的影响。通常把这种过去时期的,具有滞后作用的变量叫做滞后变量(Lagged Variable),含有滞后变量的模型称为滞后变量模型。滞后变量模型考虑了时间因素的作用,使静态分析的问题有可能成为动态分析。含有滞后解释变量的模型,又称动态模型(Dynamical Model)。

96. 边际收益递减规律(The Law of Diminishing Marginal Utility):又称边际效益递减规律,或边际产量递减规律,指在短期生产过程中,在其他条件不变(如技术水平不变)的前提下,增加某种生产要素的投入,当该生产要素投入数量增加到一定程度以后,增加一单位该要素所带来的效益增加量是递减的,边际收益递减规律是以技术水平和其他生产要素的投入数量保持不变为条件的条件下进行讨论的一种规律。边际收益递减是经济学的一个基本概念,是指在一个以资源作为投入的企业,单位资源投入对产品产出的效用是不断递减的,换句话说,就是虽然其产出总量是递增的,但是其二阶导数为负,使得其增长速度不断变慢,使得其最终趋于峰值,并有可能衰退,即可变要素的边际产量会递减。当消费者消费某一物品的总数量越来越多时,其新增加的最后一单位物品的消费所获得的效用(即边际效用)通常会呈现越来越少的现象(递减),称之边际效用递减法则。边际效用递减原理通俗的说法是:开始的时候,收益值很高,越到后来,收益值就越少。用数学语言表达:x是自变量,y是因变量,y随x的变化而变化,在开始的时候,y值随着x值的增加而增加,到了一定临界值后,y的值却随x的增加不断减小。

97. 大数法则:又称大数定律,或平均法则。大数法则原本是经济学中的概念,准确地说是统计学中的概念,但至今在学术上并没有精确的定义。根据英国经济学家保罗·西布莱特的说法,"大数法则大致是说,相似个体所组成的大型群体的平均行为要比小型群体或群体中的个体行为更加容易预见。"大数法则来源于统计数字所表现出来的规律性。人口统计奠基者英国十七世纪经济学家约翰·戈劳特就揭示了这样一条统计学原理:"通过大量充分的统计数字可以看出,各种现象(其中单个现象是偶然的)在整体上受着某种严格的规律性的支配。"事实上,很多自然规律本身就是通过统计而得以揭示的,比如昼夜交替与季节变换的自然规律。我们所说的自然规律的科学性只不过是在统计事实的基础上进行科学分析而得以求证出来的。人类的社会行为中所表现出来的稳定性特征往往也是通过统计归纳而得出。最早从事社会行为统计工作的学者们便已认识到,对于一个群体,即令不掌握其个体的动机,但当群体具备很大的数目后,规则性就会出现。在形成后的群体中,总是会呈现一定的普遍规律、一定的共同约束、一定的平均趋向和平均表现。尽管可能每一个体成员可以在几种选择中相当自由地行事,但当涉及长期性行为时,对总体的行为方式相对而言还是能够有所预测的。本性看似最为变幻莫测的事件,单独看待时似乎是随机的和偶然的,但一旦涉及足够多的次数,就能够表现出近似于数学规律的现象,人们凭此可以作出预见。因此,尽管单一事件没有意义,但如果该事件多次重复,实际结果的分布就会呈现出一定的比率。这就是大数定律。

98. 储蓄率:广义概念,包括狭义的国内储蓄、国际收支经常账户顺差及外汇储备。储蓄率指个人可支配收入总额中储蓄所占的百分比。人均储蓄率是中国人平均存在银行的钱有多少。

三、期货专业术语

1. 期货(Futures)：与现货相对应，并由现货衍生而来，通常指期货合约。

2. 期货交易(Futures Trading)：期货合约的买卖，它由现货交易衍生而来，是与现货交易相对的交易方式。

3. 期货合约(Futures Contract)：由期货交易所统一指定的、规定在将来某一特定的时间和地点交割一定数量标的物的标准化合约。

4. 商品期货(Commodity Futures)：标的物为实物商品的期货合约。

5. 金融期货(Financial Futures)：标的物为金融产品的期货合约。

6. 期货市场(Futures Market)：进行期货交易的场所，由远期现货市场衍生而来，是与现货市场相对应的组织化和规范化程度更高的市场形态。广义的期货市场包括期货交易所、结算所、经纪公司和期货交易(投资)者。狭义的期货市场仅指期货交易所。

7. 期货佣金商(Futures Commission Merchant，简称FCM)：是指接受客户委托，代理客户进行期货、期权交易，并收取交易佣金的中介组织。期货佣金商是美国主要的期货中介机构，可以独立开发客户和接受指令，可以向客户收取保证金，也可以为其他中介提供下单通道和结算指令。

8. 最小变动单位(Tick Size, Minimum Price Fluctuation)：是指在期货交易所的公开竞价过程中，对合约每计量单位报价的最小变动数值，在期货交易中，每次报价的最小变动数值必须是最小变动价位的整数倍。

9. 每日价格最大波动限制(Daily Price Limit, Daily Price Fluctuation)：期货合约中规定的在一个交易日中的交易价格波动不得高于或者低于规定的涨跌幅度。

10. 涨停板(Up Limit)：是当日价格上涨的上限，由期货合约上一交易日的结算价加上允许的最大涨跌幅构成。

11. 跌停板(Down Limit)：当日价格下跌的下限，由期货合约上一交易日的结算价减去允许的最大跌幅构成。

12. 合约交割月份(Contract Month)：是指某种期货合约到期交割的月份。

13. 最后交易日(Last Trading Day)：是指某种期货合约在合约交割月份中进行交易的最后一个交易日，过了这个期限的未平仓期货合约，必须按规定进行实物交割或现金交割。

14. 交割日期(Delivery Day)：是指合约标的物所有权进行转移，以实物交割或现金交割方式了结平仓合约的时间。

15. 大户报告制度：是指当交易所会员或客户某品种某合约持仓达到交易所规定的持仓报告标准时，会员或客户应向交易所报告。

16. 强行平仓：是指按照有关规定对会员或客户的持仓实行平仓的一种强制措施，其目的是控制期货交易风险。强行平仓分为两种情况：一是交易所对会员持仓实行的强行平仓；二是期货公司对其客户持仓实行的强行平仓。

17. 价差套利(Spread)：利用期货市场上不同合约之间的价差进行的套利行为。

18. 跨期套利(Calendar Spread)：在同一市场(即同一交易所)同时买入、卖出同种商品不同交割月份的期货合约，以期在有利时机同时将这些合约对冲平仓获利的操作。

19. 滚动交割：是指在合约进入交割月以后，在交割月第一个交易日至交割月最后交易日前一交易日之间进行交割的交割方式。

20.套期保值(Hedging):又称避险、对冲等,是指企业在一个或一个以上的工具上进行交易,预期全部或部分对冲其生产经营中所面临的价格风险的方式。

21.期货的套期保值(Futures Hedging):通过持有与其现货市场头寸相反的期货合约,或将期货合约作为其现货市场未来要进行的交易的替代物,以期对冲价格风险的方式。

22.交叉套期保值(Cross Hedging):选择与被套期保值商品或资产不相同但相关的期货合约进行的套期保值。

23.套期保值者(Hedger):通过持有与其现货市场头寸相反的期货合约,或将期货合约作为其现货市场未来要进行的交易的替代物,以期对冲现货市场价格风险的机构和个人。

24.套期保值比率(Hedge Ratio):套期保值中期货合约所代表的数量与被套期保值的现货数量之间的比率。

25.卖出套期保值(Selling Hedging):又称空头套期保值,是指套期保值者通过在期货市场建立空头头寸,预期对冲其目前持有的或者未来将卖出的商品或资产的价格下跌风险的操作。

26.买入套期保值(Buying Hedging):又称多头套期保值,是指套期保值者通过在期货市场建立多头头寸,预期对冲期现货商品或资产空头,或者未来将买入的商品或资产的价格上涨风险的操作。

27.完全套期保值(Perfect Hedging):指期货头寸与现货头寸盈亏完全冲抵的套期保值。

28.不完全套期保值(Imperfect Hedging):是指期货头寸与现货头寸盈亏只是在一定程度上相抵的套期保值。

29.套期保值的有效性:度量风险对冲程度的指标,可以用来估计或评价套期保值效果。

30.基差(Basis):某一特定地点某种商品或资产的现货价格与相同商品或资产的某一特定期货合约价格间的价差。

31.持仓费(Carrying Charge):又称为持仓成本,是指为拥有或保留某种商品、资产等而支付的仓储费、保险费和利息等费用总和。

32.正向市场(Normal Market):又称正常市场,是指期货价格高于现货价格或者远期期货合约大于近期期货合约的市场状况。

33.反向市场(Inverted Market):又称为逆转市场、现货溢价,是指现货价格高于期货价格或者近期期货合约大于远期期货合约的市场状况。

34.期货转现货交易(Exchange of Futures for Physicals,EFP):又称期转现交易,是指持有方向相反的同一品种同一月份合约的客户协商一致并向交易所提出申请,获得交易所批准后,分别将各自持有的合约按双方商定的期货价格(该价格一般应在交易所规定的价格波动范围内)由交易所代为平仓。同时,按双方协商价格与期货合约标的物数量相当、品种相同、方向相同的仓单进行交换的行为。

35.期现套利:是指交易者利用期货市场与现货市场之间的不合理价差,通过在两个市场上进行反向交易,待价差趋于合理而获利的交易。

36.点价交易(Pricing):是指以某月份的期货价格为计价基础,以期货价格加上或减去双方协商同意的升贴水来确定双方买卖现货商品的价格的交易方式。

37.基差交易(Basis Trading):是指按某一期货合约价格加减升贴水方式确立点价方式同

时,在期货市场同一期货合约上进行套期保值操作,从而有效规避套期保值中的基差风险的操作。

38.期货投机(Futures Speculation):是指交易者通过预测期货合约未来价格的变化,以在期货市场上获取价差收益为目的的期货交易行为。

39.集中交割:也叫一次性交割,是指所有到期合约在交割月份最后交易日过后一次性集中交割的交割方式。

40.牛市套利(Bull Spread):是指当市场出现供给不足、需求旺盛的情形,导致较近月份的合约价格上涨幅度大于较远期的上涨幅度,或者较近月份的合约价格下降幅度小于较远期的下跌幅度时,买入较近月份的合约同时卖出远期月份的合约的操作。

41.熊市套利(Beat Spread):是指当市场出现供给过剩,需求相对不足时,一般来说,较近月份的合约价格下降幅度往往要大于较远期合约价格的下降幅度,或者较近月份的合约价格上升幅度小于较远合约价格的上升幅度时,卖出较近月份的合约同时买入远期月份的合约的操作。

42.蝶式套利(Butterfcy Spread):是由共享居中交割月份一个牛市套利和一个熊市套利的跨期套利组合的操作。

43.跨品种套利(Inter-Commodity Spread):是指利用两种不同的、但相互关联的商品之间的期货合约价格差异进行套利,即买入某一交割月份某种商品的期货合约,同时卖出另一相同交割月份、相互关联的商品期货合约,以期在有利时机同时将这两种合约对冲平仓获利的操作。

44.跨市套利(Inter-Exchange Spread):是指在某个交易所买入(或卖出)某一交割月份的某种商品合约同时,在另一个交易所卖出(或买入)同一个交割月份的同种商品合约,以期在有利时机分别在两个交易所对冲在手的合约获利的操作。

45.外汇期货(Foreign Exchange Futures):是以货币为标的物的期货合约。

46.利率期货(Interest Rate Futures):是指以利率类金融工具为标的物的期货合约。

47.欧元美元(Eurodollar):美国境外金融机构的美元存款和美元贷款。

48.股票指数期货(Stock Index Futures):是一种以股票价格指数作为标的物的金融期货合约。

49.股票期货(Stock Futures):一种以股票为标的物的期货合约。

50.期权(Options):也成为选择权,期权的买方有权在约定的期限内,按照事先确定的价格,买入或卖出一定数量的某种特定商品或金融工具的权利。

51.看涨期权(Call Options):看涨期权又称为买入期权或认购期权。期权的买方向卖方支付一定数额的权利金后,即拥有在期权合约的有效期内或特定时间,按执行价格向期权卖方买入一定数量的标的物的权利,但不负有必须买进的义务。

52.看跌期权(Put Options):看跌期权又称为卖出期权或认沽期权。期权的买方向买方支付一定数额的权利金后,即拥有在期权合约的有效期内,按执行价格向期权卖方卖出一定数量标的物的权利,但不负有必须卖出的义务。

53.美式期权(American Option):期权买方在期权有效期内的任何交易日都可以行使权利的期权。期权买方即可以在期权合约到期日行使权力,也可以在期权到期日之前的任何一个交易日行使权利。在到期日之后期权作废,买方权利随之消失。

54. 欧式期权（European Option）：期权买方只能在期权到期日行使权力的期权。期权买方在期权合约到期日之前不能行使权力，在到期日之后期权作废，买方权利随之消失。

55. 执行价格（Exercise Price）：也称为履约价格、敲定价格，是期权买方行使权利时，买卖双方交割标的物所依据的价格。

56. 权利金（Premium）：也称为期权费、期权价格，是期权买方为取得期权合约所赋予的权利而支付给卖方的费用。

57. 期权的内涵价值（Intrinsic Value）：在不考虑交易费用和期权费的情况下，买方立即执行期权合约可获取的行权收益。

58. 期权的时间价值（Time Value）：又称外涵价值，是指权利金扣除内涵价值的剩余部分，它是期权有效期内标的物市场价格波动为期权持有者带来收益的可能性所隐含的价值。显然，标的物市场价格的波动率越高，期权的时间价值就越大。

59. 实值期权（In-the-Money Option）：也称期权处于实值状态，是指执行价格低于标的物市场价格的看涨期权和执行价格高于标的物市场价格的看涨期权。在不考虑交易费用和期权权利金的情况下，买方立即履行期权合约能够获得行权收益。

60. 虚值期权（Out-of-the-Money Option）：也称期权处于虚值状态。是指执行价格高于标的物市场价格的看涨期权和执行价格低于标的物市场价格的看跌期权。在不考虑交易费用和期权权利金的情况下，买方立即履行期权合约将产生亏损。所以，虚值期权不具有内涵价值，其内涵价值等于0。

61. 平衡期权（At-the-Money Option）：也称期权处于平值状态，是指执行价格等于标的物市场价格的期权。在不考虑交易费用和期权权利的情况下，买方立即履行期权合约收益为零。

62. 梯式期权（Ladder Option）：梯式期权英文又称为Ratchet Option或Lock-In Option，梯式期权是一种较为复杂的期权，投资人付出较高的代价，换取"锁定获利"的好处。这种期权在设定行使价之余，还设有多个"梯级价"(Rungs)，一旦标的资产的价格触及某一梯级价，即可锁定一定水平的获利。标的资产是指行使期权时可以买进或卖出的资产。

63. 行使价可重设的期权（Moving Strike Option）：泛指行使价在期权有效期内可按约定方式重设的期权。

64. 远期利率协议（FRA, Forward Rate Agreement）：指一种利率衍生工具，合约双方为一项短期投资或贷款预先设定未来一段时间的利率水平。

65. 长期股票期权（LEAPS, Long-term Equity Anticipation Securities）：是一种个股或股价指数的长期期权，期限可长达三年。

66. 非标准交易日期（Broken Date）：英文亦称odd date，远期市场标准交易日期以外的交易日。

67. 风险逆转（Risk Reversal）：指以不同的行使价格购买看跌期权和出售看涨期权，或两者相反的一种期权策略。出售期权所得，可以部分或全部用于偿付购买期权而需支付的期权费。也称一买一卖期权组合（Cylinder）、断点远期（Break Forward）或范围远期（Range Forward）。

68. 代理人（Agent）：被机构或个人委托人雇佣，负责处理委托人与第三方之间的相关委托办理内容。代理人以其从事工作的性质、综合性，和其进行代理工作的价值等作为参照，约定固有、递增或佣金的方式进行有偿工作。

69. 预期的通货膨胀（Anticipated Inflation）：通常是由商人、公会人员和消费者预期该国未来的通货膨胀率,民众对通货膨胀的预期会影响价格的制定、工资谈判和支出/储蓄等决定。作为降低通货膨胀政策的一部分,政府试图通过阐述前景、公布价格和规定收入的标准百分点等方法来影响通胀预期,但效果不具有普遍性。

70.平均进口倾向(Average Propensity to Import,APM):一定水平的国民收入中用于进口的比例:

平均进口倾向=进口/收入

另外,进口也可表示为可支配收入的一定比例。

71.国际清算银行(Bank for International Settlements,BIS):位于巴塞尔的一家国际性银行,成立于1930年。起初是一家解决德国、法国、意大利、比利时和英国中央银行国际收支失衡问题和其他中央银行之间的业务协调机构。如今,它的成员包括所有西欧国家的中央银行及美国、加拿大和日本的中央银行。

72.基准年份(Base Year):某一系统指数化过程的初始年份。例如,目前的英国零售价格指数将基准年份1987年的值定为100,以1987年特定的一揽子货物的平均价格作为基准指数。2002年一揽子货物中所有货物的指数值为173。根据惯例,基准年份的数值总是从100开始计算。

73.出价(Bid):以现价购买某件商品的意愿,这一现象会发生在拍卖中,也会发生在金融衍生品市场。

74.双边流量(Bilateral Flows):经济机构之间的与商品和货物反向流动相匹配的货币流动。

75.双边垄断(Bilateral Monopoly):由卖方和买方构成的市场结构。

76.双边寡头(卖方)垄断(Bilateral Oligopoly):卖方集中程度和买方集中程度均较高的市场结构。

77.双边贸易(Bilateral Trade):两国间的贸易。双边贸易是国际贸易的一部分,而国际贸易总体上是多边贸易。

78.票据贴现利率(Bill-Discounting Interest Rate):银行愿意将货币借给贴现银行的利率,该利率确定需要参照官方利率。

79.汇票(Bill of Exchange):一种金融证券,反映企业在短期内向另一家企业提供的信贷数额。由出借方签发汇票,表示在未来指定日期应支付的一定数额,借方在汇票上签字承兑,表示统一支付指定数额。大多数汇票可以通过贴现市场贴现,贴现款项低于汇票的票面价值。汇票通常被商业银行购买,作为其储备资产比率的一部分而持有。

80. 债券(Bond):由企业或政府发行的金融债券,是一种长期的融资形式。债券通常发行一定的年份,在到期日返还本利,并具有固定的息票利率。债券以名义价值发行后,它出售的市场价格就会随即发生变化,以使债券的实际利率与当前的同行利率保持一致。

81.大宗买卖(Bulk-Buying):买方购买大量原材料、零部件和产成品,以享受供应者标价的折扣。为了充分利用生产和分销的规模经济,供应者可能会提供价格折扣以鼓励大额订单,作为获得额外销售收入的一种手段。

82.债务压力(Burden of Debt):个人、企业和政府由于借款而需要支付的债务利息。在政府举债的情况下,国债的利息支出是由税收和其他收入支付的。

83.买方市场(Buyer's Market):一种短期市场情形。此时,商品或服务在市价水平上处于超额供给,其价格被迫走低,从而对购买者有利。

84.催缴资本(Called-Up Capital):股份公司发行有固定支付期的股票时,要求股东必须按时认购的已发行股本。

85.资本资产定价模型(Capital Asset Pricing Model):描述资产或投资的期望收益与其风险之间关系的模型。年收益表现出很大波动性的资产,通常要求平均期望收益较高以补偿收益的波动性。

86.资本预算(Capital Budgeting):一个企业内资本支出的计划与控制。资本预算包括寻找适合的投资机会,评估特定投资项目;为投资项目融入长期资本;估计资本成本;实施适当资本控制以确保投资费用符合经过审定的投资支出;确保投资项目可获得足够的现金。

87.资本深化(Capital Deepening):一个经济体中资本投入增加的速度比劳动投入增加的速度快,以至于在生产国民产出时资本—劳动比成人均资本量提高。

88.债务股权比率、资本杠杆作用(Capital Gearing or Leverage):公司融资时所融得的固定利率借贷资本与股本之比。如果公司的资本中有很大一部分是通过发行股票而融得的,只有一小部分是固定利率的贷款,则说明其资本杠杆作用较小;当其资本中有很大一部分固定利率的贷款,只有少部分是从股东处融得的,则说明其资本杠杆作用较大。货款的固定利率费用会影响股东从利润中获得的最总剩余收益的多少。因此对股东资本杠杆作用大小非常重要。当投资的全部资金所获得的经济收益超过贷款利率时,股东的剩余盈余就会增加,从而提高收益。另一方面,当投资的全部资金说获得的平均收益少于贷款利率时,利息仍然不得不支付,如此会降低股东剩余收益。因此,当资本杠杆作用大时,股东收益的变化就更加剧烈。

89.资本流入(Capital Inflow):资金自境外流入国内的一种运动,即描述了外国人购买本国的金融证券和有形资产,又代表了国内居民接入国外资金的行为。资本流入涉及国家从一个或更多国家获得货币。

90.资本损失(Capital Loss):一项资产以低于其最初购买价出售所产生的亏损。

91.资本流出(Capital Outflow):境内资金流向境外的行为,既包括本国居民投资境外资产及金融证券,又包括它国向本国借款。

92.资本扩大(Capital Widening):在经济体制中,资本投入增长率与劳动投入增长率相同的情况下,生产国民产出资本和劳动的比率不产生变化。

93.现金枯竭(Cash Drain):民众现钞持有量大于平均值,相对银行存款减少,而带来的货币供给压力。

94.廉价货币政策,放松银根(Cheap Money):属于政府政策,中央银行在公开市场上购买政府债券以增加货币供给。货币供给的增加会降低利率,这样会通过降低贷款成本使之前无利可图的投资增加收益从而促进经济。

95.资本成本(Cost of Capital):企业为其经营中所使用的长期资本而支付的成本。企业拥有多种长期资金来源为其投资活动进行融资,企业的平均资本成本就是将采用的各种资金来源的单独成本按照其所占的份额加权而得。

96.计量经济学(Econometrics):经济学中的一个领域,试图以统计学的方法测量和估算两个或两个以上经济变量之间的关系。

97.经济增长:经济体一段时间内实际产出的增长。经济增长通常用一段时间内的实际国民生产总值(GDP)增长,或者在某段时间内人均收入的增长来衡量。后一种衡量方法将总产出的增加与人口的变化联系在一起。经济体增长潜力的提高可以来自于以下三种高度相关的途径:更多的资源;生产率的提高;技术进步。

98.经济政策:政府采取管理经济战略和措施,作为实现其经济目标的一种手段。总体来说,政府在宏观层面上关注的有:保持充分就业,价格稳定、经济增长,以及国际收支平衡;而在微观层面上则关注资源的有效使用。在实践中,考虑到经济的复杂性和面临在国际影响,要同时实现所有的目标几乎是不可能的,所以必须要区分优先顺序。而政治和经济方面的考虑因素将不可避免地影响这一过程。为不同的经济目标设定不同的优先顺序,能够反映出当局政府的意识形态。具有左翼意识形态的政府倾向于支持对生产方式采取广泛的国家所有权,对经济进行具体的干预以作为其实现经济目标的一种手段;而具有右翼意识形态的政府则倾向于支持有限的国家所有权,并对经济采取最低程度的政府干预,相反则依赖于市场机制。实际上,大多数国家都采用混合经济,既有公共部门也有机构。

99.欧盟:1958年根据《罗马条约》建立的地区性联盟,其总体目标为使成员国经济达或一体化。欧盟现有27个成员国,人口5亿,GDP16.106万亿美元。欧盟的宗旨是"通过建立无内部边界的空间,加强经济、社会协调发展和建立最终实行统一货币的经济货币联盟,促进成员国经济和社会的均衡发展","通过实行共同外交和安全政策,在国际舞台上弘扬联盟的个性"。欧盟的盟旗是蓝色底上的十二星旗,普遍说法是因为欧盟一开始只有12个国家,代表了欧盟的开端。实际上这个十二星旗代表的是圣母玛丽亚的十二星冠,寓意圣母玛丽亚将永远保佑欧洲联盟。欧盟27国总面积432.2万平方公里。欧洲联盟(欧盟)是一个政治和经济共同体的27会员国,主要位于欧洲。它成立于1993年《马斯特里赫特条约》,加入新领域的政策,以现有的欧洲社会。与5亿市民,欧盟相结合产生的估计有30%的份额,世界各地的名义国内生产总值。欧盟已经制定了一个单一市场,通过一个标准化的法律制度,其中适用于所有会员国,保证人,货物,服务和资本的迁徙自由。它保持了一个共同的贸易政策,包括农业和渔业政策,和区域发展政策。15会员国已通过了一个共同的货币,欧元。在对外政策上,代表其成员在世界贸易组织,在八国集团首脑会议和在联合国的会议上发言,维护其成员国利益。2001年,欧盟已经体现的作用,在司法和内政事务方面,包括许多会员国之间根据申根协定取消护照管制。而且在某些领域,它取决于会员国之间的协议。不过,也有超国家机构,能够作出决定,而不管协议的成员。重要的机构和组织的欧盟,包括欧洲委员会,欧洲议会,欧洲联盟理事会,欧洲理事会,欧洲法院的司法和欧洲中央银行。欧盟国家公民选出议会每5年一次。欧盟的起源,可追溯到欧洲煤钢共同体成立,其中6个国家在1951年和《罗马条约》于1957年。自那时以来,欧盟已经长大的大小,通过加入新会员国,并增加其权力,通过增加新的政策范畴,它的职权范围。该条约在里斯本签署了在2007年12月的用意是修改现行条约,以更新的政治和法律结构的联盟。

100. 外汇管制(Foreign Exchange Control):是指一国政府为平衡国际收支和维持本国货币汇率而对外汇进出实行的限制性措施。在中国又称外汇管理。一国政府通过法令对国际结算和外汇买卖进行限制的一种限制进口的国际贸易政策。外汇管制分为数量管制和成本管制。前者是指国家外汇管理机构对外汇买卖的数量直接进行限制和分配,通过控制外汇总量达到限制出口的目的;后者是指,国家外汇管理机构对外汇买卖实行复汇率制,利用外汇买卖成本的差异,调节进口商品结构。外汇管制主要有三种方式:数量性外汇管制;成本性外汇管制;混合性外汇管制。

101.汇率：又称汇价，是一国货币兑换另一国货币的比率，是以一种货币表示另一种货币的价格。由于世界各国货币的名称不同，币值不一，所以一国货币对其他国家的货币要规定一个兑换率，即汇率。从短期来看，一国的汇率由对该国货币兑换外币的需求和供给所决定。外国人购买本国商品、在本国投资以及利用本国货币进行投机会影响本国货币的需求。本国居民想购买外国产品、向外国投资以及外汇投机影响本国货币供给。在长期中，影响汇率的主要因素主要有：相对价格水平、关税和限额、对本国商品相对于外国商品的偏好以及生产率。

102.汇率与进出口：一般来说，本币汇率降低，即本币对外的比值贬低，能起到促进出口、抑制进口的作用；若本币汇率上升，即本币对外的比值上升，则有利于进口，不利于出口。

103.汇率风险（Exchange Risk）：又称外汇风险，指经济主体持有或运用外汇的经济活动中，因汇率变动而蒙受损失的可能性。汇率风险可分为：交易风险、折算风险、经济风险。

104.外部经济（Externale Conomy）：是指由于消费或者其他人和厂商的产出所引起一个人或厂商无法索取的收益。是指当整个产业的产量（因企业数量的增加）扩大时（企业外部的因素），该产业各个企业的平均生产成本下降，因而有时也称为外部规模经济（External Economy of Scale）或范围经济（Economy of Scope）。

105.外部收益率（ERR）：是使一个投资方案原投资额的终值与各年的净现金流量按基准收益率或设定的折现率计算的终值之和相等时的收益率。

106.外部经济：首先由著名的经济学家马歇尔在1890年提出，后经克鲁格曼等学者的完善而得到发展。外部规模经济理论认为，在其他条件相同的情况下，行业规模较大的地区比行业规模较小的地区生产更有效率，行业规模的扩大可以引起该地区厂商的规模收益递增，这会导致某种行业及其辅助部门在同一或几个地点大规模高度集中，形成外部规模经济。是指当整个产业的产量（因企业数量的增加）扩大时（企业外部的因素），该产业各个企业的平均生产成本下降，因而有时也称为外部规模经济或范围经济。

107.外部信用增级：外部信用增级是指第三方为资产支持证券提供金融担保，从而增加资产支持证券的信用等级。通过信用增级，提高资产支持证券的信用级别，是吸引外资、改善发行条件，顺利实现资产证券化的重要环节。信用增级分为内部信用增级和外部信用增级。

108.要素收入：本国居民、公司和个人直接得自当期货物和服务生产的收入。通过加总要素收入，可以按照收入法计算GDP。会计上的收入是企业在销售商品、提供劳务及他人使用本企业资产等日常活动中所形成的经济利益的总流入。收入不包括为第三方或客户代收的款项。企业日常生产经营活动所取得的收入抵偿了为取得收入所发生的消耗即为盈利，具体表现为企业净资产的增加。

109.要素成本：企业是用生产要素。以资本、劳动力、土地等资源来进行生产的。使用以上要素，企业必须向其所有者支付一定的费用，这种费用就叫做要素成本。

110.套期保值：是指把期货市场当作转移价格风险的场所，利用期货合约作为将来在现货市场上买卖商品的临时替代物，对其现在买进准备以后售出商品或对将来需要买进商品的价格进行保险的交易活动。套期保值理论基础：现货和期货市场的走势趋同（在正常市场条件下），由于这两个市场受同一供求关系的影响，由于二者价格同涨同跌；但是由于在这两个市场上操作相反，所以盈亏相反，期货市场的盈利可以弥补现货市场的亏损。

111.利率掉期：就是两个主体之间签订一份协议，约定一方与另一方在规定时期内的一系列时点上按照事先敲定的规则交换一笔借款，本金相同，只不过一方提供浮动利率，另一方提供的则是固定利率。利率的大小也是按事先约定的规则进行,固定利率订约之时就可以知晓,而浮动利率通常要基于一些有权威性的国际金融市场上的浮动利率进行计算。

112. 不规则波动(Irregular Fluctuation):在自然种群中其数量在不同年份间表现出无规律性(或周期性)变动的现象。

113. 显著性水平(Significance Level):通常以α表示,是一个临界概率值。它表示在"统计假设检验"中,用样本资料推断总体时,出现拒绝"假设"错误的可能性大小。α越小,出现拒绝"假设"的错误可能性越小。

114. 线性规划:运筹学中研究较早、发展较快、应用广泛、方法较成熟的一个重要分支,它是辅助人们进行科学管理的一种数学方法,研究线性约束条件下线性目标函数的极值问题的数学理论和方法。它是运筹学的一个重要分支,广泛应用于军事作战、经济分析、经营管理和工程技术等方面。为合理地利用有限的人力、物力、财力等资源作出的最优决策,提供科学的依据。

115. 中国银联:全称中国银联股份有限公司(China Union Pay Co., Ltd.)2002年3月26日成立,总部设在上海。是经中国人民银行批准的、由八十多家国内金融机构共同发起设立的股份制金融机构。公司采用先进的信息技术与现代公司经营机制,建立和运营全国银行卡跨行信息交换网络,实现银行卡全国范围内的联网通用,推动我国银行卡产业的迅速发展,实现"一卡在手,走遍神州",乃至"走遍世界"的目标。

116. 清算:终结现存的法律关系,处理其剩余财产,使之归于消灭的程序。清算是一种法律程序,社团注销时,必须进行财产清算。未经清算就自行终止的行为是没有法律效力的,不受法律保护。

117. 流动资产(Current Assets):指企业可以在一年或者越过一年的一个营业周期内变现或者运用的资产,是企业资产中必不可少的组成部分。

118. 流动性(Liquidity):指资产能够以一个合理的价格顺利变现的能力,它是一种所投资的时间尺度(卖出它所需多长时间)和价格尺度(与公平市场价格相比的折扣)之间的关系,股票的流动性大于房地产。

119. 流动比率:流动资产对流动负债的比率,用来衡量企业流动资产在短期债务到期以前,可以变为现金用于偿还负债的能力。

120. 上市公司:指所发行的股票经过国务院或者国务院授权的证券管理部门批准在证券交易所上市交易的股份有限公司。所谓非上市公司是指其股票没有上市和没有在证券交易所交易的股份有限公司。上市公司是股份有限公司的一种,这种公司到证券交易所上市交易,除了必须经过批准外,还必须符合一定的条件。

121. 洛美协定:1975年2月28日,非洲、加勒比海和太平洋地区46个发展中国家(简称非加太地区国家)和欧洲经济共同体9国在多哥首都洛美开会,签订贸易和经济协定,全称为《欧洲经济共同体-非洲、加勒比和太平洋地区(国家)洛美协定》,简称"洛美协定"或"洛美公约"。

122. 伦敦国际金融期货交易所(LIFFE):于1982年9月正式开业,是欧洲建立最早、交易最活跃的金融期货交易所。虽然该交易所的建立较美国最早的金融交易市场晚了十年之久,但对于维护伦敦传统金融中心的地位仍有着十分重要的意义。

123. 宏观经济均衡:市值这么一种状态:经济中的各个行为主体都通过市场实现了利益的最大化,没有人能够从这种状态的改变中获得更多的好处,此时所有的主体都没有改变行为的动机,经济达到一种稳定、平衡的状态。

124. 管理会计:又称"内部报告会计",指以企业现在和未来的资金运动为对象,以提高经济效益为目的,为企业内部管理者提供经营管理决策的科学依据为目标而进行的经济管理活动。

125. 边际消费倾向:消费曲线的斜率,它的数值通常是大于0而小于1的正数,这表明,消费是随收入增加而相应增加的,但消费增加的幅度低于收入增加的幅度,即边际消费倾向是随着收入的增加而递减的。

126. 市场失灵(Market Failure):对于非公共物品而言由于市场垄断和价格扭曲,或对于公共物品而言由于信息不对称和外部性等原因,导致资源配置无效或低效,从而不能实现资源配置零机会成本的资源配置状态。

127. 溢价:指所支付的实际金额超过证券或股票的名目价值或面值。而在基金上,则专指封闭型基金市场的买卖价高于基金单位净资产的价值。我们通常说一支股票有溢价,是指在减掉各种手续费等费用之后还有钱。我们说一支股票有多少的溢价空间,是指离我们判断这支股票的目标价格和股票票面价格之间的价差。溢价是指交易价格超过证券票面价格,只要超过了就叫做溢价。溢价空间是指交易价格超过证券票面价格的多少。

128. 资产组合:指投资者持有的一组资产。一个资产多元化的投资组合通常会包含股票、债券、货币市场资产、现金以及实物资产如黄金等。

129. 计划经济:又称指令型经济,是一种经济体制。该体系下,国家在生产、资源分配以及产品消费各方面,都是由政府或财团事先进行计划。由于几乎所有计划经济体制都依赖政府的指令性计划,因此计划经济也被称为"指令性经济"。其余的三种经济体系是市场经济体系、传统经济体系和混合经济体系。

130. 价格上限(Price Ceiling):出售一种物品的法定最高价格。价格上限可以高于均衡价格也可以低于均衡价格,高于时价格上限是非限制性的,低于均衡价格时是限制性的。

131. 价格竞争(Price Competition):在不完全竞争条件下,资源企业通过改变价格,以使自己的利润最大化的竞争行为。

132. 价格效应(Price Effect):消费者收入不变的情况下,商品价格的变动,引起的消费量的变化;征收进口关税后使国内消费者和生产者面对的价格上升所产生的效应。价格效应可分解为替代效应和收入效应。价格效应=替代效应+收入效应。

133. 均衡价格(Equilibrium Price):是商品的供给曲线与需求曲线相交时的价格。也就是商品的供给量与需求量相等,商品的供给价格与需求价格相等时的价格。在市场上,由于供给和需求力量的相互作用,市场价格趋向于均衡价格。如果市场价格高于均衡价格,则市场上出现超额供给,超额供给使市场价格趋于下降;反之,如果市场价格低于均衡价格,则市场上出现超额需求,超额需求使市场价格趋于上升直至均衡价格。因此,市场竞争使市场稳定于均衡价格。

134. 价格下限(Price Floor):是指出售一种物品的法定最低价格。

135. 价格指数:反映不同时期商品价格水平的变化方向、趋势和程度的经济指标。是经济指数的一种,通常以报告期和基期相对比的相对数来表示。价格指数是研究价格动态变化的一种工具,它为制定、调整和检查各项经济政策,特别是价格政策提供依据。

136. 价格支持:是政府通过稳定价格来支持生产者的一种手段。为了稳定生产和保证生产者的收入,政府设立一个由市场供求变动绝对的"支持价格"或"保证价格"。如果市场价格高于保证价格,生产者可以根据市场需求卖出高价,自然不用政府操心。如果市场均衡价格下跌到低于这一保证价格时,生产者则从政府手中得到两种价格的差额,产品产量和生产者的收入都不会因为价格的下跌而受到多大影响。

137.价格体系:也称为价格结构。在一些经济学家看来,市场是调节经济最有效的手段,而价格是信号灯。价格体系是指一个国家或地区内各种商品、服务和生产要素的价格相互关系的有机整体,体现了各种价格之间联系、相互制约的内在关系。广义价格体系是指包括商品价格、劳务价格和生产要素价格在内的价格体系改革价格体系不仅要使商品和劳务价格合理化而且要使生产要素价格合理化两者的改革是相互制约和相互影响的。

138.消费倾向:英国经济学家凯恩斯1936年在《就业、利息和货币通论》一书中首先使用消费倾向一词。他认为消费会随收入的增加而增加,但消费的增加量一般小于收入的增加量,因而将导致社会消费需求的不足。

139.损益表(IS,Profit and Loss Account):又称利润表,是指反映企业在一定会计期的经营成果及其分配情况的会计报表,是一段时间内公司经营业绩的财务记录,反映了这段时间的销售收入、销售成本、经营费用及税收状况,报表结果为公司实现的利润或形成的亏损。

140.保护主义(protectionism):以维护本国利益作为是否适用本国法律的依据;任何侵害了本国利益的人,不论其国籍和所在地域,都要受该国法律的追究。

141.回购(Buy-Back):又称补偿贸易(Compensation Trade)是指交易的一方在向另一方出售商品或技术的同时,承诺购买一定数量的商品或技术。这种做法是产品回购的基本形式。

142.相对价格:商品之间价格关系的动态反映,专指两种或多种商品之间由供给与需求作用所形成的价格比例关系。

143.季节变动指数:简称季节指数,它是预测目标季节或某月受季节变动因素影响发生变动的比例。

144.税基:计税依据或计税标准。它包括实物量与价值量两类,前者如现行资源税中原油的吨数,消费税中黄酒、啤酒的吨数,汽油、柴油的数量。后者如个人所得税中的个人所得额,营业税中的营业额等。在税率不变的情况下,扩大税基会增加税额,缩小税基会、减少税额。税基又制约着税率的具体形式和使用标准。

145.逃税(Tax Evasion):又称非法避税,泛指使用不合法的手段企图不支付有关的课税。在某些国家,逃税是刑事犯罪,案情严重者可被判处死刑。广义的逃税是指纳税义务人采用各种手段逃避纳税的一种行为。具体可分为两种:(1)采用非法手段少纳或不纳税的行为;在西方国家一般称"逃税",在我国称"偷税"、"抗税"、或"漏税";(2)采用合法手段少纳或不纳税的行为,称为"避税"。狭义的逃税指纳税义务人采用非法手段少纳或不纳税的行为。

146.公开发行:发行人通过中介机构向不特定的社会公众广泛地发售证券。在公募发行情况下。所有合法的社会投资者都可以参加认购。

147.总成本:是指企业生产某种产品或提供某种劳务而发生的总耗费。即:在一定时期内(财务、经济评价中按年计算)为生产和销售所有产品而花费的全部费用。

附录2.各交易所会员机构

上海黄金交易所会员单位

一、上海黄金交易所金融类会员单位

1. 中国工商银行
2. 中国建设银行
3. 中国银行
4. 中国农业银行
5. 中国金币总公司
6. 上海浦东发展银行
7. 招商银行
8. 中信银行
9. 平安银行股份有限公司
10. 交通银行股份有限公司
11. 华夏银行
12. 光大银行
13. 上海银行
14. 广发银行股份有限公司
15. 兴业银行股份有限公司
16. 中国邮政储蓄银行股份有限公司
17. 富滇银行股份有限公司
18. 中国民生银行股份有限公司
19. 中钞国鼎投资有限公司
20. 申银万国证券股份有限公司
21. 恒丰银行股份有限公司
22. 厦门银行股份有限公司
23. 北京银行股份有限公司
24. 深圳金融电子结算中心
25. 上海农村商业银行股份有限公司

二、上海黄金交易所综合类会员单位

1. 内蒙古乾坤金银精炼股份有限公司
2. 长城金银精炼厂
3. 江西铜业股份有限公司
4. 山东金创股份有限公司

5.铜陵有色金属集团控股有限公司
6.上海大有黄金有限公司
7.山东招金集团有限公司
8.中国黄金集团公司
9.上海狮王黄金有限责任公司
10.崇礼紫金矿业有限责任公司
11.广东金鼎黄金有限公司
12.中金黄金股份有限公司
13.山东黄金集团有限公司
14.山东金洲矿业集团有限公司
15.紫金矿业集团股份有限公司
16.浙江省遂昌金矿有限公司
17.山东天承生物金业有限公司
18.上海老凤祥有限公司
19.中矿金业股份有限公司
20.桦甸市黄金有限责任公司
21.山东恒邦冶炼股份有限公司
22.四川爱心黄金珠宝旅游产品有限公司
23.灵宝金源桐辉精炼股份有限公司
24.武汉新世界珠宝金号有限公司
25.辽宁金银销售中心
26.洛阳紫金银辉黄金冶炼有限公司
27.沈阳萃华金银珠宝股份有限公司
28.海南恒昌金银珠宝实业有限公司
29.京沙金业投资管理(北京)有限公司
30.北京菜市口百货股份有限公司
31.广东大哥大集团有限公司
32.中国工艺美术(集团)公司
33.大冶有色金属股份有限公司
34.浙江明牌珠宝股份有限公司
35.大同银星金店
36.海南鑫生实业股份有限公司
37.中艺珠宝首饰国际贸易(北京)有限公司
38.上海老凤祥珠宝首饰有限公司
39.上海老凤祥首饰研究所有限公司
40.南京金陵金箔股份有限公司
41.成都天鑫洋金业有限责任公司
42.宝泉钱币投资有限公司
43.苏州汇盈贵金属有限公司

44. 广东粤宝黄金投资有限公司
45. 西安一得贸易有限公司
46. 江苏弘业股份有限公司
47. 上海老庙黄金有限公司
48. 福建省福辉珠宝有限公司
49. 深圳市金福佳金银珠宝有限公司
50. 广州金银首饰有限公司
51. 河南轩瑞产业股份有限公司
52. 湖南辰州矿业股份有限公司
53. 中国黄金集团江西金山金矿有限公司
54. 上海金币投资有限公司
55. 南京宝祥金店
56. 汕头市金信黄金投资有限公司
57. 上海今亚珠宝有限公司
58. 上海千石投资发展有限公司
59. 深圳市艺华珠宝首饰股份有限公司
60. 西部黄金股份有限公司
61. 中国黄金集团资产管理有限公司
62. 新疆黄金工业有限责任公司
63. 佛山市工艺总厂有限公司
64. 深圳市金大福珠宝有限公司
65. 深圳宝昌钻石饰品实业有限公司
66. 深圳坤厚珠宝首饰有限公司
67. 深圳市甘露珠宝首饰有限公司
68. 深圳市福麒珠宝首饰有限公司
69. 山西华茂黄金交易有限责任公司
70. 贺利氏(招远)贵金属材料有限公司
71. 深圳市翠绿金业有限公司
72. 深圳市百泰珠宝首饰有限公司
73. 深圳市粤豪珠宝有限公司
74. 北京工美集团有限责任公司
75. 贵州西南黄金经营中心有限公司
76. 山东黄金矿业股份有限公司
77. 上海黄金有限公司
78. 深圳市安盛华实业发展有限公司
79. 常州瑞银汇鑫黄金经营有限公司
80. 南京宝庆首饰总公司
81. 中博世金科贸有限责任公司
82. 东莞市金龙珠宝首饰有限公司

83.广东省贵金属交易中心有限公司
84.云南铜业股份有限公司
85.湖南株冶有色金属有限责任公司
86.广东明发贵金属有限公司
87.云南黄金矿业集团股份有限公司
88.万向资源有限公司
89.甘肃西脉新材料科技股份有限公司
90.北京和祥通实业公司
91.有研亿金新材料股份有限公司
92.深圳市龙嘉珠宝实业有限公司
93.深圳市吉盟珠宝股份有限公司
94.上海怡亚投资管理有限公司
95.苏州市投资有限公司
96.深圳宝福珠宝首饰有限公司
97.灵宝黄金股份有限公司
98.经易金业有限责任公司
99.上海亚一金厂有限公司
100.江苏恒生联合投资有限公司
101.武汉金凰珠宝股份有限公司
102.山西宏艺首饰股份有限公司
103.湖北金兰首饰集团有限公司
104.上海灵瑞黄金投资有限公司
105.深圳市国富黄金股份有限公司
106.上海仟家信投资管理有限公司
107.成都高赛尔金银有限公司
108.广东金业贵金属有限公司
109.山东方泰循环金业股份有限公司
110.深圳市厚成贵金属有限公司
111.杭州航民百泰首饰有限公司
112.深圳市德致金商投资管理有限公司
113.深圳市素养投资发展有限公司
114.湖北众联黄金投资有限公司
115.烟台国大萨菲纳高技术环保精炼有限公司
116.深圳市意大隆珠宝首饰有限公司
117.深圳市百爵实业发展有限公司
118.烟台鹏晖铜业有限公司
119.浙江金海贵金属有限公司
120.北京金海投资有限公司
121.上海恒大(集团)有限公司

122.广州富垠黄金交易有限公司
123.北京黄金交易中心有限公司
124.河南豫光金铅股份有限公司
125.石家庄江南房地产开发有限公司
126.三门峡金渠集团有限公司
127.深圳市黄金资讯有限公司
128.深圳市众恒隆实业有限公司
129.北京大德新福珠宝金行有限公司
130.江苏金一文化发展有限公司

天津贵金属交易所综合会员单位

101.天一金行(天津)贵金属经营有限公司http://www.tyjhgold.com
102.天津世元金行贵金属经营有限公司http://www.aunigold.com
103.天津黄金日贵金属经营有限公司http://www.9999hj.com
104.天津利安达贵金属经营有限公司http://www.leanda.com
105.天津黄金之星贵金属经营有限公司http://www.tjhuangjin.com
106.天津万金山贵金属经营有限公司http://www.wjsgold.com
107.天津金顶盛世贵金属经营有限公司http://www.169gold.com.cn
108.天津鑫桂贵金属经营有限公司http://www.xggroup.net
109.天津顺然贵金属经营有限公司http://www.srgjs.com
110.天津国泰金行贵金属经营有限公司http://www.gtjh.net
111.天津爱尔爱司贵金属经营有限公司http://www.tjlsgold.com
112.天津煜展贵金属经营有限公司http://www.tjyzgold.com
113.天津之江贵金属经营有限公司http://www.zjpm9999.com
114.华地(天津)贵金属经营有限公司http://www.hdgjs.com
115.天津圣百雅贵金属经营有限公司http://www.spanglegold.com
116.天津鑫天地贵金属经营有限公司http://www.xtdgold.com
117.天津金业贵金属经营有限公司http://www.tianjin-gold.com
118.天津宝鑫盈贵金属经营有限公司http://www.tjbxy118.com
119.天津鑫凌龙贵金属经营有限公司http://www.119gold.com
120.华盛金道(天津)贵金属经营有限公司http://www.rmb9999.net
121.天津金恒丰贵金属经营有限公司http://www.jhfgold.com
122.天津德裕金号贵金属经营有限公司http://www.tjdyjh.com
123.天津润茂贵金属经营有限公司http://www.winmoregold.com
125.浩丰(天津)贵金属经营有限公司http://www.gold125.com
126.天津隆邦贵金属经营有限公司http://www.longbang126.com
127.天津环融贵金属经营有限公司http://www.huanrong.com.cn
128.天津兆丰恒业贵金属经营有限公司http://www.zfgold.com

129. 锦丰（天津）贵金属经营有限公司 http://www.gold129.com
130. 天津鑫众达贵金属经营有限公司 http://www.xzd130.com
131. 中翊金行（天津）贵金属经营有限公司 http://www.zyjhgold.com
132. 天津富尔道贵金属经营有限公司 http://www.fydgold.com
133. 皇嘉贵金属经营有限公司 http://www.rpm9999.com
135. 天津汇创贵金属经营有限公司 http://www.hcpme.cn
136. 天津金世家贵金属经营有限公司 http://www.9999jsj.com
137. 天津中矿联合贵金属经营有限公司 http://www.cmugold.com
138. 天津日鑫贵金属经营有限公司 http://www.rixingold.com
139. 天津国腾贵金属经营有限公司 http://www.gold139.com
140. 天津健丰贵金属经营有限公司 http://www.jianfenggold.com
141. 天津中都银业贵金属经营有限公司 http://www.zd-silver.com
142. 美源金业（天津）贵金属经营有限公司 http://www.mygold.cc
143. 天津宁翼贵金属经营有限公司 http://www.ningyigold.com
144. 天津国鑫黄金贵金属经营有限公司 http://www.91jin.com
145. 天津玉鼎贵金属经营有限公司 http://www.ydgjs.com
146. 天津万和德通贵金属经营有限公司 http://www.whdtgold.com
147. 天津冠龙贵金属经营有限公司 http://www.glgjs.com
148. 天津龙紫金贵金属经营有限公司 http://www.lzjgold.com
149. 天津融金汇银贵金属经营有限公司 http://www.tiantong99.com
150. 天元金业（天津）贵金属经营有限公司 http://www.tianyuan161.com
151. 天津益荣昌贵金属经营有限公司 http://www.yrcgjs.com
152. 天津天瑞信合贵金属经营有限公司 http://www.xinhegold.com
153. 天津融亨贵金属经营有限公司 http://www.RH165.com
154. 民泰（天津）贵金属经营有限公司 http://www.mintai166.com
155. 天津驿都贵金属经营有限公司 http://www.9999tjyd.com
156. 天津鑫沣贵金属经营有限公司 http://www.168xfgold.com
157. 天津玖玖玖玖贵金属经营有限公司 http://www.9999pm.com
158. 天津镁富贵金属经营有限公司 http://www.tjmf.net
159. 佰富弘金行（天津）贵金属经营有限公司 http://www.bfhgold.com
160. 国泰金安（天津）贵金属经营有限公司 http://www.gtgold.com
161. 天津聚通祥贵金属经营有限公司 http://www.jtx9999.com/
162. 天津德鑫贵金属经营有限公司 http://www.dexin-gold.com/
163. 天津鑫润贵金属经营有限公司 http://www.xinrungold.com/
164. 天津鑫銮贵金属经营有限公司 http://www.xinluan.cn/
165. 天津恒文贵金属经营有限公司 http://www.hwpmt.com/
166. 天津永銮贵金属经营有限公司 http://www.ylgolden.com
167. 国亨（天津）贵金属经营有限公司 http://www.guoheng9999.com
168. 天津圆通贵金属经营有限公司 http://www.runtor.com/

附录2 各交易所会员机构

169. 天津中保融金贵金属经营有限公司 http://www.zbrjgold.com/
170. 天津金中资贵金属经营有限公司 http://www.jzz183.com/
171. 华融(天津)贵金属经营有限公司 http://www.hrgjs.com/
172. 中宇金业(天津)贵金属经营有限公司 http://www.gold186.com/
173. 天津恒汇贵金属经营有限公司 http://www.hhgjs.com
174. 国发贵金属经营(天津)有限公司 http://www.guofagold.com
175. 天津大金贵金属经营有限公司 http://www.zgdj888.com
176. 欣祺益(天津)贵金属经营有限公司 http://www.xqy999.com
177. 银大(天津)贵金属经营有限公司 http://www.gold195.com
178. 天津玖誉贵金属经营有限公司 http://www.jiuyugold.com
179. 中洲(天津)贵金属经营有限公司 http://www.gold197.com
180. 天津天盛贵金属经营有限公司 http://www.ts99999.com
181. 天津浦金贵金属经营有限公司 http://www.pujin199.com
182. 中鑫(天津)贵金属经营有限公司 http://www.zhongxin200.com
183. 天津汇特贵金属经营有限公司 http://www.htgold.cn
184. 天津易润贵金属经营有限公司 http://www.tjyrpm.com
185. 天津全唐贵金属经营有限公司 http://www.tanggold.com
186. 天津易鸣贵金属经营有限公司 http://www.51jinyin.com
187. 天津福祺贵金属经营有限公司 http://www.fqgold.com
188. 天津安泰丰贵金属经营有限公司 http://www.atfgold.com
189. 天津凰正贵金属经营有限公司 http://www.gold209.com
190. 天津如玉贵金属经营有限公司